学习的故事

主　编　闫鹏涛　黄　潇
副主编　周丽昀　徐　萧

上海大学出版社

图书在版编目(CIP)数据

学习的故事 / 闫鹏涛,黄潇主编;周丽昀,徐萧副主编. —上海:上海大学出版社,2023.12
ISBN 978-7-5671-4883-3

Ⅰ.①学… Ⅱ.①闫… ②黄… ③周… ④徐… Ⅲ.①学习方法 Ⅳ.①G442

中国国家版本馆CIP数据核字(2023)第236910号

责任编辑　陈　强　王　聪　贺俊逸
助理编辑　夏　安
封面设计　倪天辰
技术编辑　金　鑫　钱宇坤

学习的故事

主　编:闫鹏涛　黄　潇
副主编:周丽昀　徐　萧
上海大学出版社出版发行
(上海市上大路99号　邮政编码200444)
(https://www.shupress.cn　发行热线 021-66135112)
出版人　戴骏豪

*

南京展望文化发展有限公司排版
上海颛辉印刷厂有限公司印刷　各地新华书店经销
开本 890mm×1240mm　1/32　印张 10.75　字数 196 千
2023 年 12 月第 1 版　2023 年 12 月第 1 次印刷
ISBN 978-7-5671-4883-3/G·3577　定价 52.00 元

版权所有　侵权必究
如发现本书有印装质量问题请与印刷厂质量科联系
联系电话:021-57602918

本书编委会

总策划 苟燕楠

主　编 闫鹏涛　黄　潇

副主编 周丽昀　徐　萧

编　委 戴骏豪　邓　江　刘旭光
　　　　　车岸原　赵　勇　韩保磊

序
让学习成为一种生活方式

在我们这个时代，学习意味着什么？

纵观人类发展的历史，从未有过如此激烈变革的时代。20世纪中叶以来，整个世界都在科技革命推动的快车道上加速飞驰，而中国更是在短短40年间就实现了从农业时代向信息时代的跨越。变革不再是一个短暂的过渡时期，它本身就成为我们这个时代的典型特征。在这样一个变革成为常态的时代，面对经济社会的高速发展、知识技能的快速迭代，学校教育习得的知识已经远远不能满足人们生存发展的需要。终身学习，已经成为摆在所有人面前的必然选择。

党和国家对此高度重视，改革开放以来，特别是党的十八大以来，我国不断探索实践全民终身学习，为国民素质不断提升、综合国力持续增强作出了重要贡献。2022年党的二十大报告中提出："推进教育数字化，建设全民终身学习的学习型社会、学习型大国。"习近平总书记更是在二十届中央政治局第五次集体学习时再次强调："要建设全民终身学习的学习型社会、学习型大国,促进人人皆学、处处能学、时时可学,不断提高国民受教育程度,全面提升人力资源开发水平,促进人的全面发展。"这些重要指示和要求,无疑为我们指明了方向。

在开展终身教育工作的过程中,特别是通过中国成人教育协会、上海成人教育协会关于"百姓学习之星"的评选工作,我们发现了一大批坚持终身学习、努力奋斗成长的励志人物以及长期致力于终身教育领域无私奉献的工作者典型,他们中有工人、有农民、有工程师、有艺术家,虽然身份各异,但都是通过终身学习在激烈变革的时代成功实现了个人价值与社会价值的统一。他们称得上是我们这个时代的星辰大海。感动之余,我们努力想把这些终身学习典型人物的事迹记录下来,纪念已然的学习者,也为未来的学习者树立榜样。本书便是在上海市教委终身教育处、上海大学继续教育学院、上海大学出版社和上海大学文院的通力合作下,历时数月,对上海地区21位全国及上海市"百姓学习之星"进行深度采写而成的。

在这些"百姓学习之星"中,有铸就大国重器的大国工匠,有赓续海派文化的非遗传承人,也有游弋于多个领域、精通多项技能的学习达人。他们在各自的领域都取得了辉煌的成绩，也成为人们反复书写的对象。但在这里，不同于过去的宣传报道，编者和执笔者想书写的不只是他们的成就，更多的是他们普通真实，我们皆可触摸、皆可学习的一面。

真实鲜活，是本书塑造人物的第一追求。"我只是一个凡人、一个很普通的人。"在许多新闻中被刻画为工作狂的全国劳模刘霞，在这一次的书写中重新回到生活中那个微笑时嘴角有梨涡、靛蓝色工装下也会穿着翡翠绿连衣裙的知性女子。

我们尝试深入复杂的生活内部，讲述一个劲道的好故事，真正吸引学习者读下去，才是我们的目标。"不要轻视一个国家与一个青年默默迎头赶上的决心"，从维修电工到全国闻名的电器工程师，从被"洋盾构"重重包围到占有全球三分之二市场份额，在陈柳锋的故事中，书写的是一个被困在隧道深处的小小电工，一个被技术钳制的不甘落后的国家，一步步攻坚克难、共同突围的故事。

我们试图在更广阔的视野下书写这些学习者的故事。"只有持续不断地摄入新的知识，才能够给古老的艺术注入新的活力"，这是赵津羽学习的故事，也是非遗文化如何更新自我的故事。"于自然躬行，天地面前，我们都是学生"，这是许根顺学习的故事，也是人类如何保持谦虚，向自然学习的故事。"手要稳，更要有劲儿，这样才能定型。"这是张雄伟学习的故事，也是大国工匠如何传承的故事。在采写的过程中，我们感到要写的不止是学习者本人的故事，更值得珍视的是他们在终身学习过程中嵌入的关于"学习与自我""学习与社会""学习与时代""学习与文化"的理解与追求，这也是为什么最终这本书书名是《学习的故事》，而非《学习者的故事》的原因所在。

终身学习理念在人类的文明史上占有重要位置，随着时代的发展其重要性不断凸显。早在先秦，荀子就曾有"学不可以已"之训，表明古人对终身学习的重视。到了现代社会，大量的知识和技能需要在工作实践中不断习得，终身学习更是成为人们谋求发展和完善自我的重要方式。而在新一轮科技革命和中华民族伟大复兴的大背景下，终身学习被赋予了更多的责任和义务。我们要从人口大国转变为人才强国，必然要靠全民终身学习；个人在社会中的生存和发展，也必然要靠终身学习，这就需要政府和人民携手，共同打造出一个以终身教育和终身学习为基础的学习型社会、学习型大国，营造全民学习的良好氛围，让人们更好地适应这个变革的社会，实现社会发展与个人发展的双向奔赴，这也是编撰本书的初心所在。

人生也有涯而知也无涯。或许我们个人学习的历程是短暂的，但人类学习的历史是永恒的。在人类学习成长的长河里，我们每个人都应该把自己长成种在时代土壤里的一棵树，不断地汲取养分，与国家、社会一起蓬勃生长。引用

2023年全民终身学习活动周全国总开幕式的主题,"让学习成为一种生活方式",这才是我们孜孜追求的目标。

是为序。

编 者

2023年12月

目录

上编 匠心

阿四 ·003

寻光记 ·016

普通工人，在流水线上打磨成"蓝领科学家" ·029

塔罐间，他向阳而越 ·045

隧道深处的回响 ·062

从亮一点到亮一片，焊接下的璀璨人生 ·076

转子声中的无穷生长 ·093

平凡的生命燃烧得热烈而又闪亮 ·113

辗转：一个轮椅农民的人烟 ·126

一生耕耘，他自有种好稻子的天赋 ·144

下编 向美

古稀之年，她决定拿起画笔 · *157*

学尽工匠技艺，66 岁的他却一头扎进土布贴画 · *169*

在钢铁丛林里唱响的山歌 · *187*

在电梯间学戏的她，把昆曲带向世界 · *204*

台上台下，遗物忘形 · *220*

一场摄影的修行 · *236*

透过 28—300 mm 的镜头观看世界的盛况与微尘 · *254*

38 岁，她开始成为"金绣娘" · *269*

时代指尖的面人 · *282*

书写春秋，是记者也是"学生" · *297*

笔尖上的目光 · *312*

作者团队简介 · *325*

后记 · *328*

上编 | 匠　心

阿四

王宝留

阿四生于 1934 年,今年 89 岁。阿四会说三门外语,分别是英语、日语及俄语。阿四的父母一共养育了六个孩子,他排行第四,故唤他作"阿四"。对阿四来说,学习从来不是一件困难的事,生活才是。

苏州·太湖东山的老房子

在苏州太湖东边的东山半岛上,有一栋三百多年历史的老房子,这是阿四的老家。老房子很大,里面住过很多人,阿四也曾经住在这里。

阿四在上海读完小学五年级后又回到了老家。通常,阿

本篇主人公张声雄,1934 年生,中国共产党党员,本科毕业于原中国人民解放军通信工程学院(今西安电子科技大学)无线电专业,无线电高级工程师。现为上海明德学习型组织研究所所长。荣获 2018 年"上海市百姓学习之星"、2020 年"全国百姓学习之星"称号。

四放长假后,父母才会因为忙于布店的生意而把他送回来。这次阿四回来不是因为他放假了,而是上海打仗了。

阿四需要先回老家继续上学。因为阿四的父亲要留在上海照看生意,就由阿四的母亲带着他回来了。阿四他们从上海回来的那晚因为太过劳累而早早睡熟,等到第二天,早起的邻居发现老房子墙根上的盗洞后,阿四才知道他们遭了贼。那晚的窃贼可能事先预谋不足,以为从上海回来的阿四他们家里一定很富有,结果打洞钻进了书房,最后也只能顺走一些房间里看起来相对值钱的金属摆饰。阿四家并不富裕,老房子虽然是两层楼房,但那晚睡在二楼书房的他们,身上最多的一笔钱也只是阿四的学费。

在上海时,阿四他们也曾住在一处二楼的出租屋里。阿四他们姐弟几个很少出去玩,大多都待在屋子里。夏天天热难耐,阿四的大哥就提议说:"不如我们进行临摹字帖比赛,心静自然凉,要是谁写得好,我们就把他的作品挂在外面展示。"大家一致同意后,阿四他们就找出书法帖子,各自拿出笔墨写了起来。阿四大哥他写得自然是又快又好,阿四他们几个弟弟妹妹写得虽然不快,但也在努力地写着。大约每个假期,阿四他们就在这个二楼的屋子里,评出优秀的作品后,他们就用妈妈晾衣服的竹夹子把这些"佳作"夹起来展示出去。后来,在这处二楼的出租屋里,阿四练出了他的一手好字。

阿四的英语基础是在省立苏州中学打下的。回老家读完小学六年级后，阿四考上了省立苏州中学。到了中学，阿四一周回家一次，学校食堂的肉片也是一周供应一次。阿四会在每周六中午吃完肉片之后回家。等到周日下午或者晚上，阿四带着母亲特意给他做的能吃一周的肉酱罐头，又回到学校。

除了母亲做的肉酱给他提供生活保障，阿四还有大哥这个学习榜样。阿四的大哥读大学那会儿，课本稀缺。上医学类的专业课时，他们全班只有一本课本，但书中的图既重要又需要多看。为了学好这门课，阿四的大哥与班里几个男生合伙凑钱去把书油印了一份，这才解决了课本的问题。阿四的大哥说，这叫"只要思想不滑坡，办法总比困难多"。

阿四在省立苏州中学没有遇到过什么困难，包括英语在内的各科学习成绩也都很好。三年的学习生活很快就过去了。

在新中国成立前夕，临近阿四初中毕业的一个夏夜，解放军即将解放苏州城。为了避免学校遭受破坏，让解放军顺利地接管学校，阿四就在老师们的带领下进行"护校"。阿四他们锁好校门，编成小队在校内巡逻，直到第二天一早天亮，他们才把校门打开迎接解放军进校。阿四说那时候第一次看到解放军，心里满是崇拜与好奇。在学校对门，解放军摆了一张木桌，上面放了很多用来宣传的小册子，比如《新民主主义论》《论人民民主专政》等，阿四他们几个胆子大好奇心又重的男同学就要过来看，看着看着，新中国成立的隆隆礼炮声便响了起来。

新中国成立后，阿四就带着中学的毕业证从老房子里搬走了。

上海·虹口中学夜校部的走读生

阿四搬来上海了，他准备在上海读高中。

阿四一家此时都在上海。阿四的父母为了家里的生计都在店里忙着，阿四的大姐已经大学毕业，阿四的大哥在读大学，学的是学制长、学费高的医学类专业，阿四的二哥为了减轻家里的负担选择读了学制短、学费少的大专，阿四的弟弟和妹妹还小，也在读书。对于阿四来说，现在轮到他考虑如何行动才能减轻家里的负担了。

阿四的大姐大学毕业后在上海的全国供销总社工作。有一天，阿四大姐的上级说他们要新成立一个部门，需招一个文书，字要写得好。阿四的大姐便将这一消息告诉了阿四，问他愿不愿意去。

阿四想了想，决定还是先去工作。由于工作的时间与学校的上课时间冲突，阿四也只得从刚入学没多久的肇基中学辍学。可阿四不甘心自己的学习止步于此，他就在下班之后到处寻找继续学习的机会。经过一番寻找，他得知虹口中学有个夜校部，晚上上课，和阿四的工作时间刚好错开。阿四又有学上了。

就这样，从1950年2月起，还没过16岁生日的阿四便一边工作、一边在上海虹口中学夜校部继续读书。早上7点钟，阿四就骑着单位配给他的自行车到了工作点，先和大家一起学一小时的《毛泽东选集》，接着忙过上午，再吃完午饭，忙到下午5点半，他就下班了。下班之后，阿四来不及回家吃饭，吃上几口书包里的馒头，就又骑上自行车赶往虹口中学夜校部。

阿四骑的自行车是没有篮筐的，阿四的书包也只是一个布袋，阿四吃的馒头是弟弟给他送来的，可阿四在虹口中学夜校部读书时从来没有迟到过。

进了教室，还穿着工装的阿四走到座位边坐下，脚下的皮鞋噔噔地响。这双皮鞋是阿四用自己第一个月的津贴买来的。阿四原本打算把这笔钱交给他的母亲保管，可她没要，说这是阿四人生的第一笔工资，应该去买一双上班穿的皮鞋，像点工人的样子。阿四听从了母亲的建议。

每晚9点半左右，虹口中学夜校部就下课了。下课之后，阿四还会作为"毛泽东思想战斗队"的教导员留下来和大家开会，教导员大致相当于"战斗队"的队长。阿四之所以能当教导员，或许是因为在这群学生中间，穿着一身工装的他看起来更为可靠，但最重要的原因还是阿四有目共睹的学习成绩与积极行动。阿四的各科学习成绩一如既往的好，英语科目也不例外。

大约 10 点半左右，阿四推着自行车到了家。家人们都早已睡了，偶尔母亲会喊他一声，阿四应一声后，把挂在车后座侧边布袋书包取下后就进屋了。阿四一进屋，如果饿了，他就去啃馒头，要是不饿，倒头就睡。第二天一大早，他还得继续骑着自行车去上班。

阿四说他那时候的最大愿望是能好好睡上一大觉。

南京·五台山上的志愿军

1950 年，朝鲜战争爆发。1951 年，阿四的工作单位决定提高津贴标准，但阿四却决定辞掉工作，准备参军。当时大家把参军叫作"参加军事干部学校"，就是去了部队也能继续学习。

阿四先在征兵处报了名。1951 年 1 月，阿四通过了入伍前的体检。体检通过后，阿四还需要满足入伍的条件中除了"英文好"之外的最后一个条件：是党员或者团员。可阿四当时还没有来得及入团，但不是团员，就意味着无法入伍。眼看原定于 1 月 8 日的新兵启程日就要到了，阿四的入团问题却迟迟没有解决。1 月 6 日，阿四终于在入伍前两天等来了成功入团的好消息。在学校阿四是个好学生，进部队打仗阿四也会是个好战士。最终，阿四顺利入伍了。

在阿四启程入伍的前一天晚上，家里成了沉默的海洋。阿四的父母一向话不多，他们心里明白当兵是阿四自己的选择，或许也是阿四的一条出路，他们尊重阿四的选择。在白天，阿四刚领到了自己的军装，军装有两层，外面是新布料，里衬用的是老兵的旧衣裳。从小到大，除了自己的那套工装，阿四都是穿哥哥们传下来的衣服。好歹这也是自己的军装，阿四心想。阿四的母亲上前摸了摸军装，在大家睡去之后，她开了一盏很亮的灯，连夜赶制了一套衬衣衬裤。第二天，母亲把这套衬衣衬裤交给了阿四，她说她怕军装的布料太硬而硌到他，就给他做了这一套贴身穿的衬衣衬裤。阿四现在还记得那套衬衣衬裤的颜色，是白底蓝条的。

第二天上午，阿四就和其他49位同年兵一道，坐上绿皮火车从上海出发，几个小时后，他们便到了位于南京的新兵训练基地。晚上，阿四穿着母亲为他做的新衬衣衬裤，躺在战友们中间，盖着从家里面带来的棉被，觉得1月份的南京也不算寒冷。很快，他就睡着了。

起床号响了。

接下来，阿四他们将要进行为期六个月的新兵训练，由于他们即将从事的报务任务非常特殊，部队首先要对他们进行一个月的政治审查。顺利通过审查之后，他们才能开始学习相关的军事技能。阿四白天需要写政治审查汇报材料，夜里还要站哨，虽然睡眠时间对于他来说还是不够，但他睡得很安稳。

阿四新兵训练结束后被分到了五台山上当电台兵。当时的五台山上有一处通联前后方战场的联络点，阿四的班长告诉阿四，到了这里，电台就是通信兵的武器，而传递好命令就是杀敌。抗美援朝的战场在朝鲜，阿四的战场就在五台山上。

当时的五台山上，斗争形势异常严峻，一方面是因为其电台收发活动牵扯到朝鲜战场前线，一方面是由于国民党敌特的破坏活动。阿四记得当时有一次连队组织去中山陵过团日活动，没想到敌特分子化装成小摊贩在其售卖的饮料里面投了毒，几位战友由于疏忽大意中了毒。还有一次，阿四的战友们在电台旁值夜班时，一颗手榴弹突然被扔进电台值守处的院子里，幸好一旁的警卫战士眼疾手快，将未爆的手榴弹抓起扔了出去，才救下他们。

1953年，朝鲜战争停战。由于阿四这两年多的踏实训练加上他优秀的报务军事技能以及阿四本身也有一定的知识基础，上级决定，选派他去部队的通信类学校学习。两个月后，因为表现突出，阿四又被优中选优送到河北张家口一所专门培养我军通信指挥军官及高级军事人才的院校学习。

在军校的四年学习期间，他又学会了俄语，各科成绩也还是一如既往的优秀。当时我国与苏联交好，俄语也成了阿四他们学习的科目之一。阿四的父亲也会常常写信过来，勉励他要好好珍惜这次读大学的机会，务必努力学习，争取更大的进步。除了这些之外，促使阿四努力学习的动力还来自那套母亲给他做的白底蓝条的衬衣衬裤。眼下，阿四的军校学习生涯即将结束，阿四因为优秀的学习成绩与各项突出表现得以继续留在部队，只是他这次不是做学生，而是要被派去沈阳的通信兵无线电教研室当教师。不过，阿四已经六年没有回过家了，他想回家去看看苏州老家的老祖母，他也想念在上海的父母和兄弟姐妹。

沈阳·阿四和五丫头

苏州老家房子里，除了老祖母，还有借住在这里的五丫头一家。五丫头在她的兄弟姐妹中排行第五，所以大家都叫她"五丫头"。阿四曾经还帮助五丫头补习过功课，两人早就认识。

等到阿四回来探亲时，五丫头虽然已经年过十八，但才刚刚初中毕业。五丫头自己也不知道将来做什么，加上家里条件并不算好，兄弟姐妹又多，于是她的母亲就希望从军校毕业回来的阿四能够帮她找个工作谋生，阿四答应下来。休假结束后，阿四带着五丫头来了沈阳。来到沈阳之后，阿四为五丫头找了一所高中连同大学一起读的学校，让她继续读书。

到了1961年，正值我国"三年困难时期"，地方百姓生活境况非常困难。阿四所在的部队就发扬"民拥军，军爱民"的光荣传统，组织战士们到地方为老百姓修水渠、搞建设。这个时候，还在读书的五丫头自发地跟着部队一起，凌晨3点从学校出发，跟着阿四他们一起去地方修水渠。后来，部队的报纸上还刊登了一则专门写她的人物通讯，题目叫《工地上的未婚妻》。

1961年春节前，阿四和五丫头准备结婚。由于当时国家条件不好，为了能够尽可能地给他们的婚礼增添些喜庆的氛围，阿四好不容易在部队的军供站买到一种大块的黑褐色古巴糖，还买了些瓜子、花生，最后又请上教研室的同事们来作为见证，两人至此喜结连理。

阿四和五丫头有一个儿子和一个女儿，他们分别叫张原、张卫，这是阿四为了纪念他们出生那年的国之大事而给他们起的名字。张原是1964年我国第一颗原子弹试验成功那年出生的，张卫是1970年我国第一颗人造地球卫星发射成功那年出生的。

1969年，由于阿四所在的军事院校被裁撤，阿四和五丫头从沈阳回到上海。当时处于"文革"时期，阿四回来后到上海第五钢铁厂当车间工人，五丫头则去了一家金属厂当技术员。

上海·钢铁厂里的教书匠

再次回到上海的阿四当起了上海第五钢铁厂车间里的轧钢工人。轧钢车间充斥着浓烈刺鼻的硫黄味,加上车间"坐三班"作息制度,刚从沈阳回来的阿四或许是水土不服,发了低烧。阿四没有停工休息,他在持续的低烧下踏踏实实轧了一年的钢。

一年后,有位曾经也在原沈阳军区服役的车间领导得知阿四在上钢五厂当工人,就向上级建议把有教育经验的阿四派到车间办公室管理工人教育。

在教育方面,阿四的确是有经验的。当时他在沈阳无线电教研室当教员时,学生大多都是从朝鲜回来的志愿军战士,其中有一些也是报务员。在与他们相处的过程中,阿四经常听这些报务员讲当时他们在朝鲜战场上给电台的电池充电的经历。他们说战场上没有交流电,电池没电时他们就用竹签在电池上面打几个孔,再撒泡尿电池就有电了。阿四突然受到启发,想起在大学四年里学过的知识,通过自己的实验与摸索,最后以高锰酸钾为原料,发明了一种能够让电量耗尽的电台电池再次短时间内重新盈能的试剂。后来,因为这个发明,阿四还获得了"郭兴福式好教员"

的荣誉称号。

阿四便又当起了教员，这次，他在厂里办起了鲁迅诗词学习班。阿四将厂里好学的工人组织起来，利用上班前下班后的时间，给他们上起了学习鲁迅战斗精神的思想课，之后他又组织鲁迅展览，编纂鲁迅学习语录，等等。

到了1978年，我国进行改革开放，年初，还在上钢五厂的阿四得知了筹建宝钢的号令。4月，他被调到宝钢，分配到宝山钢铁厂的初轧厂任总务科科长。总务，在当时的阿四看来，就是除了技术以外的大事小情都得管的职务。初轧厂的设备以及工艺都是全套从日本引进的，各种技术说明书都是日文。为了能看懂日文说明书，学习日语便成了宝钢工人们的现实需要，而作为总务的阿四为了解决工人们的实际需要，就打算先把日语培训班办起来。于是，在这股"人人学日语，大家来翻译"的宝钢建设热潮中，阿四像当年他为了能在虹口中学夜校部学习那会儿一样，又啃起了馒头，带头学起了日语。

四年后，当上海掀起一股日语热时，阿四被宝钢职工大学聘为日语兼职教师，在工作之余去继续教育学院授日语课。在从宝钢到继续教育学院的班车上，阿四经常搬着一个小板凳，吃着馒头，将左边口袋里写有日语单词的小卡片读记一遍后放进右边的口袋里，等到馒头吃完了，小卡片上的日语单词也记了一些后，阿四就搬起小板凳下了车，他要去继续教育学院教学了。

1994年,阿四从宝钢正式退休,同时也开始筹划成立"上海明德学习型组织研究所"。在阿四60岁退休之时,他反而觉得这是开始自己事业的机会。1998年,"上海明德学习型组织研究所"正式注册成立,阿四任所长。

从1934年到1951年,这是阿四奠基人生的17年。从1951年到1969年,阿四在部队待了18年。在这18年里,阿四也留有很多遗憾,他弄丢了母亲给他做的那套衬衣衬裤,忘存下父亲给他写的那些信,也没能抽出更多时间陪伴家人。从1994年到如今,阿四在自己开创的事业上又走过了29年。阿四经常和别人开玩笑说,自己能比别人多上29年班,这辈子已经值了。

阿四说他一直很爱笑,不怎么哭,党支部大会表决通过他成为正式党员的那天,他也没哭。阿四还说,他想找个机会回太湖东山的老房子里看看,书房的柜子里面或许还有父亲当年写的让他务必好好学习的信,那是他能够走到今天的信念所在。

寻光记

李雅琪

2023年是李干斌来到上海的第28个年头。23岁大学毕业那年他把人生的河流汇入上海,这座城市的河流从早到晚都有不同质地的光照亮,他在上海度过的一大半人生也由此泛起粼光。

赣江边上的追光者

李干斌出生于江西赣州南康县(今南康市)的农村家庭,关于童年和家乡他的记忆很多,却总离不开"温饱"两字。在贫瘠的年代里,"学习"两字意味农家子弟能够不

本篇主人公李干斌,1972年生于江西赣州,中国共产党党员,复旦大学政治经济学博士,现任中国东方航空集团有限公司(党组)政策研究室主任。工作之余,他热心书画艺术,报考上海师范大学中国书画专业。他好学、勤思、善钻研,努力提升自身理论和技能水平,书画作品广受好评。2016年,被国务院国资委评为"中央企业优秀党务工作者"。荣获2019年"全国百姓学习之星"称号。

再挨饿,城镇孩子能够拥有一份国家安排的稳定工作。学习像是一座桥,桥的这边是贫困、落后,彼岸则是清晰可见的体面。

李干斌的父亲就是这样一个"体面"的文化人。父亲是村里第一个中专生,"文革"前毕业于南昌航空工业学校,后来挨了批斗,从工厂回到农村的生产队,最后到外面的矿山采石矿时遭遇矿难。那一年李干斌6岁,已经开始记事。父亲早逝,母亲虽不是读书人,却因为嫁给父亲,她始终觉得文化之于人是重要的,进而督促家中的孩子们用功读书。也许是因为天生早慧,也许是因为贫寒的家境,他比其他同龄孩子更加意识到学习的重要性。他幼时的记忆里并没有掺杂太多关于家境或苦难所带来的困扰,偶然在学校,有女孩子问起他,为什么总是身穿同一套衣服。事后他回忆起来,总说他心里并不在意别人的看法。然而当时当下,他最终还是没有对这位女同学说实话。

他说他的几套衣服是用相同的布裁制的,因而每天穿的衣服看起来都是一样的。事实上他有且仅有这样一套衣服,白天穿去上学,晚上回到家要赶紧洗干净晾干,否则第二天穿在身上会有汗臭的味道。说这种无伤大雅的谎话时,被晨雾沾湿的衣服贴着皮肤,水的气味钻到鼻腔里。但好在上了一节课后太阳升起,衣服变得干燥,潮湿与局促被迅速蒸干。农村出身的孩子大部分都有着相似的家境,没有几户人家拥有真正优越的生活。孩子们身上唯一的一套衣服从春天穿到秋天，一年一年过去，那套衣服或发白，或不再合身，孩子们也就这样长大了。

尽管留给人的出路并不多，李干斌能够接触到的可以"出头"的路径，似乎也只有读书，这是他擅长且为数不多能够做到的事。因为家里贫穷，他有时候连学费也交不起，更不用说有多余的钱买课本，但好在他每次考试的成绩都在班里名列前茅。老师看到这个上进、聪明，衣服洗到发白的孩子，会把前几届学生留下的课本递给他让他看。就这样，他一路从小学念到高中，学费总是凑不齐的，课本上写着前几届学长学姐的笔记，但他的成绩仍旧是班里的第一、第二名。李干斌最擅长的科目是英语，书上的课文、单词他学一遍就能轻松地记住，学校图书馆里陈列英文短篇小说的书架也是他最常光顾的地方。他的高中英语老师很器重他，推荐他大学去读英语专业。那时报考英语专业需要到地级市里参加统一的考试，老师给他出了去赣州市里参加考试的路费。

朝着有光的方向游去

1991年，约有60万名以上的中国青年收到了大学的录取通知书，李干斌是这60万人中的一个。每当回想起自己的从前的经历,他总说自己是芸芸众生中非常普通的那个。他懵懂地读书、长大、进入大学。

  他在赣南师范大学英语系度过了大学时代。尽管因为高考失利,考入的大学并不尽如人意,但这四年却给他留下许多珍贵的回忆。学习外语在 90 年代是一件很流行且受欢迎的事情。那时候的人们不愿意做公务员、老师,也不愿意进入国企工作,而是乐意出国或到外企去。李干斌回忆起他作为英语专业学生的时代,当年能说一门流利外语的学生总会受到企业的青睐,企业会在入职后再对他们进行职业培训。也是在这样的环境下,李干斌的大学生活过得相对无忧无虑了很多。他们是国家实行工作"包分配"的最后一届,因而这些外语系的学生很少忧愁就业和未来,他们中有的早早出去实习,有的为日后进高校作准备,有的则苦练口语和雅思准备出国,条条大路通向罗马。李干斌回忆起来,这些同学日后都在自己当年理想的岗位上做出了许多成就:埋头写论文的人进了高校做老师,注重外语实操的进了大公司做翻译或是做了同声传译,想要出国的人得偿所愿。没有竞赛,不必一定拿奖,学生们的时间变得充裕且自由起来。李干斌则在大多数时间延续了高中时代爱看书的传统,在图书馆无人的英文原著小说角落从风和日丽坐到月明星稀。其他的时间里他把操场上目之所及的运动玩了个遍:篮球、足球、排球、乒乓球、跑步……年轻的时候他似乎是不知疲倦的,只要有太阳照在身上就能赶走一切的阴霾。他回忆起大学时代，那时每个月仅有几十元的补贴用于日常的开销，日子过得紧巴巴的，但他脸上露出笑容说道：那时候真的感觉很幸福。

幸福之外，高考的发挥失利让他心有不甘，于是他便萌生了考研的想法。和高中时代的经历很相似，李干斌依然是那个凑不齐路费的穷学生，只不过这次前往的目的地路途更加遥远。从赣州火车站出发，途经群山与河流，铁轨下的枕木发出轰鸣，越过浙江省，便是他的目的地——上海。路费是辅导员借给他的，他的衣服依旧被洗到发白，甚至破了两个洞，行李装在一个蛇皮口袋里，当他走出火车站时，刺眼的阳光令他有些始料未及。

离开家时，他在小卖部赊了一元钱的账买了一挂鞭炮，庆祝自己考上研究生。那时他唯一的忧愁是贫穷的家境带给他些许压力，家里希望他能够早早工作赚钱，而他却因为心有不甘选择读研深造，好在家中并没有过多反对。录取通知书的到来，像是某种光照在平静的河面上，照出没有微澜的河水中浮游的鱼群和水草。云延伸到湖面上，改变着形状，某条鱼意识到那不是一潭平静的死水，本能地朝着有光的方向游去。

李干斌拿着那串燃放的爆竹在自家院子里转了个圈，烟尘随着鳞次栉比的爆裂声滚进喉咙和眼睛，从低矮的院落中出走。绿皮火车行至他乡时，人们才听说那个村里第一个考上大学的孩子要去上海读研。

研究生时代，他依然是个勤奋优秀的学生，在词汇学和英语语法学的领域展开了学习。国家给研究生的补贴是每个月200元，这些钱能够使他在上海以最节俭的方式生活下去。他小心翼翼地计算着这200元应当如何合理分配：大多数钱可以换成饭票在早晨的食堂里买便宜的花卷和馒头，中午多打一些米饭，余下的钱大约一周可以吃两次肉菜改善伙食。

面对物质上的欠缺，李干斌始终没觉得这是真正令他遗憾、痛苦的事情。他感恩家里克服困难支持他读书，也觉得自己在学校里的表现对得起家人的付出。他的学业一路走来也很顺利，人际关系也好，运气也好，实在没什么遗憾。有一次，没到月底，饭票告了罄，他正在发愁这个月的饮食着落时，在书桌里摸到了一叠饭票。起初以为是谁放错了课桌，询问一圈无果后，他明白了，这也许这是哪位同学善意的馈赠。

正如他自己所言，在他人生中踟蹰的、手足无措的、几近于困局的那些瞬间里，总有一束光及时照在他的面前。这些斑驳的光点时而汩成暖流，时而聚成烛光照路，时而具象成毕业时打在优秀毕业生蓝袍上的闪光灯。

航线之下的探路者

毕业后,他进入东方航空公司下的合资企业。那是一家曾经外语系学生不大愿意进入的国有企业,公司的主要业务是负责东方航空飞机上的餐食配给。起初他有些后悔,一来工作内容与他所学的英语专业格格不入,二来相较于同学,这份工作的收入并不十分可观,还要从人力资源助理的岗位上从头学习新知识。不过机会总是留给有所准备的人,因为外语能力出众,学历又高,公司很愿意培养这个头脑活络、学习速度很快的年轻人。他先后被公司派去新加坡的企业学习,又去北京的中国国航学习。李干斌也由此得以在公司的各个岗位上轮岗。从人力资源助理,到部门经理,后来他又被提拔到东航美心食品公司,参与东航系的食品行业重组筹建,再到项目总经理。一路走来,他回忆道,职场不是校园,许多事情并非努力就一定有结果,他接受这种曲折中的螺旋上升,也接受一次次轮岗、调动后从空白开始一点点钻研,直到做出令自己和上级都满意的成绩。为了了解不同领域的运行规则,他经常向行业中的老前辈请教学习,在老前辈夹杂着方言的口传心授下,他的笔记本上记下了满满当当的笔记。字里行间的批注、勾画、补充,一点点地填充着初来乍到的年轻人面对未知不安的心。刚开始工作时的困惑,理想与现实的差距逐渐在实践中消弭,李干斌从一个"学习者"逐渐转向成为一个"探索者"。

谈及自己投身多年的工作,他总是如数家珍地讲起自己奋斗的经验。除了肯钻研、多方面了解,工作的责任感也是十分重要的。他在任何一个岗位上都愿意花时间、花精力学习,他不喜欢混日子,按照上一任领导的"老路子"来做事情,他觉得那样是做不好工作的。譬如在食品公司时,为了保证航空食品的生产和新鲜,往届的经理们往往只会要求所有的冷库只保存24小时的食品,但拿不出具体的管理细则。而李干斌继任后,则成立了专门的质量检测组,给不同生产日期的食品贴上不同颜色的标签,仅凭食品对应的颜色标签就可以判断食品的生产日期是否符合生产标准。同时,他给不同冷库保存的食品在包装上做了区分,以便于更好地查找、质检,大大提高了餐食配给的效率。他每到一个新的岗位或领域,都会给自己定下更高一点的标准。当这种严于律己的习惯逐渐养成后,上级领导的青睐、岗位上的提升以及各种荣誉也就纷至沓来。

他的身上始终有着敢闯敢拼又扎实稳重的精神,这和他一路走来的求学经历有着密切的关系。2002年,在工作单位的支持下,他进入复旦大学经济学院攻读在职政治经济学博士学位。此时他已经进入管理岗位,虽然在实践中摸爬滚打多年,但他依然觉得理论的学习十分有必要。博士期间的课程与从前传统的教学方式有所不同。开学第一课,老师不讲内容,而是让二十多名博士生分成两人或三人小组,先让小组选定一个有价值的题目,如果题目得到了老师的认可,这门课就直接列入本学期授课的计划表中。小组需要来台上讲课,讲完课所有同学再向他们提问,老师则在一边记录问题并且给学生打分。李干斌回忆说,当时这门课的成绩是根据一学期的讲课,以及学生在课堂上的交流发言、内容参与度等方面来评判的。他是个自尊心很强的人,看到别人都讲得很好,自己也不甘示弱,连夜查资料看书,发誓要做出一个不比他人差的方案来。博士期间的学习经历于他而言,不仅仅停留在学习的内容上,这种上课的形式也在日后被他用在职场的管理上。

有时候,李干斌会想起从前的一桩桩事情,他感慨工作和学习其实是很不一样的。工作上,尤其是企业里的东西,一定要肯去多琢磨,悟性是一方面,愿意去学,愿意多学一点,那就一定能琢磨出个门道来。

笔下的浮光

之后的日子里,他同千万个那个时代的新上海人一样,逐渐在这座城市缓缓地扎下根来。博士毕业、工作晋升、成家立业,一路走来虽然不算一帆风顺,但也好在四平八稳。

人到中年，他早已知道平淡的生活就是好的生活，更何况他的生活像是梅雨季前那段天晴的日子无限延长，日日有光有影，错落在窗边上。

有时候他在有光的地方办公或看书，提笔写字，笔尖触碰到有温度的纸张，所到之处纸面轻轻凹陷，墨迹未干呈出些许反光。那一毫米的反光倏尔远逝，却足以让他想起遥远的童年。那一年家乡的路尚未翻修，孩子们穿着破旧的衣服吃着百家饭长大，下雨后的土路泥泞不堪，时而远方传来轱辘轱辘的车轴转动的声音，对孩子来说，这是打破下雨天无法出门玩耍的预告。

青色的雨中走来背着邮差包裹的送信人，敲开几户人家的门。李干斌竖起耳朵，等待着叩门的声音。"叫干斌帮我念一下信，再帮我回个信，我说，叫他写。"——门外传来邻里与母亲的对话，他所等待的就是这样的时刻。

他一字一句把信的内容念出来，再照着人家的意思把信写好。他突然觉得自己像小说里的书生秀才一样，腰都挺直了很多，有模有样地把字写好交给邮差。邮差接过信，留下一句小孩子字写得还不错，便踏上自行车，随着叮铃铃的车铃声和雨落声消失在雨中。而那一句"字写得不错"的夸赞，却如同一颗雨点打在头上叫人意外。

由于父亲的早逝，李干斌关于父亲的印象很少，他只能从母亲匮乏的词汇中得出一个"读书人"的模糊的印象。邮差的自行车铃声远去,他重新坐回窗边写作业。笔尖落在纸上,软塌塌的作业本不知何时被雨沾湿,一滴雨水把其中一个字打中。他一时间恍了神,望着雨想着父亲的模样。

不是黑白照片上那样定格的父亲,而是一个作为"读书人"的灵动的男子。他也许有些近视,戴眼镜,衬衫的胸口那里别着一支笔,右手的中指关节处也许有一个厚厚的茧子。父亲读了那么多书,手上的茧子一定比自己的还厚。那么父亲的字是怎么样的呢?一定比自己的字还要好看吧,他一定也会给人读信、写信,甚至过年给人写对联呢。

也许是为了让自己的字更拿得出手,也许也是为了让自己看上去更像个"读书人",或是别的更加隐秘的原因,他开始有意识地研究怎么把自己的字写得更好看些。初中时,他第一次接触到了字帖,是班上同学的爷爷临摹了别人的字帖,于是他便借来临摹。高中时,他在县城的新华书局见到真正的字帖。他望着那些工整庄重的字体挑花了眼,最后挑了柳公权的《玄秘塔碑》和颜真卿的《勤礼碑》。这两本字帖伴随了他整个少年时代,临摹完以后他没钱买别的字帖,就在废旧报纸的边角处蘸着稀释后的墨水上练字。为数不多的几次用好纸写字是他偶然一次机会参加书法比赛,他写的一篇《岳阳楼记》获了奖被贴出来。黑色的墨迹完全干透,在白纸上显得单薄,可在他眼中却是浮光跃金的春和胜景。

也许正是这些不经意的时刻的零零光影，点照在贫瘠却跃动的河流。废报纸上的墨迹干掉，在湿软透薄的纸面晕开细小的水纹。他从南康县到赣州市，再到上海，当年青涩方正的字再落笔时已成风樯阵马的行草，他不仅有了自己的书房，买笔墨纸砚成了自己的爱好，还能在工作之余去上海师范大学进修自己喜欢的书法。每次谈起书法时，他的脸上都浮现出一种快乐肆意的光彩。在手机里翻找照片，介绍着他所临摹的米芾的作品。

回想自己人生的前半段时，李干斌总会笑着说："我这一路走过来真的，蛮幸运的，小时候学习好，是学霸，人生每个阶段都有贵人帮助我，虽然家里面穷，但是他们也都支持我。"他从未抱怨过出身贫寒所带来的困窘，在陋舍中的日子常常有光透下屋脊和窗檐，一点点的光也能照亮书本上的文字，一点点的光也能让他拥有推开门走出去闯荡的勇气。他也很少因为父亲的早逝而伤感自怜，没有父亲为他掌灯、遮风，他便自己点火追寻父亲的影子。父亲毕业于航空工业学校，他多年后也在航空公司工作，比父亲读书更多，工作做得更好，也就无愧于父亲生前对家庭的操劳与付出。

可以说，光是一种公平的介质。朝着光的方向跑去，人的身上就会多披上一层暖照的阳光。现在的李干斌不仅担任着东方航空公司的重要工作,还兼任华东师范大学校外辅导员的工作。他看着校园里来来往往的孩子们,他们有着他熟悉又陌生的脸孔,这是属于下一个时代的迷惘、困窘和快乐。他想要做的,就是变成一束自己曾经在路上遇到的光。

普通工人,在流水线上打磨成"蓝领科学家"

陈至远

"李工你必须要过来,我们两个人就不会犯错误了,我一个人的话可能考虑不周全,万一失误,就没时间返工了。"王军一手抓着手机,另一手依然在飞速地测算数据。这是2010年,王军负责的"层流冷却装置"技改项目到了最后的组装调试阶段,如果组装液压管路不合理,返工的时间将大大超出计划。电话那头,精轧机械班长、高级技师李明却犯了难:"不行啊,我儿子要高考了,我得给他烧饭。""你搞液压搞了三十几年,你先过来,早点过来弄好了你回去不

本篇主人公王军,1966年生于江苏南通,1987年参加工作。本科毕业(机械设计制造及自动化专业),工学学士,高级技师。现任中国宝武集团宝钢股份技能专家、技能大师,兼任上海市第十三届和十四届政协委员(工会界别)、上海市科协第十届和十一届常委、上海市劳模讲师团成员、上海市技师协会理事、宝钢股份技师协会常务副会长、上海工匠学院特聘教授、宝钢人才开发院兼职教授、中国发明协会院士专家咨询工作委员会首任专家、上海城建学院特聘教授、上海大学特聘教授、复旦大学校外辅导员、"中国梦—大国工匠"百名全国劳模服务团成员。荣获2021年"全国百姓学习之星"称号。

就行了?""那行,那就过来。"

——这几句话,就过来了?

就过来了。当时,李明开了八九十公里的车赶来,与王军一起确定好组装液压管路的方案和样板,饭也没吃就回去了。"我们在做创新项目的过程当中,大家都是有追求的,而且不计较个人得失。有情怀,你才能去坚守,对吧?不计个人得失,你才能够去把事情做到完美。"

用十年,烧一盘冷却钢铁的"大菜"

"层流冷却关键装备技术"项目,要解决的是一个世界级行业难题。"钢铁是工业的粮食",传统工艺生产出的"粗茶淡饭",已不能满足当代工业对高品质钢板的质量和精度的要求。小到在生产中提高效率与降低损耗,大到在国际竞技场中同台比拼,宝钢股份上海宝山基地,都得拿得出自己的"特色菜"。而它旗下最出名的创新团队,正是由王军所领导的。这队高级技师们,历时十年,开发出了钢铁节能新技术,为宝钢股份拿下知识产权51项(其中发明专利授权14项、PCT国际专利授权6项),获国家科技进步二等奖1项、省部级科学技术二等奖1项、发明金奖4项,一时间成为业内的一大热点。王军也被视作从车间出来的"蓝领科学家"。

然而,这道冷却钢铁的"大菜",在王军参加立项申报的评审时,便被"泼了冷水"。"这是一个世界级的难题,我们大家都不敢碰,你一个工人怎么敢碰呢?"尽管所有人都知道这项技术的重要性,但难题就是难题,一个普通工人怎么可能与全世界的科学家们竞争呢?追求稳定产出的评审会,在没有充足理据的情况下,断然不会投入资源去买王军这张"彩票"。

面对评委会的质疑与否定,王军挺直腰杆,拿出了不容辩驳的证据。首先,他不是心血来潮放大话,而是在实际生产中发现了传统工艺的不足之处,为此,他已经做了整整三年的研究准备,申请了十余项相关国家发明专利,手头上有了真刀真枪真家伙,才敢来"踢馆"。其次,他注意到,关于这项技术,德国和日本的科学家在20世纪80年代就发表过大量论文和专利,而他在三年时间里,通读了所有重要的文献,并得到了实践的检验,可以说,理论储备是充分的。最后,最重要的是,这项技术有雷诺原理作为理论依据。

向一根流水的管道内滴入有色染料,便会发现水的"秘密"——雷诺原理。它来源于英国物理学家、工程师奥斯本·雷诺(Osborn Reynolds)在1883年所做的一系列经典实验,简而言之,它揭示了流体的流速与流动状态的关系。流体在管内低速流动时,便呈现为"层流"(又称"片流"),此时流体分层流动,互不混合;如果流速逐渐增加,流体的流线便开始出现波状的摆动,摆动的频率及振幅随流速的增加而增加,此种状态称为"过渡流";而当流速增加到很大时,流线便不再清楚可辨,流场中有许多小漩涡,这种状态称为"紊流"(又称"湍流")。雷诺就是在着力探究流体流动状态的产生条件,并测算流体从"层流"转换为"紊流"时流速的临界数值。为了纪念雷诺,物理学界便把表示流体流动形态的准数称为"雷诺数"。王军用雷诺原理调"底味",指出只要把"雷诺数"控制在层流,就不可能是紊流。但一连五轮,评委会始终不同意他的项目申请。

在此危急关头,王军认识到了沟通的必要性。他逐个拜访了评委会的专家,向他们一条条陈述自己的理由。评审组组长拿出资料给他看,原来,他们也在一直关注层流冷却的问题,还设立科研项目做过一些实验,实验结果与日本历次实验所得结果很接近:只能是紊流,不可能是层流。不仅如此,国内设计院的计算结果也是紊流。而现在王军偏说是层流,就必须向组长解释清楚。王军说,他们的计算和实验忽略了雷诺参数,而自己2008年底的科研项目已经通过实验显著证明了是层流,不信可以直接去车间看,这时组长才相信他不是信口开河。在反复确认之后,有一位一直默默支持王军的技术首席单博士,建议他把"中试"(正式投产前中间阶段试验)科研项目直接换成"技改"(技术改造)项目,准备再次申报。"中试"是科研方向,允许失败,而"技改"

是成熟应用方向，容错率更低，但可供研发的时长会更短。从中试换成技改，是企业层面在资源配置效率上的考量。然而，对王军来说，即便前期已做足了准备，技改的严苛要求，也无疑是悬在头顶的一把明晃晃的刀。王军咬咬牙，点头同意。技改项目申报时，毫无意外地通过了。这是2010年初，项目技术技改终于正式立项，此时距王军开始申报项目已过去了一年多，距他开始研究这项技术已过去了五年。在王军及其团队的努力下，"层流冷却关键装备技术"投入了实际生产，提高了热轧带钢成材率0.8%、节水36%、节电25%以上，打破了德国和日本工业界的垄断，并在之后的四年时间里持续优化。

"钢铁之墙"是怎样垒成的

1966年，王军出生于江苏南通。在他小学两、三年级的时候，做干部的父亲便领着一家人，带队迁到了上海市海丰农场（今江苏省盐城市大丰区上海市海丰农场）。王军便在那里继续学习到高中毕业。当时，高考的录取率只有6%—7%，而较为封闭的教育环境又让英语成了他的弱项。高考结束后，只有两个选择摆在他面前：要么复读，准备再次高考；要么留在农场，从事农业生产，可以做一些养殖业、种植业方面的工作。就在这时，王军的老师给他指了第三条路——去宝钢。"后来我们老师说,到宝钢吧,可以学到比较好的技术,所以后来就到宝钢读的技校,"王军回忆道,"高中毕业以后到宝钢读了两年,再有两年岗前培训,大概一共经过四年职业化培训才上岗。"

高考失利,一直是压在王军心头的石头,进入宝钢后,他时时保持自我要求,瞄准更高的目标,不断给自己"加压"。"在宝钢学的钳工——当时八级钳工是很有地位的,收入都是很高的。"王军的父亲,军人出身,复员后到上海海关系统工作,是处级人员,一个月工资有五六十元。而当时的八级钳工,作为国家重视的高技能人才,一个月能拿到一百二十元,收入是厂长的两倍。即便在还没有开始科技研发的学徒期,他的自我要求也比别人高,做出来的东西精度更好。做钳工,需要习得很多技巧,经历很多手工训练。当时他做出来的手工品,很多都被老师"抢"走了,因为都是精品。"我们做的东西都是很棒的,都像工艺品一样,"王军笑呵呵地说,"像我们有个沈师傅,他就说,'唉呦,你要是做模具工,你绝对上海滩一只鼎'。基本上对自己要求也很高,所以手上的功夫练得也是比较辛苦的。我们那个时候是六天制,两个礼拜理论,两个礼拜是手工实践。像有时候礼拜天,同学们都回家去了,我还在学校里面的手工工厂,一个人,一个台子,坚持做手工训练。"

在学习钳工的那段日子里,王军仅用三个月时间就得到了师傅的认可。他不仅白天不缺课，晚上自修课时间也自觉去车间训练基本功，如划线、錾削、锯削，等等。遇上周末，同学们大多回家了，他却不回家，依然"泡"在车间。除此以外，他还积极参与培训，拿到了全部的岗位证书。随着知识技能越来越多，王军也越来越具备一种系统性的思考，并认识到提升理论水平的重要性。可以说，王军就是通过这四年的艰苦磨炼，让自己成为一个专业的人。两年钳工学习以后，他就进入热轧厂，做了班长，而后又在武钢热轧厂实习了八个月，实习结束后又是岗前培训——这些培训都通过了才能正式上岗。宝武集团的工人，在真正进入岗位之前，都要经过非常严格的岗前培训，因为宝武对于技能等级要求非常高。"我们那个时候学习，虽然读的是技校，但用的很多都是中专、大专的教材，要求非常高。所以现在当其他的钢厂都差不多要亏损的时候，我们宝山基地还有八九十个亿的利润。这是什么原因？就在于整个职工素养能力很高。"

1996年，通过成人高考，王军进入同济夜大机械电子工程专业学习，在这四年的学习中打下了扎实的理论基础。那段时间，在保证高质量的学习之外，他还要兼顾工作与家庭。考试之前的几周是最辛苦的：他很少睡觉，大脑保持高负荷运转，常常通宵复习，以便把知识融会贯通，转变为一种思维方式，到现场能够灵活运用。不仅如此，作为班长，他还要起到带头作用，成绩要好，不能偏科，于是他还专门"恶补"了英语。他的信念是"知识就像车床加工中心刀具库里的刀具"，学习的质量就是刀具的质量，刀具精良，做工才能精细。但时间总是不够用的，高强度的学习，让他在考试之后会有一个"标准动作"——过劳发寒热，去吊青霉素。一年里，他大都会吊上三四次。

受访时，王军坐在一堵用仿真铁块铸成的墙前。这是宝钢股份指挥中心内特有的装饰墙，也是宝武职工创新文化的象征——个人的创新就是一面垒起的钢铁之墙。每一块钢铁，都是经过生活和生产实践淬炼、打磨而出的人生经历。就像"短板效应"所揭示的，人生的钢铁之墙的高度，受制于短处而非长处；因此，这堵墙要想立得住、站得稳，从根基上，就要垒得严丝合缝。王军在学徒期所打下的扎实功底，正是他这堵墙越垒越高的根本。

在实践中发现问题，像科学家那样去工作

王军并非一开始就对学习有如此深入的理解。他说，"学习的品质，需要独立的理念"，而这是在他真正进入工作之后才领悟到的。"上岗前的学习只是书本上的学习，直到自己投入生产，才直面了实际问题，从中发现了学习的必要。学习并不是那么简单，不能把它理想化。书本上的学

习，像那些习题，是为了解决一个问题。但在生产实践中，所面临的问题本身往往是未知的，并且需要运用综合性的知识加以解决。"他非常看重在实践中发现问题，认为一线工人比成天在实验室的科学家能够有更多的机会面对实际问题。王军说，科学家的工作固然有价值，但也不能因此说工人的工作没有价值。按部就班地做重复性的工作，固然是工人的本职；但工人只要勤奋学习、主动创新，有了正确的工作方法，也能像科学家那样创造发明。科学家的劳动价值非常高，也得到了全社会的认可，而大家都觉得工人的地位比较低；也有很多年轻人很浮躁，不愿意做工人，觉得收入低，工作环境又很艰苦，认为这不能实现人生价值，"实际上不是这样，而是看你怎么对待工作"。

结合自己的学习经验，王军认为，当代青年工人如果要像科学家那样，运用精密的专业知识进行创新，会面临四个方面的困难，而这是需要系统性、沉浸式的学习才能克服的。第一个就是自身的专业能力，和自己的知识积累。如果知识积累不到位，那么在创新过程当中会寸步难行，因为很多专业知识都不具备，跟别人沟通也没有那个方面的专业能力，别人使用的专业名词，也会听不懂。而如果说都能理解，那么跟别人沟通就没有障碍了。只有一个人的技术知识储备是系统性的、全面的，那它在这方面才会给创新赋能，否则的话，要做什么都是缺的。"所以系统性的学习非常重要。像我自己,在同济大学学习八年,而且在这之前,包括技校的学习,包括整个专业化的学习,在我们的人才院里学习。我除了做老师,自己也报了很多专业课。"有了知识积累,创新的思路才会打开,才会"开源",才能够有"活水"、思路涌现出来。第二个就是工作实践。如果工人对现场实践、对技术缺乏自己的思考,那么他对现场就缺乏一定的洞察力,也没有一定的创新意识。第三个,就是创意过程中还需要方方面面的资源,那么此时就会涉及跟方方面面的沟通、协调,也包括你的格局、你的为人处事,这些都是"软能力",这些东西往往都会对一个人形成很大约束。第四个,就是一个人的执着,他对一件事情的坚持,还有勤奋,包括责任感、使命感。它们能够给一个人提供强硬的支撑,在多大的压力下,都能够有非常强大的内心去勇敢地面对,同时有条不紊地,甚至可能还会比较有艺术性地去处理很多困难、去坚持,这样他才能够去解决问题。

企业文化,筑起创新的钢铁根基

采访前,王军还带来了一瓶宝武内部的山泉水。细长的塑料瓶身,铁灰色的 PVC 印刷纸上绘有跨海大桥,桥架由"100000000T"的数字构成,桥的远方则是山脉与流云。这是宝武集团的标志性图案,上面还写着"钢铁荣耀,铸梦百年",代表了中国钢铁业一百三十年(1890—2020)的历史。宝武的企业文化就是"协同创新",一项专利背后是一个创新团队的集体智慧,用王军的话来说,这就是"'开放式'创新",面对一项工程,只要感兴趣,都可以参与——研发团队不关闭,充分调动宝钢内外人力物力,通力合作,才会构建起一条通向成功的"钢铁大桥"。

在"层流冷却关键装备技术"项目实验中,王军发现了一套比原先更好的方案,但在技改上更新方案,需要通过验证。考虑到时间成本,他向协作单位提出额外验证,也就是再找一家合作伙伴B,与原来的合作方A一起同步试验。然而,新方案的试验,两家都不顺利。B厂允许王军参与,只是不让拍照。王军很快发现该厂的工艺卡片太简单,而在高强度生产中,要在不锈钢锻件上加工一个长1米、直径65毫米的孔,还要保证圆度和直线度为0.02 mm,不仅难度非常大,过于简单的工艺卡片还会增加材料的报废率。亡羊补牢,为时未晚,B厂在王军指出问题之后便改善了。但A厂始终不让王军参与,以至于材料全部报废。王军谈起这件事,依然十分感叹。他说,对技术要有敬畏之情,技术是要用事实成败来说话的。

当时,王军并没有把时间浪费在索赔上,而是在连续跟踪中寻找问题出在何处。他发现,由于没有驻场人员监督,车间的生产进度很成问题。于是他亲自驻场，但工人们没把他当回事，照常晚上 9 点半关灯下班。第二天，王军晚上 8 点半的时候召开会议，与厂方协商——到底做不做？不做，就换人；做，可以延长时限，但效率要提升。他还积极介绍了宝钢的先进管理办法，用以更新车间人员管理。众人拍板"做"之后，王军依然驻场监督。当时由于正值世博会期间，附近的宾馆都满员了，有时，他甚至要住在浴室里。就是在这样艰苦的环境下，他依然每个环节都亲力亲为，发现了问题就立即重新设计工装尺寸，在严格的监督管控之下保证质量和精度，"缓一缓就会跟不上生产节奏，时间非常紧，最后油漆都没干，就装车发货了"。

王军的成功，离不开他的创新团队。他的团队人数并不多，但都是精兵强将，主要从宝钢内部的班长和技术人员中精选而来，其余则是来自设计院等组织的外协人员。团队里，每个人都浸淫在协同创新的企业文化中，并在热烈的讨论中激发灵感。"沉浸式的创新投入，其实是一件给人带来快乐的事。"王军说，任何一个项目，作为一个创新，它不可能是单一专业的，而是要全方位的、系统性的思考和综合。所以，每个创新者，都需要一个相互之间能够协同创新的团队，而在团队创新的过程中，需要同事的支持、领导的帮助、家人的理解，需要不同层面的人提供各种各样的帮助。通过团队的力量，创新者可以规避很多风险，在大家的支持下，能够带动技术不断迭代，同时这个团队的能力也被培养出来了——这就是大家共同进步。

"只有自己做，才能教会别人。"王军不仅注重自身技能的习得，还亲自指导工作室员工、青年工人，组织专门的培训活动（如人才开发中心的培养课程），构建宝武未来的人才储备。在中国工会网的采访中，热轧厂厂长张文学介绍宝钢"协同创新"企业文化的构建，说："以热轧厂为例，目前就形成了一个金字塔式的群众性创新平台：王军创新室、发明创造协会（热轧厂职工发明创造协会和热轧厂青年发明创造协会）、孔利明式创新小组、全厂群众合理化建议和自主管理机制，自下而上支撑、自上而下指导。"（引自《车间里走出的"科学家"》）确如中国台湾网的采访中所说，"王军是群众创新平台上长起来的最大一棵树"（引自《"大国工匠"王军：宝钢蓝领科学家 一线工人中的创新奇才》），也是在宝钢这片土地上垒起的钢铁高墙，为宝武的下一代创新者铺设了一级更高的台阶。

"学习是我的人生哲学"

中秋节，王军正在检查"层流冷却关键装备技术"项目的各工艺线路，以便"赶进度"。这时，王军的妻子打电话来，问他中秋节回不回家。王军当时正在忙，回答了一句

"不回"就挂了。挂了电话,他才想起来,因为不像科学家那样可以"脱产学习",自己要将大量业余时间投入工作,以至于已经三个月没回家看看了。"然后她就带着孩子来看我。所以有时候,家人的理解支持很重要,不然的话,要是家里边不太平,你也没兴致工作了。"得到了家人的支持,王军能够始终保持学习的兴趣。在他的朋友圈里,你经常可以看到他在转发技术类的文章,有时也有一些政策类文章,因为他是中国人民政治协商会议上海市第十三、第十四届委员会委员。也许对他来说,在工作中学习,已经成了生活本身,小到转发朋友圈,大到参与国家政策的制定。他特别善于在日常工作生活中发现问题,由此抓住创新的突破点,针对性地投入时间和精力,运用专业知识,进行定向发明创造。

这种发明创造,有时是王军"越俎代庖"的结果。他有一件"奇事",十几年前被《解放日报》报道过,至今仍在宝武流传:"倒垃圾都能倒出专利来。"原来的垃圾车,需要两个人爬到车顶手动操作,才能完全清空。与很多人一样,王军也发现了这一问题。但倒垃圾本是垃圾清洁员的工作,无需王军来费心,即便他真的"越俎代庖"提供技术支持,也并不能为他的本职工作增色。王军却不这样想,而是发现一处低效问题,便改进一处,由此设计出了将单绳吊卸设定为长短绳组合设置和短绳吊环的钩式设置,实现了吊装中的自动脱钩,从此无须爬到车顶进行人工脱挂钩操作,也可以实现垃圾的高效倾倒。这一发明,当时被称为"不用电的自动化"。说到底,所谓"普通工人"的"创造性劳动",就是身处机械流水线之中,却能对整个机器发生思考,于实践中发现问题、思考对策,并在完成本职任务的基础上,不断"越界",主动学习,追求创新。

一次,同事问起王军从业这么多年的感受,王军想了想说:"在岗位上创新,就是像科学家那样去工作。"一句随口而发的感想,成了他的座右铭。如今,他已经成长为中国宝武集团宝钢股份技能专家、技能大师,兼任上海市第十三届政协委员(工会界别)、上海市科协第十届常委、上海市技师协会理事、宝钢股份技师协会常务副会长、中国发明协会院士专家咨询工作委员会首任专家、上海大学特聘教授等重要职位,真正成为一名从车间走出来的"蓝领科学家"。

"学习和创新是我的人生坐标。"窗明几净的指挥中心大厅里,王军笑着说道。这间大厅,二楼放着《党史信息报》《解放日报》《劳动报》等各类报刊。而在企业文化氛围浓郁的一楼,你可以看到各类矿石样品:锈红色的澳洲纽曼山块矿、深红色的澳洲哈杨粉矿、土黄色的巴西图巴朗粉矿、灰白色的江西弋阳荧石(萤石,原标签如此)……前三种矿石都是冶金工业的重要原料,而萤石则是常见的助熔剂,这种摆放似乎也在提醒职工们,在高效的团队协作中,各方力量缺一不可。当然,大厅里还有一堵没有那么鲜艳却更加庄重的钢铁之墙。而在它之前,俨然又坐着一堵钢铁之墙:他是车间工人,是创新团队的"发动机",更是一位在流水线工作中被打磨而成的"蓝领科学家"。

塔罐间,他向阳而越

郑沁辰

一大清早,他穿着一件纯色短袖T恤,卸下似乎足占了整个背部的黑色双肩包,置在左侧座椅里,在开放大学"阳光房"餐厅内一个角落处的位置坐下。柜台的咖啡机正预备开始工作,上方的菜单陈列着它一天将面对的数种组合。一个声音沿着柜台拐了弯到面前,询问是否需要从中点些什么。他没要咖啡,从包里拿出一个保温杯润了一大口,对前来添茶的工作人员连声说着谢谢。

属于夏季的烈日此刻还在预热,透过落地窗外的树林和煦地落进来。他比照片上显得更高大,双手看起来也比常人更大一些,手指有些粗糙,指甲却修得干净齐整。两扇掌侧支在红白格相间的桌布上,十指微微向外相对,在身前架起

本篇主人公张华,1967年生,深耕于中国石化上海高桥石油化工有限公司催化裂化装置一线三十余载,本科学历,特级技师。现任中国石化集团公司催化裂化技能大师,享受国务院特殊津贴。曾获"上海工匠""上海市五一劳动奖章""中国石化集团公司劳模"等荣誉,2022年被评为"全国百姓学习之星"。

一道峡谷。他光头,眉骨在面部显得嶙峋,落着颜色寡淡却边界清晰的双眉,眼眶有些深陷,鼻梁上架着一副银边细框眼镜,眼睛在后方闪着光。有时,他自嘲一副"坏蛋形象"。

昨天接到邀约时,56岁的他正在完成自己人生首个本科学位的毕业论文答辩。下午,他还要赶往临港新城完成教学任务。就着窗外隐隐的蝉鸣,他又吞下一口水,开始了侃侃而谈。

生于匠人之家,他"能文能武"

1967年,上海市第七人民医院的一位女中医,在自己的单位产房内,生下家中第二个男孩。彼时的七院像个开放式"大院",从病房、手术间,到寝室、食堂,再到托儿所、幼儿园,一应俱全,就供职工们在这安家了。

和众多"七院子弟"一样,男孩全部的童年光景近乎都穿梭在院内各个角落。他生来是个特别讨喜的小孩,不认生、不哭闹,四处串门。有的夫妇没生孩子,又对这个"小光郎头"钟爱有加,就时常把他领回家,当作自己的儿子抚养。就这样,他在七院吃着"百家饭"成长起来。

自幼充沛的好奇心,也使得他很乐意在中医门诊的诊台前观摩母亲给病人把脉。门诊来了孕妇,母亲就教他把滑脉;来了心脏不适的病人,母亲又教他把房颤和早搏的异常脉搏。渐渐他也学会了望闻问切、对症下药。初中时，他已把家里的医学书翻了一遍。后来，他虽没做成医生，却能骄傲地说起自己用这些医学知识帮过很多人，还救过两名同事的故事。

10岁时，一家人从七院的寝室搬进高桥镇西街的一间公租房。10平方米的空间，就此挤下四口人。面对冗杂的生活物品，家里虽足有5米的层高，却没有能力请人来加层。于是，身为八级泥水匠的父亲自己动手，用木板给房子隔出了"小二层"：上层用来储物，下层拼起一张属于全家人的大床。

在他眼里，父亲不仅能批出最平整的水泥墙面，同时也是拥有木工、电工、烹饪、捕鱼等众多技能的"大能人"。他便也循着父亲的样子，开始了自己的动手之路。从弹弓、陀螺类的玩具制作，到生粉加工成藕粉的零食开发，无一不游刃有余地"玩"出滋味。

在那间小小的平房里，他跟着哥哥翻下老式窗户，神不知鬼不觉地一次次"越狱"。他打趣地说："创新就是要改变现状，当时的'改变现状'就是不想关在家里，渴望自由。"后来，他修自行车、做水电工、贴地砖瓷砖……俨然是这个匠人之家中的小工匠了。

他就这样从曾经拮据的条件中拼起了自己童年简单纯粹的快乐，也拼起了家里的生计。如今回望，他的人生，也正是在一次次的"改变现状"中不断完成绚丽的"翻越"。

中考那年，他拒绝全市重点高中

"以前第一想做的职业是老师，第二就是和母亲一样做医生"，谈起小时候的理想，他这样说。曾经那间平房中堆得最高的，是他的书；不断购入新书，成为那个贫瘠年代中属于他的"搜索引擎"。从涉及人文历史和自然科学的"五角丛书"，到成人版"十万个为什么"，他都如数家珍。三年级，他当上了班长，几乎能承担起同学们所有题目的指导。命运的分水岭却悄然在他理想的天平间涂抹开逡巡的墨迹。

四年级时，他患上病毒性心肌炎，1分钟22个早搏，医院发出病危通知书，从此家中背上了沉重的经济负担，成为那扇老式窗户之外筑起的又一道窗。为照顾家人，1978年，曾经走南闯北在全国各地做工程的父亲放弃了上海第四建筑公司的中层干部身份，跨部门商调至上海炼油厂（现高桥石化），做回了普通工人。

80年代，大部分人拿着三五十元的月工资，用上粮票，几分或几毛钱，便能买上1斤食物。身为炼油厂工人的父亲此时的每月工资却足有三位数。于是，在中考前三个月，他做了一个决定。那年的考场上，试卷里头行云流水的答案是确定而丰实的理想，试卷外头奋笔疾书的人四周，是一团轻飘飘的棉花裹着未定的前路。

1983年的夏天,一个来自川沙县教育局的电话打给他的母亲,他以优异的中考成绩,获得了挑选全上海任意重点高中入学的机会。而抱着教师与医生双重理想的他,最终的选择,却是成为和父亲同行的工人。就这样,他以川沙县全县录取技校第一名的成绩进入上海炼油厂技校炼油班。

入学第一年,高等数学已令很多人叫苦不迭,但这年的课程,他得了第一。第二年专业课的难度已经接近大学,大家在炼油设备、工艺、仪表自动化控制、电气和无线电、机械制图中摸索着伯努利理想流体方程、波义耳定律、惠斯通不平衡电桥原理等复杂知识点。这年,他成了帮助全班同学学习的"圆心"。

到毕业实习时,他已掌握了上海炼油厂1#常减压蒸馏装置内操在DCS集散控制系统上的调节技能。那年,他以同期毕业三个炼油班中四项第一的成绩,获准进入操作难度最高的催化裂化装置,开启了他炼油操作工的职业生涯。第一个月,他拿到105元工资,比大学毕业的母亲高出13元,他们开始一同挑起家庭经济的担子。

回望那段岁月中的支撑力量,他没有选择提及对未来的向往或热情,而是说:"我生来没有背着'隐形的翅膀',这些历程我一步步走过来,一直很努力,但好处是基础很扎实。很多事情没有把我打垮,到最后都会变成一种执着。"

他在命运的逆来顺受中辟开骄傲的行路方式，越过隐忍与被动的姿态，扭转着家庭的窘境和自己的未来。

想改变现状，首先要把它做到极致

反应器、塔器、容器、烟囱在这片地上连绵地野蛮生长，蓝色扶梯包裹四周，像未竣工的摩天大厦星罗棋布。走进装置，仿佛被织进钢铁丛林里。蜿蜒的管道、交错的平台及扶梯从周身和头顶穿过，纵横着延向天际，把天光碎成无数个小方格稀疏地掉落进来。在这里，听不到外界的声音，只剩机泵运转、流体流动、压力升降的嗡嗡响和隆隆声。25年未曾间断的三班倒工作制，他的几千个昼夜交替在这片丛林，风雨无阻的现场操作让他情系催化裂化装置。

一个平常的工作日，厂内突发晃电。切换供电的间隙，对日常生活而言，不过灯泡灭了再亮；但当大型炼化企业面临晃电，每分每秒都像覆压的黑云裹着暗雷，孕育随时会劈下的闪电。昔日隆隆的钢铁丛林内，一些窸窸窣窣的变化悄然滋生，部分控制阀失灵，压力失控，像密林的缝隙中探头探脑的野兽，不可名状，伏在深处等待着撕破黑暗中的寂静。一支箭先划过空气，他扣上安全帽抄起对讲机朝位于七层楼高处失控的控制阀方向冲去。

数十米高的装置与一个人相对而立，像即将倾塌的大厦。顾不上更多,他冲进去,随即被织进里面。耳畔是扶梯踏板上噔噔的脚步声回荡在秒与秒的间隙里,他向着高处的天光冲刺,5米……10米……脑海里生成着到达控制平台时可以采取的解决方案,15米……20米……此刻人与闪电赛跑,30米!他到达了平台。将控制阀改为就地手动开启,精准降低压力,一气呵成,装置回到了安全运转的正常轨道。此时的他已年过五十。这样的危急关头,他经历了半生,也坚守了半生。他没有选择放弃,只因为简单的一句话:"想改变现状,首先要把这个岗位做到极致。"

踏入岗位起,他就不断思索着改良工作状态、提升工作效率的方法。和小时候一样,他不愿被拘束在那些像慢了的钟表般因循守旧、日复一日的设备运转中。像打开那间低矮平房的窗户,从家里向"自由"之间的"捷径",就是他此刻通向创造的新途。从2#催化装置的最底层的外操,经过6年多,他成为公司历史上最年轻的催化裂化班长。

从一名普通工人,到中国石化集团公司"技能大师",他开始挑战更多可能性。他发现催化裂化装置在开工过程中会有大量富气组分会排放至火炬系统进行燃烧,不仅易浪费大量物料,也会造成环保问题。针对这一普遍难题,抓住三至四年一次的装置开工机会,他进行了技术改革。年轻时就提过的开工不放火炬的"幻想",在近三十年后,由他自己亲手铸成了现实。他成为高化公司实现催化裂化装置开工不放火炬的第一人；同时也完成了第一套催化吸收稳定系统停工密闭吹扫技改方案，并在中石化系统内推广，为中石化实现"气不升空、油不落地"的环保愿景做出了贡献。

他的名字也随着一次次突破性技改，为越来越多人所知——张华。

徒弟之间流传，师父解决问题"像个传奇"。越来越多的伯乐与荣誉，也接踵而至地降临到张华身边。而他仍在不断向前翻着。"工作"，在上海话中读作"生活"，张华说："'生活生活'，都是生出来的。炼化装置的问题具有高危性、随机性、突发性的特点，我的目标是只要有异常工况或事故发生，就要做到力挽狂澜，转危为安。"从不止息的精神，让他就这样越过了一个又一个不可能，也在这片钢铁丛林中，找到了属于自己的向阳大道。

如今，走出装置，进入外操室，穿过对面楼一条挂满红色安全帽的走廊，从右手第三间小门进去，是张华的工匠创新工作室。一台电脑、一叠本子、一个饮水机、一个角柜、一台空调、一个显示屏、一块白板、一扇窗子和一张八人的会议桌，就是这里的全部。在这间三十余平方米的房间里，已成为中国石化集团公司技能大师、上海工匠的张华领衔团队不断攻坚克难、技术创新，而从这里走出的越来越多在技术舞台上闪耀着的年轻面孔，也标刻着这扇门背后生生不息的传承。

他已然站在技术荣誉的顶端，但"翻越"从未止步。这次的"极致"，是横无际涯的旷野，不断的产出历久弥新，打磨成一种情怀。张华不以此标榜什么，谈及此，他字里行间跃动着的火光映出，"工匠"这枚勋章的荣光已经渗进了他的生命，如今他想守卫和播撒的，是这束光本身所照耀的全部意义。他的创新有时是挑战权威，有时是逆流而上，有时是孤军奋战。从"自由"，到"责任"，再到"信念"，张华从一片开阔翻入另一片广袤，回首时，"轻舟已过万重山"。

灵感很难得，但"笔记本"才是"钥匙"

"灵感很难得"，谈到技改项目落地的工作流程，张华不假思索地说出这句话。在高化，技改项目从设计到落地的层层流程中，会遇到诸多让人望而却步的棘手问题，而解决它们，往往需要那个"金字塔尖"上的"灵感"。

2017年，2#催化装置DCS系统迭代更新，仪表自控专家与工艺管理技术人员共同"会诊"出旧系统中加入APC先进控制后，开工阶段再生压力不稳定的瓶颈问题，张华也被请至施耐德工厂协助组态。问题被抛出，张华点上烟，与领衔的施耐德工厂首席工程师对接分析，盒里烟一支接一支地少，这个棘手难题也跟着一次次否定，被悬在那团烟雾里。"解决不了",成为那天讨论留给张华的唯一答案。不过再越一扇窗,他掐灭那缕烟丝,像掐灭一个不可能。电脑编程,张华不在行。此路走不通,他决定从擅长的逻辑验证和工艺上着手,开始日思夜想地研究分析。

一直以来,张华的随身包里和床头都放着一本笔记本,有时就是一叠用夹子夹成册的纸。它们记着张华随时想到的问题、得出的答案,装着他时刻迸发的"灵感"。这个问题就这样在张华的笔记本上涂涂改改,写过一页又一页。从清早6点半到晚上8点,两个半月,他在工厂和家之间往返,也往返在密密匝匝被反复推翻的思路上。或许是没日没夜的思虑,一个晚上,灵感忽然在梦中迸发了。迷迷糊糊间,张华起身捧起床头的笔记本,迅速写下去除主控制器中的一段反跟踪程序,让计算机得以正确识别的解决方案。

清晨6点半的街道像空荡的梦境,城市的早高峰还未拉开序幕。转三辆地铁,骑两次共享单车,张华带着这个来之不易的方案兴奋地直奔工厂,一张逻辑图在桌面上展开来。方案在试验机上运行成功的那一刻,大家惊喜地询问张华是如何想到的,他笑道:"在半梦半醒之间就想到了。"

"灵感",是创造者们在事后采用神话式的观点反观作品,对自身的思维与行动进行的压缩式归结。就像艺术家们的"缪斯女神"可以还原到无数个对生活瞬间的感知和提取；作为工匠，张华"梦中迸发"的"金点子"背后，是他经历无数个现场和随时随地的思考后，心中与手边数不清的在"笔记本"上书写下的细密答案。对张华而言，灵感的迸发源自对现场的熟悉度和知识面的广度，时间一长，就慢慢深入骨髓。

在炼油厂，从简单的设备清洁维护工作，到高难度的设备应急处置，张华从"柴米油盐"跨到"上天揽月"。在这些或细碎或复杂的现场中，张华不断涉足自己曾不甚了解的领域。渐渐地，从工艺、设备，到仪表、电气，张华都熟稔地将这些专业知识积累下来，并融会贯通。"他山之石可以攻玉"，面对技术问题时，张华调侃道，自己与仪表电气同事的关系，从关于技术"吵架争论"起，到"不打不相识"，成为志同道合、惺惺相惜的技术好友。

从始至终，张华坚持着对实践的崇敬。他感慨道："科技进步带来的弊端就是让年轻人没有机会再去得到当年我们技术及设备落后时处置事故的实操经验与技能。依靠装置仿真软件无法真正提高实操技能，因为炼化装置的实操毕竟不是一局可以输了重来的游戏。所以每一个操作工，必须通过扎实的理论功底、高超的实战技能去应对突发的异常工况和事故。"张华在每个现场一次次面对挑战，那也是一名资深工匠用心血、胆识、谋略和青春刻下的图腾。

有时候,"是金子总会发光的"是骗人的

从一名普通工人,到中石化技术能手,到成为企业首席技师,再到登上集团技能大师,张华用了 37 年。37 年,在履历上不过三个字,一翕一合不过四个音节,在任何一个行业除了能力和机遇,也少不了"熬"。

不断叠加的单向岁月之于身处其中的渺小个体,有时是在耐心、毅力与轮廓上并不喜人的漫长打磨,也可能成为在对自我与未来的赌注上累下的渐趋沉重的筹码。有人选择离开,有人洗尽铅华,每一个十年都是大浪,一遍遍淘洗着人来人往。

"如果发现没有奔头,可以选择放弃,但不放弃选择;如果感觉走进死胡同,能走出来,都基于准备。"正因如此,张华没有"掉头",也不断萌出新的枝蔓延向四方。

联系到张华时,他正在准备开放大学城市公共安全管理专业的本科论文答辩。56 岁,他拿下了属于自己的本科学位。此时,他既是上海开放大学工匠学院的学生,又是这里的副教授。大学毕业,成为教师,40 年后,他越出了那年报考技校时命运给划定的轨道,独自走回了当时或许本属于他人生的另一种可能性。

2018 年 6 月,张华参加了上海工匠研修班的深造。他依

然带着一本笔记本，在课堂笔记中留下每一个要提的问题。等同学们踊跃地把这些一一提出，张华就不声不响地没入人群；但他认真跟着每堂课在笔记上逐个写下的问题，却从未一同没入他不声不响的"平和"中。

一次，华东师大的关晶教授在研修班讲授关于"新时代下新学徒制"的课程。那天的理论内容，令讲台下很多同学难于招架。课后，关教授留出 15 分钟交流时间，张华一如既往地没入人群之后，教室久久鸦雀无声。

这时，一只手突兀地举起来，像一股泠泠水流荡进久旱的土地，正是早已写完提问的张华。从德国双元制谈起，最后的 15 分钟，全部属于张华。无数沉默的光景里曾有千丝万缕道微光，此刻铸成一盏聚光灯，重重地打在他身上，熠熠生辉。这段精彩的"救场"后，关教授主动添加了张华的微信；也正是这堂课，让工匠学院的目光聚焦到了这个"不鸣则已，一鸣惊人"的同学身上。

学习结束时，张华受邀分享学习总结。千余字的讲稿，是他逐字逐句写就的肺腑之言。上台前，50 岁出头的他凭着记忆，就在台上完成了一段脱稿的精彩演说。当即，合作办主任看中了这届的"炼化独苗"。学院商量，派张华以副教授的身份前往克拉玛依工匠学院开展对口援疆项目。而此时，张华材料上的"学历"一栏，却成为通向副教授身份的障碍。

或许是那段遥远却未模糊的理想，又或许是一种对自己的执着，为了达到聘任"门槛"，张华拉开了"象牙塔深造"的序章，入学上海开放大学工商管理专业读专科。一辆453路公交坐过黄浦江，再骑着共享单车沿着国定路经过一排排居民区和小商铺，一个半小时的路程，就是张华每次上课的路线。一晃就是一年半，而专科文凭不是他的最终目标。

2021年3月，张华又一次站在了开放大学的礼堂里，这次，是他本科入学的开学典礼。身后是大银幕，身前是主席台和各大直播平台。那天，全部的舞台属于张华。作为新生代表，面对"求学、交流、圆梦"六个字，张华说："这六个字，我现在全都做到了。"在众多镜头和目光下，张华用三十多年蓄势，说出了这句话："我这辈子做不到一人之下，但是我很自豪地说，我已经做到了万人之上。中石化50万名产业工人，我是44个技能大师之一。我做到了。"

此后，每周一、三、五的夜晚，张华照例跨过黄浦江，从高桥赶到杨浦，一边上课，一边端着电脑赶手头的工作，似乎不可思议地硬把时间拆成了双份，完成着开放大学城市公共安全管理本科学位的深造。"他们的橄榄枝，是来救我的"，张华只是这样说。

"首先要让自己成为金子，但有时候，'是金子总会发光的'这句话是骗人的"，张华这样总结道，"金子有个毛病，就是比重很大，即使放在泥土里，它会往下钻，而不是往上跑。没有被发现的金子，价值等同于泥土。所以不要骄傲，提纯自己的同时必须看轻自己，努力让自己浮到泥土上面，才有机会被发掘利用，体现金子的价值。"

千帆皆过尽，归来仍少年

37年间，无论倒班、应急抢险还是装置开停工，张华的小区里亮到最晚的那盏灯，总是自家窗户后的。妻子的睡眠总在张华归家以后，加上一桌无论何时都热着的饭菜，是家人几十年如一日的牵挂和守候。2023年五一，张华久违地陪着妻子和女儿去香港、澳门转了一圈。他说，自己已经很多年没有和家人一起出门玩了。

曾经，张华是"爷爷级"的游戏玩家，渐渐地，他的游戏库从大型联机游戏，变成支付宝和微信中的单机小游戏。在张华手机的备忘录中，每天密密麻麻的工作行程几乎一眼看不见空隙，只有把字串得更紧密的颜色、线条和符号备注。

另一边，日渐年迈的父亲和母亲同样慢慢收紧着张华工作与生活间的连接线。他意识到，他可以并不为自己活着，但为了家人，也为了国家的炼油事业必须好好地活着、精彩地活着。如今，在天平两端间，他没有遗憾和抱怨，有的只是感恩。他说，自己应当挑起更沉重的担子，因为荣誉与待遇的背后是满满的责任与担当。

对于"未来更高的目标",张华用"云卷云舒"形容自己现阶段的心境,此时他已越过了荣誉和成就带来的激荡,"要有平常心,做平常人。我这辈子成不了伟人,把自己的工作、学习,甚至徒子徒孙和孩子都教育好,我就觉得足矣"。但在张华的内心深处,始终坚持一个更高的原则。

"初心就是童心,绝对不能丢。我们现在还会像小孩子一样,看到一个不懂的东西,揪着爸爸妈妈不停地问吗?"如今的张华依然抛出了如此诘问,"不会,是因为觉得要面子。但从发现到探索的过程中,其实不必要有那么多顾忌,孩子的心都是比较敞亮的,少一些'腹黑',多一些求真务实,也是我们做技术所需要的。"

现在,那个曾经的"小光郎头"张华依然在。如今,56岁的他,不仅还是"和'度娘'很亲的人",也极乐意尝试新事物,他有兴趣探索新科技,还能玩转 Adobe Premiere、AutoCAD 等软件。他用这份童心去揪问题、补漏洞、带徒弟。

在他眼中,徒弟们是找出自己短板的"上帝",他并不在意作为老师的"面子问题"。此时张华的目标已变成了"情怀",他想培养更多的人才,甚至成为工匠与劳模们的"教父",在高化留下属于自己的痕迹。他说,孩子是他生命的延续,而徒弟是他技术生命的延续。

巧的是，几十年后，张华的形象也回到了童年那个"光头"。他人高马大，曾经也会解释"逝去的秀发"是因为遗传或工作的昼夜操劳；现在，他干脆剃成了光头，还不时调侃自己的"坏蛋形象"。"烦恼就如同我的头发一样随风逝去吧"，张华说，"没有几个人对现状完全满意，但接纳了就没有怨言了。心中有阳光才能往好的方向去。"这是他克服重重阻碍的自我实现，也是他 37 年来在那年意外驶入的命运轨道上的精益求精。

张华在微信个性签名上写着："我一来就亮堂了"，这句签名和他散发的气场一样，幽默风趣、亲和坦荡、热情坚毅，走到哪就像点亮了空气。或许比起金子，他更像一枚金币，呈现于人的是历久弥新越发光彩夺目的正面，而朝向自己的，是有无数道打磨痕迹的背面和不断提纯密度与厚度的内部质地。

正如他说的，心中有阳光才能往好的方向去。

隧道深处的回响

邹应菊

盾构机，即使用盾构法的隧道掘进机，是一种隧道掘进的专用工程机械，主要用于城市地铁、管网与铁路建设。相比于传统"钻爆法"，盾构机施工高效、安全，但同时也有着极高的生产技术壁垒。新中国成立初期，我国首次采用盾构进行隧道修建，晚了国外百余年。一直到90年代，中国盾构技术开始加速发展，但国内市场仍被"洋盾构"垄断，长期受制于人。

1995年，陈柳锋刚满18岁，从上海隧道技校毕业后，成为一名维修电工。正赶上地铁一号线建设的收尾工作，他

本篇主人公陈柳锋，1977年生，现任上海隧道工程有限公司机械制造分公司电气室主任，上海市技师创新工作室负责人，是上海隧道首位取得高级技师和工程师资质的"双师"人才。主要负责隧道掘进机控制系统设计、维保，先后参与国家"863"项目盾构、类矩形盾构、超大直径盾构等百余台盾构的创新研发，荣获上海工匠、上海市首席技师、上海市技术能手、上海职工优秀创新成果奖、上海市科技进步二等奖，获得国家授权发明专利9项，为国产盾构推向全国、走向国际市场做出了积极贡献。荣获2019年"全国百姓学习之星"称号。

在堆场看到了两台保养中的法国FCB盾构，相比于学校能见到的盾构模型，这让他第一次对盾构机有了真正的认识。巨大的圆柱体外壳里，装置着上万个零部件，挖掘、排土、衬砌等作业可以在壳体的掩护下同时进行。正面的刀盘复杂精密，运转时显出开山辟地的气势，不愧为传说中的"工程机械之王"。

时至今日，国产盾构机在国内新增市场占有率达90%以上，并占据全球三分之二的市场份额，出口至海外三十多个国家和地区。而他现在已是上海隧道机械制造分公司电气室主任，作为领域有名的电气工程师，成立了"陈柳锋技师创新工作室"。从青年到中年，他的个人工作史与国产盾构的关键发展史几近重合。三十年光影掠过，他与盾构的故事证明，不要轻视一个国度与一个青年，默默迎头赶上的决心。

出发：从崇明，"去上海"

陈柳锋出生于崇明岛中部的竖新镇，那时还叫大新乡，再往上回溯至父母的年代，长江入海口的泥沙还没有淤积起来，大新乡还靠着海。崇明隶属于上海市，但中间的长江支南河道如同天堑，市区高楼林立时，崇明岛仍是旷野千里。所以老一辈人都自称"崇明人"，把去市里叫"去上海"。

因父亲工作调动，他在儿时辗转于盐城的海丰农场、奉贤的五四农场。每逢过年回家，总要费上一番周折。那时交通不便，得提前托人买好船票，先坐车到塘桥，在临近外滩的办事处住上一晚。天蒙蒙亮时，黄浦江上传来"呜——"的汽笛声，悠长悠长。随即启程，再从外滩转车到吴淞码头，排队半晌挤上船，摇晃在波涛滚滚的海面，久久才能抵达崇明。

三年级时，他随父母回到崇明的前进农场生活。曾入伍当兵的父亲，是农场的汽车司机，对他总会严厉一些。但父亲跑长途送货时，他也总愿意跟着，端正地坐在副驾驶位置上。有时他夜里醒来，看着父亲仍专注地把控着方向盘，会车前关掉远光灯，轻轻鸣笛致意，在寂静的公路上开向远方。

初中毕业后，父亲考虑让他到市区上学，为了户口能顺利迁到上海，选择了录取分数更低一些的技校。在锅炉厂技校、汽轮机厂技校与隧道技校中，他考上了后来效益更好的隧道技校。那也是上海隧道技校招生最多的一年，招收了一百五十余人，要是早一年或晚一年，他可能只能去别的学校。

为了到上海生活，他们一家人只能暂时先借住在亲戚的小公寓里。出发时，是一个雾天，他与父母守在售票厅，等着不知能否启航的汽船。厅里渐渐挤满了人，连脚都难以放下，他一度有些喘不上气。海面的雾气淡些，登船口终于放行。提着大包小包的行李，他踏上了这一艘驶向未来的船。从这一步开始，命运的齿轮已经悄然转动。临近靠岸，大雾渐渐散去，阳光铺洒在长江水面上，显露出码头的轮廓，上海到了。

积淀：七年电工生涯

在隧道技校念书时，陈柳锋曾到黄陂南路地铁站的工地现场参观。那是他第一次下到隧道深处，盾构机正在作业，远远传来震耳轰鸣。即便对盾构与隧道工程还不甚了解，但他意识到这将是自己投身的事业，满是兴奋与期待。毕业后，他如愿分配到了上海隧道工程有限公司机械厂，刚进厂便面临分班面试。厂里的总工负责考核，让大家谈谈自己对电子元件线路板的理解运用，他就以自己做过的小喇叭功放为例来讲，获得了总工的肯定，结束后被分到了当时比较吃香的电工班，同一批经过考核进入电工班的只有八人。

电工班班长名叫蒋荣祥，大家都称呼他蒋师傅，陈柳锋就跟在他身边学习。蒋师傅在电气方面有"家学"。他的父亲曾是江西宜春小三线建设的兵工厂的电工，参与过许多高难度的抢险排障。而他从小跟在父亲身边耳濡目染，成年后也有了几十年的电工生涯，积累有深厚的经验。蒋师傅教他和师兄弟，图纸是死的，但脑子要灵活。既要对继电器的工作有基本的判断，也要考虑到因为寄生回路或是复杂的控制回流等导致的误动作。比如时间继电器的开关会延时闭合，就要提前在脑海中预设闭合情况，让电流在脑子里按照逻辑关系运转起来。而师傅不仅教他们技术，也管他们的生活。他自己烟不离手，但给徒弟们定了规矩："你们这帮小家伙，钱又不多，抽烟费钱还伤身体，我岁数大了戒不了，你们千万不能抽。"渐渐适应工厂的生活后，师父怕他们懈怠，催着他们继续学习提升学历。

于是陈柳锋在1997年通过了成人高考，进入上海第二工业大学的工业自动化专业学习。那时他还住在彭浦新村，白天在工地工作，晚上请假去上夜校。蒋师傅总会给他批假，还会带些妻子烧的菜给他，叮嘱他也要抽空休息。那时盾构机的推进并不顺利，推进速度也慢，时不时还需要通宵抢修。工作疲惫的他，经常会在上课时突然睡着，握在手里的圆珠笔，"叭"地掉在桌下，听见响动又立刻醒来，捡起笔继续听。临近考试，他夜里还在工地忙活，凌晨两三点下工后，站在集装箱边上悬挂着的灯泡下看书，六点天色渐白时，骑车往复兴公园的方向赶，赶在考试铃响前走进考场。

1998年，地铁二号线的盾构机在人民广场站至南京东路路段（当时还是河南中路站），由西向东穿越运行中的一号线，这是国内首次地铁穿越工程。他所在的小组负责电器的安装调试与电气维护，工程难度大，全队人都很紧张，环保队伍二十四小时守在工地现场。一旦刀盘不转了，盾构有故障了，他或者师兄弟的人就随时下去检修。有时下隧道的时候是白天，出来的时候已是黑夜。而在这个潮湿闷热的夏天，法国世界杯拉开了帷幕。在地面临时装置的集装箱里，换班的工人在休息时，也紧张地围坐着收听球赛的广播。决赛时，一个工友直接把家里的彩电搬了来。齐达内头球破门之时，工地边上的火锅店还在循环广播："天天旺火锅，吃火锅到天天旺"90分钟里，大家围坐在电视前，或是欢呼拍掌，或是捶胸顿足。全场战罢，法国队3∶0完胜巴西队，他和大多数热爱巴西队的工友皆愤慨，"哎呀，罗纳尔多是在梦游！"

那是最辛苦也最难忘的几年，正值上海地铁建设的大潮，他一边顾着学校繁重的课业，一边跟着蒋师傅与师兄弟一起去建设过二号线的所有站点。即便时隔二十年，访谈中的他也能不假思索地说出当时的工作细节："修建一号线用了7台法国FCB公司制造的$\phi 6\,340$ mm土压平衡盾构。二号线大部分沿用了这7台盾构，在陆家嘴至河南中路区间段隧道采用了2台中法联合制造的$\phi 6\,340$ mm土压平衡盾构，另外在静安寺到石门一路的区间，用到了我们上海隧道设计制造的'十号盾构'，也就是$\phi 6\,340$加泥式土压平衡盾构，这也是地铁建设中首次使用国产盾构。"访谈前还略显拘谨的陈柳锋，在列举着一个个盾构型号时，如数家珍，眼睛顿时焕发神采,努力通过言语锚定着那时的电工岁月。

转型: 北迎佳木斯的雪

2002年,陈柳锋从上海第二工业大学毕业,从老师手里接过毕业证书的那一刻,想起兼顾学习与工作的艰辛,好不容易才抑制住将要滚出的泪水。

同年,他迎来了人生的关键转折。当时派去黑龙江佳木斯的盾构机急需技术员,但电气室的技术员本身较少,佳木斯地方偏远,没人愿意去。当年进厂时面试过他的总工想到了他,有意将他吸收为技术员,从电工班调到电气室去。这样的调动并非小事,厂长与车间主任都先后找过他谈话,确认他的意向。征得了师父的同意,他决定抓住这次机会,转岗为技术员,在当年的9月第一次去了北方。技术员重研究,电工重操作。回想起来,如果没有这次机遇,他很难以电工的身份进入钻研技术的领域。他可能会一直做电工,顺利的话可以像师父一样成为电工班班长,将是和现在完全不同的人生道路。

如刀郎歌里"2002年的第一场雪",佳木斯的雪降于10月,比往年晚了一些。在松花江边上,他见到了人生中的第一场鹅毛大雪,一直堆到齐膝的高度,放眼望去四周皆白,茫茫山野。一开始,他和同事住在朝北的房间,没有暖气,盖三层被子，穿两双袜子，还是被冻醒。北方的干燥与寒冷，不仅冻硬了牙膏和毛巾，也让他每天早上都得流上一回鼻血。过了些日子，实在扛不住的他们和房主商量，换了一间更小些但朝南的房子，才终于能睡个完整的觉。气温越来越低，降得最厉害的一次到了零下27℃，设备里的液压油都冻住了，只好在设备上搭棚子，棚里用火炉烤着，能保持到零上的温度。没想到炉里溅出的火星，点着了盖棚用的棉被，直接烧成黢黑的絮团。没法子，设备不能停，他们只能清理干净重搭。等设备终于调试好，隧道动工时，地下水又不住地渗进来，他们随即忙活着抢修抽水。在佳木斯的生活和项目，就在这样的曲折中一点点推进。

　　第二年春天，从佳木斯回到上海，他开始了在电气室的技术员工作，跟着新的师父从头学习画图纸做设计。入门前期是艰难的，因为盾构机的研发生产涉及地质、土木、机械、力学、液压、电气、控制、测量等多门学科技术，而且要按照不同的地质进行"量体裁衣"式的设计制造，难度极高。面对这个复杂的大家伙，他选择继续学，去学校学，找办法自学，总之要赶上电气室的水平。即便是不慎从盾构机的梯子跌下摔断了腿，他也在居家养伤时报名参加上海市高达职业技能培训中心的技师班，复工后便在下班后和双休日坚持去上课。平时自己买了各种书回家研究，参加各个工种的讲座，在网上专业的学习论坛留言交流。2011年，他报名参加上海高级技工学校，考取了通过率不到十分之一的高级技师证。到2015年，他与家人搬到了五角场附近，女儿上了小学，他便又去了上海开放大学的机械电子专业学习，延续着边工作边上课的生活。

匠心：一根电缆的重量

从18岁进入机械厂电工班，陈柳锋跟在蒋师傅身边学习了7年。印象里，平时脾性温和的蒋师傅只有一次真的发怒。起因是合作单位反映，有一根从变压器到开关柜的电缆不符合规定，不能送电。没电就得停工，这就意味着接下来的工作会延期。对方单位的人提出他们有一根合适的电缆，可以马上换上去，但是费用得重新商量。蒋师傅清楚自己经手的材料，知道电缆本身没有问题。作为班长，冒着得罪合作方的风险，拍着桌子大声和对方理论起来。对方见他态度强硬，才松口给了新的方案，重新送电。

2010年9月，迎宾三路三菱重工盾构的拼装机的通信一直出故障，陈柳锋仔细检查拼装机电缆卷筒电刷和控制柜线路，并更换了网关模块、模拟量输入模块和拼装机回转电缆后，情况有所好转，但使用了一段时间后又会出现通信不稳定的故障。10月，现场通信故障扩大，由于现场已经没有备用的网关模块可更换，订购海外的模块需要两个月，他决定将拼装机部分的通信系统做应急改制。经过反复实验，他在向上级的请示上郑重签下自己的名字，获得同意后换掉了原来盾构所有原则上不做改动的模块，将控制柜的线一一对应接到新的模块，为出现抖动的拼装机写了新的程序。经过一整晚的改制与调试，他亲眼盯着改制后的系统恢复正常，才终于能松一口气。事后同事都感叹他真是胆子大，竟然敢自己担责做这么大的改动，他只是回应这是没办法的办法。就像当年蒋师傅所面对的情形，不可能让施工队的所有人停工苦等两个月，他做了和师傅一样的选择，在紧要关头站出来。而 ϕ14 270 迎宾三路盾构拼装机经过改制，在这条隧道里再没出过问题。

28 年工作生涯，他也到了不惑之年，成了徒弟们称呼的陈师傅。平时他对徒弟从不疾言厉色，但在工作中看到徒弟们扎线缆时随意杂乱，他会叫停徒弟手上的工作，亲身示范如何把线缆和套管排列整齐，强调这样更方便检修。因为当年他也这样年轻时，蒋师傅也要求他们把手里的每一根电缆都扎好，教导他们既然要扎这根电缆，那就不管曲直都要扎得整整齐齐，像对待艺术品一样来做。一台盾构机的上千根电缆、几百个走向、数万个节点，他记着师父的叮嘱，就这样走了过来。这些年不断有高学历的大学生加入电气室从事技术员的工作，初时往往不愿意去工地工作，但遇到合适的机会，他还是会派学生下工地、下隧道。他对此有自己的考虑，不是一定需要这些大学生在工地拉那根电缆，但这对他们今后的设计工作很重要。同样设计电缆的用量，他设计10根就可以运作，但可能换个人就会设计20根电缆绕来绕去。像他们这样做设计的人，只有真正去拉过电缆，知道一根电缆的重量，才能体谅每一个工人顶着烈日，牵拉起一根电缆的辛苦。

破局：穿破封锁的土层

21世纪初，国内经济快速发展，铁路及隧道等设施建设遍地开花，对盾构机的需求也同步大增。但无奈在"造不如买"的思潮下，国内设备几乎全部依赖进口，使得德、日、美三国企业占据90%以上市场。中国难以走出盾构市场与技术被外国垄断，工程中处处受制于人的困局。

一次排障作业，陈柳锋在杨浦嫩江路调试一台日本的双圆盾构，刀盘却始终不转动，日本工程师吉泽让翻译问他，检修下来是什么问题。他根据现场情况判断是PLC（可编程逻辑控制器）程序的问题，吉泽听后只是蔑视地看了看他，表示不认为中国工人会懂PLC方面的问题。但最后排查下来，确实是日方在PLC参数设定的漏洞。即便后来故障解除了，他也始终记得那个眼神里的傲慢。而这仅是当时国产盾构困局的一个细小切面，高度依赖国外设备就导致我国在购入盾构时没有议价权、在运作盾构时处处受制等诸多问题。比如1997年，原铁道部耗资7亿元才引进两台德国硬岩掘进机，用于西康铁路秦岭隧道建设。然而在施工过程中问题频出，德国公司还不信任到场的中国工程师，连换刀头这样的小动作都在周围拉出封锁线，严禁中国工人接近。1999年，在广州二号线施工中，一台进口盾构机没有抓牢"管片"，对方就提出300万元的高额换修费用。一方面是国内基础设施建设遍地开花，大量需求盾构机，另一方面则是依赖进口频频受制于人。自主研发生产盾构，成为摆在中国面前的唯一出路。

2001年，国家科技部将盾构技术研究列入"863"计划，组建了中铁隧道集团盾构机研发项目小组，致力于"造中国人自己的盾构"。陈柳锋也作为技术员加入了国家863项目盾构机国产化的研发。2004年10月，上海隧道工程股份有限公司推出第一台具有自主知识产权的"先行号"土压平衡盾构，一举打破洋盾构技术壁垒，填补了国内空白，中国盾构的研发从此越发迅猛。

在后续盾构型号设计中，陈柳锋参与的"盾构刀盘驱动用变频控制装置以及控制方法"采用变频控制取代液压系统来驱动刀盘的运作，实现了有效控制刀盘转速稳定、盾构高精度土压平衡控制，并获得国家发明专利，还为筹备中的盾构开发了"拼装机同步测试法"，发明了"真空吸盘式六自由度拼装机"等新工艺、新技术,为国产盾构机装上了"中国大脑"。这一方法达到了国际先进水平,变频驱动盾构也应用在新加坡、马来西亚、印度的隧道项目中,不断出口海外。2006年年底,"先行号"系列盾构在沪制造安装完成并正式下线,首次实现了国内地铁盾构的批量生产。他也不再限于上海,跟着施工队去了杭州、郑州、武汉、天津等许多的城市。2007年,他与相恋十年的恋人结婚,同年,女儿出生后的第十天,他就又回到了南京正处于关键期的工地现场。

在众多陈柳锋这样的科研人员不断攻坚克难之下,中国突破了盾构机"卡脖子"关键核心技术,国产盾构不断扭转劣势,逐渐显露上风。2008年4月,依托"863"计划,由中铁隧道集团隧道设备制造公司牵头研制的复合盾构"中国中铁1号"下线,成功地实现了从"造中国人自己的盾构"跨越到"造中国最好的盾构"的梦想。2009年9月,一台直径为11.22 m的具有自主知识产权的大直径泥水盾构"进越号"成功贯穿上海打浦路隧道复线工程,标志着我国进入了具备大直径泥水盾构自主设计、制造和施工技术的盾构大国行列。2017年,国内自主研制的盾构机产销量攀升至全球第一。2020年9月,中国中铁自主研制的第1 000台盾构机"粤海14号"成功下线。如今,我国已经成为全球最大的盾构机生产和使用国,拥有了多家具有自主研发能力和规模化生产能力的盾构机制造企业。近期，陈柳锋正与同事们关注着最新的技术动向，开展盾构机方面的无人驾驶与智能巡航研发，不断攻克技术难点，尝试隧道管片的全自动拼装。"陈柳锋"们，将国产盾构从过去的泥泞中推上了高速行驶的轨道，此时仍朝着未来的方向。

某次寻常施工的夜里，陈柳锋站在顶管机里，神经紧绷地研判现场情况。经过几个月夜以继日地施工，顶管机终于将要推通隧道，而这时恰是最为关键的时候，决定着整个工程是否能够顺利竣工。已不知夜深到了几点，顶管的刀盘还在不断切削连接着接收井的最后一段土层，但顶管机里无人言语，仍是一片寂静。突然间，他听见顶管机的壳体传来"梆梆"的敲击声，一时间以为是幻听。但敲击声越来越响，他确认没有听错。这是外面接收井的工友看到盾构机从土里露头，迫切地想要传达"终于看到你们了"，但顶管机头刚进入接收井，只好随手用榔头、铁块敲击壳体示意。而他与同事当然也都听懂了这敲击声传来的讯息，同样兴奋地捡起身边的锤子、铁钳，敲击这边的壳体。两边钝重的敲击声，如两双紧紧交握的手掌，激动、热烈地彼此回应着。在隧道的尽头，他们以奋力敲击的一挥，庆祝这场属于机械与人的胜利。

从亮一点到亮一片，焊接下的璀璨人生

张小燕

一望无际的水蓝色天空，一片白雪皑皑、透着冷气的世界，一个人脚踩厚厚的积雪。远处是干枯的苇草和光秃秃的树木，周围雪地上散落着零碎的脚印。他身穿厚实略显臃肿的蓝色工服，围着黄色围巾，伸出一只手向镜头打招呼，另一手拿着橘黄色工帽，对着镜头露出灿烂的笑容。

这是一张拍摄于2007年隆冬的照片，地点是俄罗斯。那年春节，全中国还沉浸在新年的团圆喜乐之中，张雄伟在大年初二便从家赶往俄罗斯负责工程；当上海市正表彰新一届劳动模范时，被评为劳模的张雄伟本人，彼时却在寒冷的

本篇主人公张雄伟，1969年生，1987年作为学徒工从江苏启东来到上海建工学习焊接技术，获得焊接高级技师职称，在重点工程建设中发挥了重要作用。通过成人高考获得本科学历，先后被评为上海市劳动模范、全国劳动模范，荣获"全国优秀农民工"称号，被授予全国五一劳动奖章。2016年12月，上海市总工会为"张雄伟劳模创新工作室"授牌。荣获2019年"全国百姓学习之星"称号。

圣彼得堡做焊接。

爆破声、炫目的火花与瞬时的高温，金属与金属的连接，光与影，这些是张雄伟更为熟悉的世界。从事焊接工作三十余年的他认为，做焊接首先需要的是静下心来，要瞄准好一个目标，不能有杂念，要"有匠心""有工匠精神"。手也要稳，更要有劲儿，这样才能定型。除此，还要学习知识。

从十六铺码头到"我的大学"

那是1987年的一天清晨，18岁的张雄伟在初中毕业后第一次离开家乡江苏启东老家。那天一大早，天刚蒙蒙亮，父亲骑自行车载着张雄伟先去到离家7公里的小镇，再乘公交车到达启东港，继续乘船坐七八个小时，最后便到达上海的十六铺码头。

此前，适逢上海市工业设备安装公司来到启东招收三十名电焊学徒工，助力当时的金山石化三期工程的建设。张雄伟的父母认为这是个学习技术的好机会，便为他报了名。父母都是农民，如果没有这次招募，张雄伟大概会留在家乡跟着父亲学开拖拉机。

十六铺码头位于上海外滩一带，在20世纪曾是远东最大的码头。改革开放后，十六铺码头仍是外乡人乘水路来上海的必经港口，是许多人到上海的第一站。十六铺码头代表上海欢迎着万千来到此地的异乡人，而当时的张雄伟亦对这座城市有着无限憧憬。

"我们是正宗的、从十六铺码头上来的农民工。"张雄伟有些自豪地回忆道。

张雄伟对金山石化工地的第一印象是很宏伟。宽阔的工地，很多的塔吊和反应塔，管道密集得像蜘蛛网一样，负责人介绍说这种就是他们以后要焊接的管道。

在真正开始施工之前，学徒们还需要进行强化培训，一边学习电焊理论知识，一边在工地的师傅的指导下学习实践知识，半天学习理论，半天学习实践。这无疑是辛苦的时光，经过半年培训，张雄伟拿到了电焊合格证书。因为牢记父亲"要学好技术"的叮嘱，即使在别人休息的时间，张雄伟也不敢懈怠分毫，抓紧时间练习。

从此，张雄伟就踏入了电焊工作的队伍。他回想起来，觉得这是一个受益终身的选择。在培训之后张雄伟被分配到管道班组。技术行业不仅需要勤奋努力，也需要一点天赋，金山石化建设要求很高，管道如果焊得不好，就要返修。返修管道是件麻烦的事，要割掉不合格的焊接处再重新返工，因此需要工人能一次性焊接完成。张雄伟的努力得到了检验，很快他就成了他们班组的"焊接三剑客"之一。

回忆起刚入行时的情景，张雄伟很感谢一个人，那便是他在管道班组的师傅。

张雄伟的师傅像对待自己的子女一样爱护他。2001年，上海安装公司的技校老师打电话问张雄伟愿不愿意来读高级焊工班，张雄伟很心动，却拿不出2 000元的学费。张雄伟的师傅得知了这件事，就把张雄伟叫到自己家里面去。师傅给了张雄伟一张银行卡和密码，让张雄伟自己去银行取钱。第二天一大早，张雄伟赶到银行取了钱，到学校报名。经过半年时间，他拿到了高级焊工证书。

张雄伟非常珍惜这张证书。他认为即使一个人本事再大，也需要有专业的认可和国家的承认。在金山石化工作了五六年，张雄伟的焊接技术得到极大的磨炼，在后来波罗的海工程中，他化险为夷，靠的便是在金山石化学到的手艺。

张雄伟觉得职业生涯的开始就像人生的第一颗纽扣，如果扣好了，下面也才会顺利。在被问道"哪个工作阶段最关键"时，张雄伟认为是最开始学技术的那几年。他回想如果当时贪玩，那他就不可能有现在的成绩。

此后，张雄伟参与到更多的项目中，亲自见证了上海的繁荣发展，浦东国际机场、国家会展中心、上海中心、上海迪士尼乐园、虹桥交通枢纽等重大工程建设中都有着他的身影。2007年，他被评为上海市劳动模范，成为上海建筑业首位全国优秀农民工。2008年，他被评为全国优秀农民工，来到北京人民大会堂接受表彰。2013年，他成为"全国五一劳动奖章"获得者。2015年,他荣获了"全国劳动模范"称号。在这条布满荣誉和掌声的花路之上,似乎还留有他最初走过的那些脚印。

考大学起初是一个很突然的决定。1999年,张雄伟决定参加自学考试,读大学。一开始,宿舍里有人读书,要自学考,张雄伟看了他的资料,发现自己也会做,便来了兴趣。之后他对自学考上了心,报考了华东政法大学的法学专业——他觉得法律知识很重要,尤其对于农民工合法维权。一共四门科目,可惜民法民诉一科总是差一点分数,僵持之下,他决定转战成人高考。他报名了上海城市管理职业技术学院,拿下大专文凭,之后又继续参与本科学历教育,在2012年拿到了上海电力学院电气自动化专业的本科文凭。他内心向往学习的种子终于开花、结果。

张雄伟的经历不免让人想到高尔基自传体三部曲的最后一部——《我的大学》。《我的大学》里,16岁的主人公阿廖沙抱着上大学的愿望来到喀山,却未能如愿。喀山的贫民窟与码头成了他的社会大学,在喀山的四年里,在这所没有围墙的大学里,阿廖沙接触到不同社会阶层,最终找到了人生的方向与意义。

金山石化之于张雄伟,似乎也是一所"他的大学",他在这里进一步深造,走入高等院校,完成了少年时未竟的学业;同时在"金山石化"这所"大学"里,他学习了技艺、磨炼了心志，也见识了许多人来人往。在来到公司的第二年，最初的学徒班里就有人在学成后，跳槽去了新疆的克拉玛依油田，收入颇丰。而张雄伟拒绝了其他地方抛来的橄榄枝，留在上海建工，直到如今。他觉得自己是一个念旧情的人，每逢师傅的生日和春节，他都会和师兄弟们一起去看望师傅。他也仍记得最初来上海时的感受，那种海阔凭鱼跃、天高任鸟飞的感觉。

"哈拉索"与"拉菲克"

2007年春节，辞旧迎新，万家灯火。

刚过完新年，张雄伟在大年初二便从家里赶往俄罗斯圣彼得堡，赶往波罗的海工程的工地现场。自小在南方长大的张雄伟从未见过那么厚的积雪，也从未感受过零下二十多度的气温。

这一年也是中俄友好年，该工程便是为祝贺中俄友好年而建设的会场。工程的要求非常严，工期很紧张。也因此，张雄伟在当年被评为上海市劳动模范，而且还是上海市第一批入选的农民工，却最终遗憾缺席表彰大会。

错过表彰，当时的张雄伟心里却并不觉得很可惜，他心里装的是别的事情。这是张雄伟第二次出国，刚抵达俄罗斯便直奔工程所在地，整个工地都被保温设施包着，张雄伟等人在加班加点地赶工。而在这时，出现了一个大难题。

焊接管道，焊工们往往需要焊接好几层。焊接时在管道上所烧的第一层被称为打底，焊接完，还需要给管道拍片。拍片是焊接的一环，通过对焊口进行检测来检验焊接的质量。用氩弧焊打底，焊接拍片合格率会比较高，而手工焊的难度高，拍片合格率也会比较低，所以通常情况下，焊工会用氩弧焊打底。

"在上海，我们一般是用氩弧焊打底，再用电焊盖面。"张雄伟解释道。

而当时在俄罗斯，由于工程紧张，施工方还没有来得及购买氩弧焊以及氩弧焊机，当地采购麻烦，也来不及从国内运，就面临着无法用氩弧焊打底的情况。

就在一筹莫展之际，张雄伟自告奋勇提出用手工来打底，这是他早年初来上海时学会的手艺，没想到现在会派上用场。而手工焊的风险依然存在，拍片一旦合格率不够，就面临管道重新切割、重新焊接的新麻烦。

令俄罗斯方工作人员惊讶的是，张雄伟所有手工焊接的焊缝，拍片的合格率是 100%，一次性全部合格。周围的俄罗斯工作人员无比惊奇，他们竖起大拇指，对着张雄伟喊道："哈拉索！哈拉索！"面上带着赞赏的神色。

"哈拉索"是张雄伟印象很深刻的一句俄语。它在俄语中的意思是"非常好"。

即使过去很多年,张雄伟对这些仍记忆犹新。

张雄伟的微信名"拉菲克"。在斯瓦西里语里,"拉菲克"是朋友的意思。

2006年,张雄伟搭上了飞往非洲坦桑尼亚的飞机。这是他第一次出国,也是第一次坐这么久的飞机,先到印度新德里,再乘机去达累斯萨拉姆,然后再飞往坦桑尼亚第二大城市莫安扎。

非洲美丽的自然风光让张雄伟惊奇。"就是电视节目《动物世界》里面一望无际的非洲大草原,很美。"在飞机上,张雄伟看到了非洲第一高峰乞力马扎罗雪山,五千多米的雪峰看起来蔚为壮观。

最终他们抵达维多利亚湖。当地人生活在湖旁边,但用水很不方便,没有自来水,当地的非洲妇女都是头顶水桶去取水。张雄伟一行人此行便要在维多利亚湖边上建造水厂。

在异国他乡工作,张雄伟觉得学语言很重要。当时的张雄伟主要负责机电安装和电缆管道,整个团队带领的工人里大部分都是当地人。张雄伟意识到,如果能和工人们用语言沟通,将方便很多。初到坦桑尼亚时,项目部便给每人发了一本小册子,教一些日常的斯瓦西里语。斯瓦西里语是坦桑尼亚的官方语言。白天忙完了晚上没有事,张雄伟便会打开这本小册子照着学,就这样持续学了一个礼拜。

直到有一天，张雄伟和工人们一起干活时，突然冒出一句斯瓦西里语，旁边中国团队的成员惊呆了："我在坦桑尼亚这么多年都没学会。"

张雄伟逐渐可以和工人们简单交流，他带领着几个当地工人，干活时跟他们一起干，还经常叫工人们休息。有时，他还会和他们聊聊家常。

慢慢地，张雄伟和当地的非洲人建立了友情，成了好朋友。休息日，张雄伟会去附近的社区，一群小孩子就跟在他身后，他把国内带来的小饼干——上海超市里面售卖的薄片饼干，一片片分给孩子们。除了饼干，张雄伟和他的同事们还会不时到居民区，把食堂早餐的点心分给居民们吃，当地孩子感冒了，他们也会送上感冒药。起初，因为工程的总包人员有些凶，当地人对中国人印象并不佳。

凭借学来的斯瓦西里语，张雄伟还从当地人那里学会了两首歌，一首歌叫作《美丽的坦桑尼亚》，另一首则是他们的国歌《上帝保佑非洲》。

四个月的时间过得很快，回国前，当地人自发为张雄伟等人送行。他们拍了合照，张雄伟还将自己从中国带来的一些东西送给他们。

在中国团队回国时，又发生了一个小插曲。海关的人把他们拦了下来。原来，当地人送给他们用乌木和红木雕刻成犀牛、大象形状的工艺品，这些虽然不是违禁物品，却超重了。因为语言不通，十几个人和海关人员陷入僵持。

一行人里只有张雄伟会说斯瓦西里语，他上前和海关的工作人员交流起来。

"这位女士你的头发真漂亮，我很喜欢你的头发。我也很喜欢坦桑尼亚，我还喜欢坦桑尼亚的歌。"

周围的非洲人闻言立刻呆住。他们没想到一个中国人可以流利说出他们的语言。当着海关工作人员的面，张雄伟唱起了学来的坦桑尼亚国歌——《上帝保佑非洲》。一听到这首歌，旁边的黑人便都团团围上来了。

张雄伟也被此情此景触动："他们听到这首歌，就像我们听到一个黑人在唱我们中华人民共和国国歌这种感觉。"

海关人员被张雄伟打动，回国的十几个人最终顺利地被海关人员放行。张雄伟从未想到，一开始学到的外语会帮到自己这么多。他不仅顺利地完成了工程，还和这里的人民建立了友谊，而一切都始于那个无事的夜晚里，他翻开的那本斯瓦西里语册子。海关的小插曲也像是冥冥之中的安排，给此行画上圆满的句号。

这一次的旅程给张雄伟留下深刻的印象。2010年的世博会，张雄伟在参观非洲馆时，还和工作人员用斯瓦西里语聊了起来，馆员还特地在他的打卡本上为他盖了一个特别的章。

至今，他仍会唱那首从维多利亚湖畔学来的歌。

旧书店、连环画与岳飞

"爱情,也许在我的心灵里还没有完全消亡。"

张雄伟开口念起了一句诗,这是普希金的诗歌《我曾经爱过你》的第一句。他很喜欢普希金的诗。和他的同代人一样,张雄伟也深深受着俄罗斯文学、音乐的熏陶和影响。他觉得这很美,他也很喜欢俄罗斯民歌,比如《三套车》《红莓花儿开》以及《莫斯科郊外的晚上》。在入行前,他反而是一个偏文科的学生。他有些自豪地向我们提起他成人高考大学语文的分数——他是宿舍里第一个一次性通过考试的人。从小,张雄伟就很喜欢语文,初来上海时,他的师兄弟们晚上总是在一起打牌,而他则喜欢一个人朗诵古诗。他也喜欢现代诗,尤其喜欢徐志摩的《再别康桥》。

张雄伟和我们提到了他曾拿下讲故事比赛第一名的经历。2019年上海市讲故事大赛,全上海一共八十余家单位报名参加,张雄伟获得第一名,被授予金奖。他讲述的是自己的成长故事。从十六铺码头,到金山石化,从一个农民工一步步成长为高级焊接师和人大代表……他自认没有什么技巧,只是用真情实感娓娓道来。他希望也能以自己的经历去激励更多像他一样的农民工、异乡人努力生活。

张雄伟觉得人和动物最大的区别,就是人是有感情的动物。他是一个很重情的人，不论是对帮助过自己的人，还是对自己待过的地方，他的感情总是割舍不下。直到现在，他每年也会带着妻子、孩子一起看望他的师傅。

他觉得自己重情义的思想或许是源于小时候看的连环画。从小他就很喜欢看连环画，手里只要有零花钱，就会积攒下用来买画册。他看过《三国演义》《水浒传》的连环画，而在所有连环画里，他最喜欢的是岳飞的故事。张雄伟崇拜岳飞，他认为岳飞的历史功绩无法否认。受着岳飞的影响，张雄伟重情重义。也因为从小受着连环画的熏陶，他一直钟爱着历史和古典文化。

对于"学习是什么"这个问题，张雄伟的答案是：学习就是一种提升，是不断提升自己的过程。首先自己要愿意学习，还必须要有毅力。必须要坚持，否则就会半途而废。

讲到这里，张雄伟想到了自己在中学地理课上画画的趣事。张雄伟从小就喜欢看连环画册，自己也喜欢跟着画。有一次他在地理课上偷偷地画画，被老师发现了。出乎意料的是，地理老师没有批评他，反而觉得他画得不错，专门在这幅画的旁边题了八个大字：贵在坚持，业将必成。

这幅画现在还珍藏在张雄伟家里。张雄伟对这八个字感受很深，他虽然最终并没有按照地理老师的期望，走上成为画家的道路，但也在焊接的事业中深耕，进步，走向卓越，切实践行这八字寄语。

平日里，张雄伟的兴趣爱好广泛。周末不用工作，他最喜欢去的地方，是上海的旧书市场。一有空，他就去旧书店逛逛，淘些旧书来看。博物馆也是他爱逛的地方。旅游时每到一个城市，他尤其喜欢到这个城市的博物馆，这是他了解一个城市的方式之一。

他还喜欢篆刻和集邮。在张雄伟的办公室里，他向我们展示了他自己篆刻的一部分印章，大大小小的玉石印章有好几枚，每一枚印章底部都刻有不同的文字。

张雄伟对邮票最初的喜爱源于对风景和知识的着迷。他觉得邮票和连环画有相似的地方，有画儿，也有知识。"邮票上能看到很多课外的知识。"他还是上海市集邮协会的成员。他最遗憾的一次集邮经历，是错过了一张面值8分钱的猴年邮票，后来这张邮票涨到了高昂的价格，超出他的经济实力，他觉得也不必硬着头皮收藏。"就像人生一样，错过了就再也没有了。"到现在他都还保持着集邮的习惯，家里有好几箱的集邮册。

茫茫人海里我是哪一个

在上海世博会举办前一年，中国馆工程正进入了最高峰施工期，张雄伟被派去把关管道的焊接。赶到场馆后的他，正独自返修管道。

中国馆是永久性场馆，要求严格，张雄伟去把关后，发现施工确实还没有过关，要求工人们返工重新做。一听到返工，工人们表示管道只是细节上的小问题，用保温材料包住后问题便不大了。张雄伟坚决不同意。即便如此，工人还是不大乐意返工。一边是头顶既紧张又严格的施工要求，一边是隐隐有些不服气的工人们。张雄伟没有办法，只能亲自上阵，重新焊接，然后要求大家按照这个样子做。他还向大家传授心得，工人发现经过他的指点就可以焊得更好，于是也都服帖了。

正值酷暑，张雄伟发现食堂的汤并不是免费供应的。即便天热，很多工人还是因为价钱而选择不喝汤。张雄伟便去食堂走访，正赶上市人大代表开会，他作为人大代表提出了这个问题。上午刚开完会，下午食堂的汤便免费供应了。

张雄伟觉得自己是从农民工中走出来的，便更要去关心他们的生活。在2008年被选为上海市第十三届人大代表之后，他便提出两条建议，一是进一步加强农民工职业技能培训的建议，二是进一步放开外来从业人员子女入学本市中高等技术学校的建议。张雄伟注意到上海有许多外来务工人员的子女，在义务教育结束后，无法留在上海，不得不回老家读书。他提议在技校层次上对这些孩子放开限制。最终，这两条建议都被市政府采纳。

焊接工作辛苦，不论严寒还是酷暑都需要按时、按质完成任务。有时，焊接还很危险。张雄伟回想起一次金山石化的工程。工地的塔体和管道里装有复杂的化学物质，一旦出现纰漏便很可能引发化学反应，生成有毒有害物质，张雄伟作为班长兼党员，第一个冲锋上阵，奋战了五十天。

似乎再严苛的任务都难不倒张雄伟，但他的技术也非一蹴而就，而是在早年工作里不断磨炼出来的。刚入行，拍片也无法保证100％合格，张雄伟每天晚上都在钻研怎么返修，有时不睡觉，一个人偷偷练习。长年累月，张雄伟的手上有许多伤疤。有时，电焊的火花也会一不留神刺痛眼睛，医院开的眼药水也不管用，用老师傅们的偏方才稍微缓解。有一次，他还不小心被高温的铁水烫伤进了医院。

即使如此，张雄伟还是庆幸自己很幸运，很多时候，他觉得是机会来临时他恰好把握住了。2008年张雄伟被评为全国优秀农民工，到北京人民大会堂接受表彰。这次表彰还宣布所有人可以落户当地。张雄伟十分激动，不仅因为荣誉，还因为他终于可以留在上海，这是他一直以来的心愿。

"我就成了新上海人，我的一个梦想实现了。"

作为一个农民工和异乡人，张雄伟以前常会迷茫。他对上海有着依恋，可因为户口不在这里，他总觉得有一天老了、干不动了就得回农村老家。上海户口对他来说，一度是那么的遥不可及。

张雄伟喜欢上海。如果用一个词评价上海，他觉得是

"包容"。他认为上海是很公平的城市,只要有能力并且努力,就会有脱颖而出的机会。

"我们都是普通人,扔在人群里、马路上也找不到的那种。其实我觉得这样也挺好。"

张雄伟认为观察和体会很重要。社会本身就是供人来体会的,人来到这个世界上体验人生的不同和酸甜苦辣。张雄伟向我们提到华东政法大学的钱元凯教授曾经说过的一段话。有时候,钱元凯在马路上看来来往往的人。有人问他你这个老头在干什么呢?他说我在观察社会。有时候,张雄伟觉得他也在观察生活、社会。

如今,张雄伟在自己的工作岗位上发光发热,还带动了更多的人在技术上钻研。以前可能是个人的技术实践,现在形成了从一点到一片。张雄伟在公司领导的帮助下,创办了以自己名字命名的工作室,并担任主任。张雄伟带领工作室研发技术,团队同样吸纳了优秀人才,每年会发出专利和论文。他希望这对企业发展和国家行业都可以起到一定帮助作用。

更多时刻,他也很享受做自己,做茫茫人海中"谁也找不到"的那个。爱好广泛的他,如今还爱上了合唱,加入了单位的合唱团。他很喜欢一首歌,叫作《祖国不会忘记》。在采访的最后,张雄伟为我们唱了这首歌。

在茫茫的人海里，我是哪一个；
在奔腾的浪花里，我是哪一朵？
在征服宇宙的大军里，那默默奉献的就是我；
在辉煌事业的长河里，那永远奔腾的就是我。

张雄伟唱得非常认真、投入。伴随着歌声，张雄伟的眼中竟然抑制不住地闪起泪花，又不好意思地笑了。

不需要你歌颂我，不渴望你报答我。
山知道我，江河知道我，祖国不会忘记我。

转子声中的无穷生长

琚若冰

上海汽轮机厂四四方方，占地约1公顷，从北门进去，一条宽阔的主干道纵贯南北。它的前身是1946年民营资本组建的汽车零件加工公司，主要生产制造通用的汽车零件。1953年上海汽轮机厂成立，延续至今，已有70年。

道路两侧郁郁葱葱的香樟，都是第一代上汽人亲手种下的。不过由于汽轮机厂对通行高度有要求，香樟树向上无限延伸的枝干几乎都被齐齐砍去，这让刘霞感到十分可惜。

23岁那年刘霞来到汽轮机厂，如今她已经53岁，人生中最好的30年都毫无保留地交付在这里。厂里的设备越来

本篇主人公刘霞，1970年生，教授级高级工程师，本科、硕士、博士先后就读于甘肃工业大学、上海交通大学、清华大学。现任上海电气电站设备有限公司上海汽轮机厂技术发展处和工艺处副处长，主要负责各种汽轮机中不同类型焊接转子的技术开发和焊接转子产业化的工作。曾获中国机械工业科技二等奖、教育部技术发明二等奖，先后被评为"第14届中国经济年度人物""上海领军人才""全国三八红旗手"，荣获"全国五一劳动奖章""全国劳动模范"，以及2022年上海市"百姓学习之星"等称号。

越新，她的白发越来越多，而这些树还驻足在原处，连树顶的高度都被人为保持在统一的固定值，像设置好参数的机器，要永恒不变地就此运转下去。

世间真的有永恒吗？刘霞不知道树的寿命，也不知道人的寿命，她唯一可以确信的是，每一根转子都有自己的寿命，而她能做的便是让这些转子一直正常运转，直到寿终正寝的那一天到来。至于那一天什么时候到来，这并不重要。

聆听此刻的转子声音，记录此时的转子状态，创造崭新的转子形态，这就是刘霞 30 年来永恒的工作。转子车间永远嘈杂炙热，在千万种焊接转子的声音中，刘霞闭上眼，想象着它们如同树木的枝干，向着四方无穷生长，而她，就是那个生出无穷的人。

她从云间走下

世上有两个刘霞。

一个刘霞在云间，人们的赞誉为她镀上光环。她励志刻苦，自小品学兼优，调剂进甘肃工业大学的金属焊接专业，通过自己的努力以专业第一的成绩分配到上海汽轮机厂，带领团队攻坚克难，先后成功研发出超超临界百万千瓦汽轮机低压转子焊接技术、重型燃气轮机联合循环汽轮机中低压转子技术、"华龙一号"核电汽轮机低压焊接转子等核心技术，并成功投入产业化应用,是为国家无私奉献的"全国劳模"。

另一个刘霞在人间,没有传奇的成神故事,只是一个踏踏实实走好每一步的普通人。无数人想从人间攀至云间,而已至云间的刘霞却想拼命走下。比起成神,她更想成人,成为一个无愧自我、不为世俗偏移的人。

"我只是一个凡人,是一个很普通的人。"刘霞接受的几次采访都是单位组织的宣传任务,自媒体再加工的报道经常让刘霞啼笑皆非。网络媒体精心雕刻的神像虽然曼妙,但那只是人们想看到的刘霞,而不是她想成为的刘霞。

网上流传的刘霞照片,干练严肃。真实的刘霞活泼爱笑,她笑的时候右边嘴角便会泛起一个小巧的梨窝。与刘霞见面的那天,她化着妆,穿着翡翠绿的连衣裙,外面套着靛蓝色的工装衬衫,知性中又夹杂着英气。她右手戴着银色的指针手表,左手中指套着一个颇大的金属球体戒指,如同在昭示着她与金属材料密不可分的缘分。偶尔她还会流露出一丝孩子气,一个劲问我们想不想吃冰淇淋。但在她的诉说里,我们知道她是一个自律和独立的人。

金属材料是刘霞长期的工作对象,工作中刘霞是一个规划性较强的人。她喜欢提前完成任务,一旦有任务,刘霞就会一直将这件事放在心上。拖延很容易让她感到焦虑,如果计划的事情没有在规定的日期完成,刘霞就会觉得这一天没有实现应有的价值。

但是工作并非刘霞生活的全部。下班后的刘霞向往一个人的自由,她喜欢一个人散步,一个人看电影、看演出、看展览。一个人意味着不必被人迁就,也不必为人迁就。"我是一个独立的人。"刘霞反复强调这句话。她是一个独立而自由的人,不想被任何人或事束缚。她不想影响别人,也不想被别人影响,只想在自己的世界里做自己想做的事,成为自己想成为的人。

刘霞的生活简单规律,喜欢吃某一道菜,她可以每天吃都毫不厌烦。喜欢某一件事,她可以一直做都不觉得乏味。每天晚上她尽可能推掉聚餐,待在家里看几个小时的书籍,到了10点准时上床睡觉,早上6点半准时起床。有人觉得这样的刘霞很无聊,但刘霞觉得这样的自己很酷很强大。

每个阶段有每个阶段的生活方式。年轻时的刘霞和班上的女生们一起玩乐,偏科的她看不懂文科的知识。而人到中年,她却对人文社科产生了浓厚的兴趣,尤其是历史传记小说成了她的心头爱。她也会用喜马拉雅APP听书,通过不同的方式摄取知识。刘霞也会去看舞蹈表演,不过紧接着她就急忙摆手说她不会跳舞,只是以一个门外汉的角度去单纯地欣赏流溢出的美。

现阶段,刘霞最苦恼的事情就是时间不够用,她有太多想做的事情,想看的书籍和影音,想去的山川河海和名胜古迹。在这个纷呈异彩的世界,刘霞只想从云间走下,去一无人干扰的空间，找到自己想要的自由。

西去与东归

1970年，刘霞出生在山东日照。

日照东临黄海，大大小小的船舶在蓝黄相接的海水和绚烂的云霞中劈开波涛，驶向港口。如果有需要修理的船只，便会被拖到船舶厂。刘霞的父母就是船舶厂的管理人员，两人常年异地工作，刘霞跟随母亲在日照读书。

刘霞在黄海边长大，在东海边工作。但她真正走上金属焊接的道路，却要归因于在大西北的四年大学生活。

高中时的刘霞是一个典型的理科生，她的数理化成绩很好，文史政的成绩却很差。为了高考能顺利考上大学，刘霞的班主任再三要求同学们一定要勾上"同意服从调剂"的选择。1989年，想去数学系的刘霞调剂进入甘肃工业大学的王牌专业——金属焊接。

金属焊接需要在高温和强光下工作，女性并不具备成为社会认知中的金属焊接人才的条件。但是既然成了一名金属焊接专业的大学生，刘霞就决心将这件事做好。在刘霞看来，所有的学习技巧的获得，本质上都是源于用心。上课用心听，下课用心学，只要用心，一切皆可成为。

甘肃工业大学的四年学习生活是刘霞进入金属焊接行业

的起点，也是在这里她认识到了志同道合的伙伴。她和班上的女生们成了很好的朋友，这让她的学习生活并不孤单。

1993年刘霞毕业，彼时她们刚好是最后一届毕业包分配的大学生。毕业分配一般都是分回原籍，但成绩优秀的同学可以优先选择分配去处。作为年级第一的刘霞比其他人拥有更多的自主选择权。

在分配地点上，刘霞首先排除了山东，理由是离家太近，父母容易唠叨。接着她排除了广东，广东作为改革开放的前沿，是当时的热门就业地，但是离山东太远，虽然她想逃离父母，却也不想逃离得太远，上海作为两者中间位置自然获得了刘霞的青睐。

得知刘霞要被分配到上海，曾去过上海锅炉厂参观的老师告诉刘霞："刘霞，你惨啦，那是上海乡下，很破的，晚上8点以后全黑灯，而且上海人还排外。"上海锅炉厂和汽轮机厂都在闵行区，汽轮机厂的位置要比锅炉厂稍微好点，不过也好不到哪里去。

刚到上海的刘霞搞不清楚汽轮机厂具体的位置，她花了几块钱请火车站的当地向导带她过去。那时的公交车排队分有座队和无座队，刘霞见有座队太长，直奔无座队。公交车不知道颠簸了多久，窗外的景色越来越荒凉，刘霞看着路边大片大片的水稻，心也渐渐凉了。原来老师说的是真的！这是繁华都市中的荒凉之地，她要在这里成为焊接工程师。

工匠传承的笔记

上海人排外的传闻没有让刘霞烦恼,让她真正困扰的还是语言不通的问题。当时上海汽轮机厂的职工大多是由汽轮机厂所属技校毕业的上海本地人组成,她们工作中使用的都是沪语,刘霞这个异乡人站在旁边如同听天书。

发现刘霞听不懂后,她们会切换成普通话,但因为当时说普通话的人少,她们的普通话也很蹩脚,大家只能一边用交杂着沪语的蹩脚普通话沟通,一边手舞足蹈地比画着。时间长了,刘霞想到一个主意,干脆自己教她们说普通话,她们教自己上海话。在语言的互相学习中,刘霞和很多前辈们成了朋友。

那时,前辈们更像是一座灯塔,永远可靠地屹立在黑暗中。她们常常主动留在办公室钻研,对每一个部件、每一个材料的来源、特点和历史都如数家珍,能将任何实际问题归引到原理上,从而更科学地解决问题。她们像是一本活的汽轮机历史书。她们的视野不仅停留在中国,还投向欧美等其他国家。为了学到更多的先进技术,她们自学俄语和英语,还会定期考核实习期年轻人的英语水平。

在甘肃是英语尖子的刘霞,来到上海却"水土不服",原先的英语底子变得不够用了。前辈师傅看着她的作业摇头叹气:"刘霞,你翻译的这个东西,我看得比我自己翻还费劲,我都不知道怎么给你改。"一向是好学生的刘霞感到非常羞愧,差点想找个地缝钻进去。后来刘霞才摸索出翻译的方法,原来很多专业术语都有系统的翻译,而自己当时并不知道,只能硬翻,最后的效果自然也大打折扣。前辈们是怎么做到对技术与外语都了如指掌的呢?这曾经是刘霞疑惑的问题。

2000年左右,厂里的前辈们陆陆续续开始退休。在前辈们退休后,刘霞成为组里唯一负责焊接技术工作的人。由于组里其他的成员都比刘霞小,刘霞不得不承担起总领全局的重任。当自己真的身处那个位置时,她才意识到只要逼自己一把,自己也能够成为这样的前辈。为了让自己能够胜任这个工作,她制定了详细的学习计划,反复记忆焊接标准和规范,向工人师傅请教焊接经验。

随着技术发展速度的加快和项目难度的加大,刘霞的心中逐渐涌现出强烈的想要继续学习的冲动。相较于工厂,高校拥有雄厚的师资力量和庞大的资料库、便捷的资料获取渠道,可以高效率地解决实际研发中的问题。去高校深造岂不是比刘霞一个人摸索要强得多!2005年,刘霞前往上海交通大学材料学院修读工程硕士。2013年,刘霞又前往清华大学机械工程学院修读工学博士。这些教育经历为她在项目中攻坚克难提供了坚实的知识储备和宽广的研究视野。

不过每当项目遇到困难时,刘霞还是会拿出自己的宝贝——前辈的工作笔记，看看是否有相关情况的记录。笔记记录了前辈在上海汽轮机厂期间经手的大大小小项目，项目过程中有哪些难点，最后是如何解决的，部件可能会出现哪些问题。有时，刘霞也会将项目中遇到的难题和解决办法记在自己的工作笔记中。更多时候，这更像是一份精神依托，昭示着上海汽轮机厂一代代焊接转子研发者的传承。

转子车间的著史者

午后，广播里朗诵着诗句，阳光炙热夺目地洒在地上。我想要给刘霞撑伞，她俏皮地拒绝了："我才不打伞，我就要晒太阳。"她戴着茶色太阳镜，穿着蓝色的工作服，在阳光下快步走着。

刘霞要带我们去的是焊接转子的车间，上午她接到电话，要去看一看现场正在做的激光熔覆实验进展情况。乔工见到刘霞来，眼睛亮亮的，笑了。他是刘霞团队的成员，本科毕业于哈尔滨工业大学焊接专业，2013年刘霞去清华大学读博，他则是去上海交通大学读博。

刘霞的团队囊括了设计、材料、工艺等多个专业，她非常鼓励团队人员继续深造教育，她自己先后在上交、清华深造，团队成员也竭力争取高校深造的机会，目前团队中已有三四个博士。但是她也坦言，团队成员面临繁重的工作任务，近些年考研竞争愈发激烈，考研成绩很难胜过脱产考研的学生们。

让刘霞更遗憾的是国内专门开设的金属焊接专业逐渐变少，目前大多被归于材料学院或者机械工程系，只有哈工大还保留着这一独立的专业，并且实力雄厚。与八九十年代的焊接专业相比，如今各高校的专业知识教育整体要逊色不少。虽然各高校相关专业会普遍安排学生进行金工实习，但是对于入职来说还不够。汽轮机厂有一套规范的人才培养体系，对新人的要求也更加严格。刚进厂的工程师新人必须在半年内考取动火证，获得动火证后再用半年时间进行焊接实训。指导师傅会在不同温度时解剖材料，让新人观察材料的变化，从而得到更加深刻的认识。

目前焊接工程师还需要熟练运用计算机技术，企业在人员选择上更加倾向于计算机专业人才。但是近几年来工业发展形势一般，计算机专业的毕业生往往选择进大厂，而不愿选择工资相对较低的汽轮机厂。这也导致汽轮机厂近年来工程师招聘的学历要求降低，从985院校放宽至211院校。

此外，人员招聘也有一定的性别倾向。刘霞团队现在的女性占比是20%—30%，相当于四个人里就一个女生，她说这个比例在行业中较高。"从纯研发的角度来看，真正全身心投入工作的女性比男同胞有更多的优势，她们更耐压、更细致，尤其是在面对难题时更具有韧性。"作为女工程师，刘霞非常肯定女性在研发任务中的优势，但是她也强调是"真正全身心投入工作"的女性。之所以加上这个限定语，是因为焊接技术发展更新换代快，并且要长期泡在车间，导致过往很多女工程师怀孕后再回归工作已经无法跟上其他人，最后只能转到其他岗位，这直接导致了现在刘霞部门男性数量远高于女性。

看到刘霞来了，乔工如同看见了光亮，他连忙起身走到刘霞身边，告诉她试验、设备、机器的具体情况并开始了焊接实验。刘霞面不改色地让乔工按照程序操作，设置相关参数，他在触屏屏幕上点了几个按钮，机器就自动开始操作。智能化是目前焊接领域的重要趋势，产品的预定和售后甚至可以通过平板模拟观摩。

刘霞拿着护具蹲在机器旁边仔细地看着焊花。焊花出现了两次，第二次的火花明显比第一次大。"这个有点透儿了，焊穿了。没事，继续焊，继续焊，咱们把这个状况的边界条件摸一下。"刘霞用手摸了摸设备的温度，站起来给出了她的"诊断"。乔工仿佛吃了定心丸，咧嘴笑着。

转子车间内的转子大多是投入生产的产品，涵盖了生产、加工、装运等多个流程。刚生产好的焊接转子呈现出金属特有的古铜色，再加工时会变成崭新的银色。正值梅雨天，为了防止生锈，转子上还盖了一层油纸。每一个焊接转子都有自己的身份证，标记着转子的质量情况、材料情况、生产情况。一旦转子售出后出现问题,也能立刻根据转子的相关信息进行分析比对。每个产品出厂后都有长达几十年的使用期限,对其进行规范化管理有利于厂里积累相关材料,更好地应对今后可能出现的问题。刘霞和同事们所做的整理工作,正是为了让她们手上的每一批产品都能安全地寿终正寝。

研发阶段的转子需要经过 X 光射线照相检测和超声波检查,这一时期的工程师更像是医生。而在投入应用化生产阶段时,工程师更像是著史者,她们需要如实地记录转子的出生日期、生产情况和修理情况。在这一行,数据是新工艺研发的原始资料,也是旧产品安全运营的保障。她们是转子车间的著史者,要听见转子的声音,认识转子的样貌,还要记录转子的历史。

置之死地而后生

刘霞的同事说过一句话:干这行,就是置之死地而后生。这句话,无论是从中国汽轮机转子的发展角度,还是从实际的转子设计生产角度,都惊人地相合。

汽轮机转子是汽轮机发电组的核心部分,目前汽轮机转子主要分为整锻转子、套转转子和焊接转子。焊接转子因在制作过程中会采用大量焊接工艺而得名。作为国际封锁的技术领域,焊接转子一直是中国自主研发的重点。它的产品等级、附加值和技术含量都高,在不能引进国外技术的情况下,中国必须要自主研发焊接转子直到能够达到产业化生产的程度。

上海汽轮机厂是国内较早进行焊接转子研发的单位。从1959年开始,第一代上汽人便投入焊接转子技术的研发中,历经五年的努力研发出国内第一根66千瓦压气机焊接转子,实现了零的突破。此后工程师们不断努力持续创新,研发出了125 MV汽轮机低压焊接转子和国产300 MV汽轮机低压焊接转子。

2000年后,以刘霞为代表的新一代上汽人开始了重型燃气轮机联合循环汽轮机中低压转子技术的研发。此前上汽研发的焊接转子材料都是同一个材料的焊接,联合循环汽轮机中低压转子是将两种不同钢材焊接在一起的异种钢材质。这样做是因为"一代产品一代材料",随着汽轮机的升级,其零件的构成材料也需要随之升级。金属材料在不同的温度和压力下会产生不同的形态,其强度和韧性也会发生变化。自然界中不存在同时具备强度和韧性都符合汽轮机需要的金属材料,只能通过焊接的方式实现理想的效果。因为上海汽轮机厂本身就有丰富的焊接转子研发经验和数据,刘霞对于联合循环汽轮机中低压转子材料的研发信心百倍,她认为只需要两个月便能研发成功。

但让刘霞没有想到的是,两个月后研发并未成功。刘霞不害怕反复的实验,就怕没有方向的实验。工厂有自己的生产周期,一旦刘霞的材料研发成功,就将立刻投入生产,生产部门的团队一直在等着刘霞团队的研发结果。与此同时,刘霞把所有能整合的参数都尝试了一遍,实验结果仍然没有改善,材料中的阴影始终存在。外部的生产压力和内部的研发压力让刘霞的心里沉甸甸的。刘霞请来了退休的前辈师傅们和高校的老师们,但是仍然没有任何成效。

焊接试验持续了整整半年的时间都没有积极进展,刘霞和团队的成员几乎陷入了绝望。长期的实验失败给整个实验室都蒙上了一层阴霾,实验虽然还在继续,但实验的热情却荡然无存。在这种压抑的氛围下,刘霞萌生了退却的想法。"实在不行,就跳槽不干了。"她如此安慰自己。但真要就此放弃,她又觉得不甘心:"哪怕要换一个,我也得把这个事情做完了,我再换一个。"每天她都在退却和坚持的纠结中来到厂里,继续实验、拍片、实验。

有一天傍晚,刘霞耷拉着脑袋,失魂落魄地走在树下。她觉得自己无论如何也坚持不下去了,她想投降了,想要放弃始终没有结果的实验。就在此时,一道身影快速地从她旁边跑过,掀起一阵穿堂风。忽然,刘霞的脑中闪过一个亮光,会不会是实验的速度太快了?第二天,刘霞从这个方向入手,困扰半年的问题,状态竟然就这样得到改善。这让刘霞团队立刻振作起来,从而专心投入研发生产中。

然而万万没想到，在生产产品时转子直接被焊穿，面临报废的风险。那一刻，所有人的大脑都一片空白。历经半年多的时间和七十多次的实验失败，她们终于走出阴霾却又掉入了另一个火坑！那天晚上回到家，刘霞的眼泪就掉下来了。当你好不容易开了一扇窗，窗前却是一面堵死的墙，这好像是上天有意的捉弄。转子产品的价值远远高于实验时用的试样，失败的容错率也更小。刘霞感到十分愧疚，又觉得自己没有退路。最后她和团队成员重新商讨出一个适合生产又具有可操作性的方案，并且成功抢救回焊坏的转子。

迄今为止，刘霞团队已经焊接了一百多根焊接转子。其中最早的一根高温异种钢焊接转子在2008年投入运行，现在已经工作15年。无论是产出效果，还是售后口碑，都得到了市场的肯定。

十万小时的炙热

在刘霞的简历上，最浓墨重彩的一笔莫过于"华龙一号"核电汽轮机低压焊接转子的国家项目。

"华龙一号"是由中国两大核电企业中国核工业集团公司和中国广核集团在三十余年核电科研、设计、制造、建设和运行经验的基础上，根据福岛核事故经验反馈以及中国和全球最新安全要求，研发的先进百万千瓦级压水堆核电技术，具有完全自主知识产权的三代压水堆核电创新成果，是中国核电机组发展的主力堆型。

"华龙一号"汽轮机低压转子重、大，整锻转子制造难度巨大，且上汽厂的"华龙一号"转子重量达到283吨，而当时世界上最大的整锻转子只有220吨左右，全世界也无法买到如此大的整锻转子。况且，"套装技术"被国外公司独家垄断，这意味着要支付高昂的专利使用费。

"华龙一号"核电汽轮机低压焊接转子的研发耗费十年时间，这十年里刘霞团队长期地泡在车间实验现场和测试实验室，从几百毫米的小试板到2.6米的1∶1模拟件，最终开发出具有世界先进水平的"窄间隙氩弧焊"和"埋弧焊"转子焊接工艺。

为了防御电弧的弧光，在四十多度的高温里，她们必须要穿着长袖，泡在车间和实验室。刘霞说十年换算成小时，相当于十万个小时，而她们就是在十万个小时的炙热中反复验证和定期观察。产品只有经过十万小时的检测，才能正式投入运营。

第一根研发出来的核电汽轮机低压焊接转子十分完美，过程也很顺利。但是第二根转子在做射线检测后，却发现片子上始终存在着阴影。到底是什么造成了第二根转子的阴影呢？第一个转子的完美生产证明刘霞团队原先的方案具有可行性，第二根转子一定是在细微处产生了极易忽略的问题。

越是细微的问题，排查也越困难。为了不放过任何可能导致缺陷的因素，刘霞团队先后请了流体力学、环境学和其他专业的专家们到现场进行实际勘测，分析转子储存环境中是否有水凝气或其他因素造成了对转子的破坏。结果一切正常。

从6月到9月，刘霞团队一直在试图解开阴影之谜。有一个周五的晚上，刘霞在家里一边思索问题，一边在屋子里走来走去。刘霞的丈夫说她从一个房间晃到另一个房间，晃得他头晕。这时，刘霞忽然想到，一个基地实验失败，那换一个基地试试呢？

幸好刘霞在临港和闵行都有一个实验室，此前一直在临港做的实验，刘霞立刻打电话给同事，让她们明天务必将临港和闵行两个基地的物料对换，做组对比组合实验。实验结果在周一上午十点出来，当时刘霞团队正在开会。刘霞和同事们开玩笑要打赌下注，看到底是材料问题还是气体的问题，如果还找不出问题只能去庙里烧香拜佛了。

这次的实验结果非常理想，那么具体的问题出现在哪呢？刘霞将出现阴影的物料交给在清华读书时的老师，拜托老师帮忙检验。最后，专门化验油品的老师为刘霞解惑了。原来物料表面微米级的保护膜中含有一个小杂质，在高温情况下燃烧爆炸变成纳米级。

"夏天就不适合搞这个，但每到夏天就出问题，穿着工作服到车间研究几小时,衣服都湿透了。"想到那段时光,刘霞微微摇头,没过一会儿她又很快乐地告诉我,"不过落枕时来这里,就像免费做了桑拿,可舒服啦!"

在炙热的夏天,电弧的温度高达几千度。当人们走入转子车间,风和阳光都被阻隔在外,热浪一波又一波袭来,物体的微粒或许会臣服在热浪下,人们内心的坚定却永不改变。

生出无穷的微粒

刘霞最喜欢的纪录片是《万物与虚无》(*Everything and Nothing*),片中讲述了宇宙大爆炸的过程。当时的刘霞无知无觉,但之后有一天,她看到一张3D打印的颗粒图片,忽然就产生了联想。

宇宙的小颗粒在不断地随机生成中延绵出生命,3D打印里杂乱的粉末在光热或压力的作用下生成新的部件,世间万物都存在相通之处。"其实这是不是也相当于给它赋予了生命和灵魂,让它奔赴各个岗位上,在发动机里当个喷嘴,在人体里可能变成了一块植入的骨骼。"刘霞的眼中闪烁着光芒。在焊接行业行得越远,刘霞越能体会到焊接与其他事物之间相似的机理。焊接转子材料在高温下的每一次燃烧爆炸,又何尝不是万物的萌生?

"人生于虚无，又身处无穷。"刘霞饱含深情地念出了纪录片里的话，万物是从无中生有，人类亦如此。父母给了我们生命，我们通过自身的学习让有限的生命演化出无穷。人类与人工智能最重要的区别就在于灵魂，这是ChatGPT无法取代人类的原因。

　　人工智能的冲击下，刘霞一度对人类的存在价值产生疑问。焊接是一门古老的手艺活，世界上最早的焊接历史可以追溯到公元前三千年的埃及，但是真正的现代焊接距今天也不过百余年，人类对电热的准确控制推动了现代焊接的发展。数字化智能化时代到来，焊接行业这门古老的工艺手段也要跟上数字技术的发展。机器焊接的表现要比人工焊接更加精准，智能化制造被列入了《"十四五"智能制造发展规划》，担负着工业转型的使命。上海汽轮机厂设置了专门的智能化车间和虚拟全景，广东省科学院开发了"智能机器人搅拌摩擦焊装备"。在智能化之下的个体应该如何证明自己的存在价值呢？难道人类最终只有享受的价值吗？

　　电影《十二宫杀手》缓解了刘霞的焦虑，片中全世界最聪明的AI也不能破解出杀手的密码，唯一被破解出来的几个部分还是人类的功劳。人工智能不是万能的，人类始终拥有存在的价值。即使智能机器人成为生产车间的主力，负责工艺设计和创造的工程师却不一定会被取代。人工智能目前只能达到智能制造，还不能进行智能创造。

对人类的未来，刘霞依旧怀揣着信心。无论世界如何发展，刘霞都觉得她可以充实地生活。就像在嘈杂的车间里，她总能准确地听到转子的声音，她始终是那个在生命的动与静中泰然自若的人。

平凡的生命燃烧得热烈而又闪亮

张杏莲

上海火车站位于上海市静安区，一出地铁站，热岛效应带来的湿热高温便扑面而来。从地铁站向西走两百多米，就能抵达柴闪闪常年工作的邮政转运中心。见到柴闪闪的第一眼，就令人难忘，一个意气风发的身影从有些老旧的大铁门里跑出来。时代的变迁催促着一切向前走去，市中心火车站周边的区域早已褪去了往日的繁华，而从这里走出的人却在不断的更新中愈显光华。

立足·城市运转的螺丝钉

2004年5月，中专毕业的柴闪闪刚满19岁，为了缓解

本篇主人公柴闪闪，1985年生，本科学历，邮件转运高级工，现任中国邮政集团有限公司上海市邮区中心上海站班组党支部书记，为第十三届全国人大代表、第十三届全国青联委员、上海市第十六届人大代表。曾获"全国劳动模范"、"五一劳动奖章"、上海市"青年五四奖章"、"上海市优秀农民工"、2022年"全国百姓学习之星"等荣誉称号。

家里的经济压力,他带着几件单薄的衣服从湖北老河口来到上海,通过劳务派遣成为邮政局的一名邮件装卸工。

上海火车站是柴闪闪抵达上海的第一站,这片象征着他踏足上海的月台在此后漫长的岁月里也成了他日夜工作的地点。当时的上海火车站还是上海重要的交通枢纽,火车站旁的邮政转运中心也是上海邮政的主要转运点,对接着30多条火车路线和20多条汽车路线。来来往往的物流交通把上海这座城市的快节奏展现得一览无遗——火车站台的工作场地上,工人们快速装卸着包裹,装满邮件的拖车进进出出,火车的轰鸣声里不时夹杂着紧急作业的命令,这样的景象让初入大城市的柴闪闪一时间无所适从。

"当时心里只有一个想法,就是在这个城市站住脚。"可是,一粒从他乡飘摇而来的种子,要想在这片竞争激烈的土地上扎根绝非易事。在柴闪闪的回忆里,那些年上海的夏天还没有现在这么闷热,即便如此,夏日长时间的室外作业还是经常让他浑身湿透。柴闪闪有着北方人壮硕的体格,但有时一天要卸3 000多个包裹,卸完之后累得只想倒头躺下。最难熬的其实还是冬天,上海与湖北的气候差异很大,刚来上海那几年,他经常感冒。当时的工资只有800元,大部分寄往家里后每月就只剩100元生活费,可生病去一次医院就要花掉几十元钱。柴闪闪的生活总是捉襟见肘。

老同事们知道柴闪闪困难,经常会借钱接济他,家里有多余的肥皂、洗发膏这类日用品，也总想着给他送去。南方温润细腻的人情最终让这颗种子生了根，发了芽。"当时我也没啥感激方式，就想着多干点活报答他们。"柴闪闪经常给有事的工友替班，干活时也格外卖力。为了把工作做好，他不断向老师傅们讨教，用本子把技术要领一一记录下来。虽然只是简单的装卸工作，其中也有很多技巧值得学习。比如，一个将近50公斤的包裹如何拿放才能最大程度保证邮件不损坏，其中大有学问。为了能够学到更多的技术，柴闪闪一有轮岗的机会就积极报名，几年里，他去过上海站、上海南站和虹桥航站楼，接触过经济快递、国际快递、特快邮件和信件处理，用柴闪闪的话说就是"踏踏实实，见啥学啥"。

转运的工作让奔跑成了柴闪闪的人生常态，一双鞋尖有钢板、鞋底有钢钉的特制劳保鞋基本一年左右就磨坏了，但肯学肯干的工作态度也让柴闪闪很快成长为城市运转不可或缺的螺丝钉。得益于各个岗位的学习锻炼，柴闪闪从邮件装卸岗调到了邮件接发岗，和体力要求较高的装卸相比，接发更考验工作者的脑力。

转运中心的场地并不大，二三十辆9.6米长的卡车需要有精密的规划才不会造成拥堵。当时的电脑系统还没有那么智能化，不会自动规划线路，几十条线路的规划全由接发员的人脑完成。为了提高运转效率，需要提前进行车子和邮件的分配，柴闪闪会在邮件抵达前根据寄出地预估邮件大概的分量和大小——金华过来的邮件大多是小商品，南通过来的邮件大多是棉被枕头，而昆明过来的邮件大多是鲜花茶叶。除了路线的有效规划，接发员对分配邮件的业务能力要求也很高，必须保证万无一失，如果核对时有一个包裹出现错误，那整车邮件就要重新复盘，业务能力不好会大大拖累整个班的进度。快速准确的邮件分配要求接发员必须把中国地名熟记于心，就像延吉和延安只差一个字，可一个在东北一个在西北，一旦分配出错，来回就要耽误一个星期。

严格的业务要求让柴闪闪练就了一身本领，但当时劳务派遣工参加比赛的机会还不多。随着同工同酬的推行，2011年夏天，柴闪闪迎来了工作中的一个大转折，他获得参加全市邮政企业转运业务大比武的机会。虽然有扎实的经验积累，但比赛需要背下2 000多个经转地名，还要快速画出全国铁路干线图，光是一本经过整理归纳后的知识材料就厚达5厘米。为了能够记住所有的知识点，柴闪闪放弃了骑自行车上班的交通方式，每天边坐公交边背理论知识，并且随身携带自制的学习卡片，只要一有空闲就反复识记。柴闪闪没有选择死记硬背，而是在记忆过程中摸索了很多方法——记忆左权县、易县这样的地名时，他买了许多对应的历史故事书来看；记忆内蒙古的各种"旗"时，他把带颜色的都归在一起记忆；区分密山和密云这两个相近地名时，他联系东北山多和北京风多的地理特征。功夫不负有心人，柴闪闪在四个多月的时间里啃下了所有硬骨头，在决赛中拿下了五项全能总分第一的好成绩。现如今，上海火车站的转运功能已经弱化，业务操作也进入了信息化时代，但熟记地名的职业技能已经深深刻在了柴闪闪的骨子里，他在日常生活中报地名时，仍然习惯在省名和市名后面精确到区名。

2023年，柴闪闪在邮政岗位上已打拼近20年，当初站住脚的愿望早已在努力中实现，时至今日，柴闪闪仍然记得第一次从上海火车站下车时的感觉——望着高楼林立的城市，最大的困难就是分不清方向。如今他已经在上海立足，每次下班时他都会在火车站附近多逛一会儿，给那些初到上海的务工者们指指路。这简单的一指，是指给初到上海闯荡的孤独游子，也是指给心灵深处仍难以抹去的20年前找不到方向的自己。

进修·汲取知识的攀爬者

2010年左右，伴随着电子商务的兴起，中国快递行业进入了飞速发展的"黄金十年"，柴闪闪所处的邮政也进入了快速转型发展期。虽然多年的经验积累已经让他成为行业中的技术达人，但邮件接发员相当于整个转运中心的智慧大脑，对人力资源调配、邮件线路规划、方法归纳整理都有很高的要求，这让只有中专学历的柴闪闪感觉到了巨大的压力。要想在岗位上做精做好，那就得不断提升自己，跟上时代步伐。2013年，即将30岁的柴闪闪又重返校园，报读了上海开放大学的行政管理专业。

学习期间，柴闪闪一直处于学校和单位两头跑的状态，每次课前，他总是脱下工作服，急急忙忙换上自己的衣服赶去学校。由于自己是从实际工作需要的方面考虑转向学习研究，所以柴闪闪学以致用的目标非常明确，学习也总是比其他人更加认真。开放大学的授课注重知识与实践的有机结合，老师在课堂用工作和生活中的案例来进行教学时，柴闪闪常常带入自身的实践经验，用课堂所学解决工作中发现的难题。即使是没有经历过的场景，他也会用本子把方法记录下来，作为以后解决问题的参考。

学校面授课的机会比较有限，柴闪闪就充分利用触手可及的学习资源、学习平台、班级QQ群和微信群，每天下班回家或工作不太忙的时候，他都会打开课程认真学习。遇到不懂的知识点，他就把问题仔细记录下来，抓住面授课的时间和老师同学探讨。"学习不光是掌握技能知识，学习过程中还贯穿了很多做人的道理。"柴闪闪非常感激这些让务工者继续深造的学习机会，在学校里，他学到了调查研究的方法，开拓了观察社会问题的视角，更学到了为人处事的道理。面对生活中的琐事，他觉得自己的心胸和格局开阔了许多，不再会为鸡毛蒜皮的事情斤斤计较。

学校的进修，让柴闪闪从一名依靠经验的传统工人转型为依靠脑力的新时代技术工人。从前，柴闪闪在岗位上是师傅怎么教他就怎么做，学习了系统专业的课程之后，柴闪闪开始主动关注工作中出现的难点，并用老师所教的调查研究方法解决问题。比如，在装运邮件时，如果把到达的邮件都配出去分装，汽车装满后多出来的邮件又要重新扫码，把它们和装好的邮件信息分开，这样增加了很多重复的工作。于是柴闪闪就对不同大小的车辆所对应的邮件数进行了计算，一辆7.2米长的卡车对应的一般是12拖车左右的邮件，而一辆9.6米长的卡车对应的一般是14拖车左右的邮件。接发员在车子到达前进行预配时，一般预留半拖车左右的灵活空间，即使是装不满，最多补扫半车或者十几袋的邮件，而不会出现一下子退个两三车的情况。这样一来，车子实现了快进快出，为转运节省了很多时间，也避免了需要重新处理大量邮包的问题。

思考解决工作中的难题是一件很辛苦的事，但看到大家少了很多重复性的劳动，柴闪闪打心底里感到自豪与开心。干活时经常能总结出很多方法的柴闪闪也受到了工友们的赞赏和喜爱。"一看他来，我就放心了，啥事都省心了"，这是工友们对柴闪闪的评价。和他搭班不仅能把工作做得又快又好，还能从他身上学到不少东西。在柴闪闪的影响下，部门许多初中、高中学历的青年员工都走进了学校继续进修,同时业务技能也分别提高到了中级和高级。

2016年,完成专科学业后的柴闪闪没有停下自己攀登的脚步,他又继续报读了开放大学的行政管理本科。儿时那个遥不可及的大学梦,在一步一个脚印中变成了已然实现的生命时刻。

逆袭·新兴业态的发声筒

从务工者到本科生,柴闪闪以奋斗和学习成就了更好的自己,但逆袭的人生远没有停止。2018年,柴闪闪又获得了一个重要的新身份——全国人大代表,这个来自基层的快递工人,带着千万名进城务工者的心声走进了人民大会堂。

作为一线工人,要把基层的声音带到大会上,柴闪闪觉得责任重大。时至今日,他还清晰地记得第一次面对媒体时的紧张感。高频交错的闪光灯把一切都照得发白,眼前是白的,脑子也是空白的,一时之间,柴闪闪有些不知所措。回忆起当时的场景,柴闪闪觉得是两样东西给了他镇定面对的勇气——第一,是来自基层的亲身经历。作为同样在大城市里摸爬滚打十几年的务工者,柴闪闪所讲的都是民众实实在在的感受和需求。言之有物,言之有理,便不再觉得紧张害怕。第二,是扎实的学习积累带来的底气。柴闪闪在报告中使用了社会调研的方法，从发现问题到分析问题，从提出方案到启示反思，严谨的思路让他的发言井井有条。虽然内容不是尽善尽美，但这份格式标准的提案获得了建议处很高的赞赏。

担任人大代表期间，柴闪闪从自己所处的行业出发，成为基层进城务工者和新兴业态的发声筒。在火车上与外来务工者聊天时，他发现新生代进城务工者的需求已经发生了巨大转变，从老一辈的挣钱回家盖房变成了渴望增长见识与本领，于是他提出促进和保障进城务工者提升技能、改善生活的建议；在乡村扶贫的过程中，他注意到垃圾桶里的纸盒纸箱，想到快递的过度包装，于是他提出"绿色快递"的理念，希望能够通过源头的绿色包装推进垃圾整体的减量；在新冠疫情期间，猛增的快递量让个人信息泄露现象凸显，有老人向柴闪闪反映自己被拉进了推销群里，于是他提出加大力度推进快递企业使用隐私面单技术的建议，给快递面单上的个人信息套上一件"防护服"。

为了能够更好地履行代表的职责，柴闪闪每年至少参加三次人大代表履职培训，时常向老代表们学习履职经验。在处理各类事件的过程中，柴闪闪深刻感受到学习法律的重要性，于是他在工作之余开始学习民法典和劳动法，并且经常到法庭现场旁听案件分析。柴闪闪的调研主题基本都来自基层群体，只要一有空闲，他就拿着本子走街串巷，奔走于外卖小哥、环卫工人等群体之中。

在所有的调研之中,柴闪闪感触最深的就是外卖行业。2019年,一名外卖小哥在送单过程中不慎撞倒了路人,超出保额的高额赔偿金让他无力偿还,于是便找到柴闪闪求助。在深入事件的过程中,柴闪闪逐渐发现这起纠纷案件背后隐藏着的是新兴业态复杂的用工关系。对于外卖小哥这类灵活就业的群体来说,企业很少会给他们缴纳社会保险,大多只是购买一份商业险,可商业险保障的范围所能提供给他们的抵御风险的能力有限。而且,由于公司劳务外包的泛滥,这名外卖小哥所属的责任主体从上海找到安徽,继而找到新疆,最后找到云南,就业者的合法权益完全得不到有效保护。外卖、快递等灵活就业的行业为大家提供了更多机会,但新的就业模式也显现出许多新的问题,作为同在异乡闯荡的务工者,柴闪闪非常理解这个群体的困境。于是,他开始深入各个外卖站点走访调研,最终形成了完善新业态中灵活就业者社会保障的建议。

为民众争取权益是一个漫长且艰难的历程,柴闪闪在提出建议和方案时常常需要顶着许多压力,甚至还在调研时被外卖小哥指着鼻子骂过多管闲事。但是,一想到那些真正需要帮助的人,柴闪闪还是咬咬牙坚持了下来。在他和许多人的共同努力下,人社部、国家发展改革委等8个部门共同印发了《关于维护新就业形态劳动者劳动保障权益的指导意见》,多地也出台相关政策,开展职业伤害保障试点。

在和外卖小哥群体的聊天中,柴闪闪明显感觉到了他们对这座城市情感的变化,他人的温暖与支持让这个在城市穿梭漂泊的群体渐渐拥有了归属感和安全感。因为行业规范和权益保障的健全,许多外卖小哥更敢于在突发状况时选择见义勇为,向他人伸出援手。

传递·学习之路的启明星

虽然柴闪闪工作的邮政转运中心已经功能弱化,但停放的拖车数量仍然不算少。脱落的墙皮和拖车上的划痕处处显露着岁月的痕迹,而场地角落里的一个房间却装修得干净整洁。房间的面积并不大,一眼便可尽览全部,两张简易的桌子,一台台式电脑,靠墙的柜子放满了奖杯和奖状,墙上的一幅书法写着"业精于勤成行于思,青春奋斗奉献邮政"。退到门口一看,门的右侧挂着一块"柴闪闪创新工作室"的牌子。

柴闪闪努力奋斗的人生故事影响了许多人,如一颗启明星般将身边的人引入学习之路。很多工友从他的身上看到了生活的希望,纷纷像他一样抓住机会学习各种技能,他的这股肯想肯干的劲儿也吸引了一批志同道合的青年工友,"柴闪闪创新工作室"就这么应运而生。平时工作中遇到了什么难题，大家就会聚在工作室里一起开动脑筋，集思广益，邮政工作流程是一个环环相扣的系统，联合协作的特性让这个团队发挥出了不小的能量。

只需在邮件处理场地溜达一圈，便随处都能找到工作室创新成果的影子：向远处望去，场地中间有一个巨大的橙色管道联通上下两层楼，这是为了解决上海站邮件堆叠、处理费时费力的问题而设计的滑槽，邮件从汽车卸下后可通过滑槽输送到楼下的处理场地，直接从地下室通道运往火车月台，这样的输送方式至少省去了两个人力，卸邮时间也比原来缩减了一半；向近处看去，拖车上的邮包层层堆叠却稳如泰山，工作室在邮件摆放上探索出了"积木式邮件堆码法""三三堆码法"等各种方法，既能提升邮件转运的运能，又能保障邮件在运输过程中的安全。

工作室的创新设计不仅为企业解决了一系列难题，同时也为员工带来了许多便利。随着信息化的普及，所有邮件都必须使用扫描枪进行处理，这让一批不懂电子工具的老职工犯了难。出于信息保密的需要，扫描枪每次开机都要输入密码，可老职工们对设备使用不太熟练，经常输错密码造成机器锁定。一次锁定就是两个小时，既耽误了邮件转运的工作进度，又给计件拿薪的工人们造成很大损失。于是，柴闪闪工作室就将老职工们的账号密码设计成条形码，只需对准一扫便能轻松开机，这样一来，原本需要进行十几步的操作，一下就简化到了两步。除此之外，工作室还把扫描枪功能也进行了简化，只留下老职工必需的几个功能，方便他们记忆。

在柴闪闪的带领下，团队成员不断成长进步，许多人开启了人生新的阶段。不过，说到学习精神的传递，柴闪闪觉得家人间的互相感染最让他感到欣慰和幸福。在柴闪闪进入开放大学的那一年，他的女儿也步入了小学，每次下班回家，他都会先把女儿的功课看一遍，给女儿讲完课后，父女俩再一起各自看书学习。"高效率地学好，才能痛痛快快地玩。"在柴闪闪的影响下，女儿养成了良好的学习习惯，入学以来从没上过补习班，但成绩基本上都能保持在班级前三。柴闪闪一路进修的学习精神同样感染到了在幼儿园做幼师的妻子，中专毕业的她已经获得了大专文凭，如今正准备继续报读本科。

"哪有什么开挂的人生，奋斗是唯一的答案。"柴闪闪仿佛就像他的名字一样，将干柴一样平凡的生命燃烧得热烈而又闪亮，跳动的火光温暖着困境中孤独无助的人，也照亮着黑夜里不敢前行的人。

辗转：一个轮椅农民的人烟

陈　颖

上海九捌园艺场在浦东的东南沿海地带，沿途风景渐佳，人烟渐少。从大路下车后，要走过一段碎石铺就的小路，再路过一小丛玉米地。径直走去，几盆黄杨和罗汉松摆在水泥砌成的台子上，相映成趣。顺着盆景向里走，会看到两只小黄猫依偎着打盹，一只用铁链拴着的大黄狗则站在门口，彰显着忠诚。往左边转个身，便是朱龙标的家了，园艺场在屋子的不远处。

朱龙标在这里生活了二十多年。除了偶尔的外出，大部分时间里，他都选择在这里陪伴那些花花草草。一方面是由于行动不便，另一方面是因为这里的植物已经成为他的亲人。他也并非一开始就选择从事园艺工作，早年间他是办公

本篇主人公朱龙标，1956年生，现为上海九捌园艺场经理，曾从事财务、个体户等职业，荣获上海市自强模范、"三学状元"十佳状元、2018年"全国百姓学习之星"等荣誉称号。

室里的会计师，又是起早贪黑的钟表维修师，他开过照相馆、替人镶过牙，辗转于生存和兴趣之间，最终选择回归土地，像一位农民一样，向土地请教、学习。当然，他也是这么称呼自己的——"轮椅农民"。

勤奋好学的学生时期

朱龙标1956年出生于上海浦东的万祥镇，那时的万祥镇还不似如今的发达模样。当时镇上居民的饮用水也并非处理过的自来水，而是直接取自附近的河流。沿岸居住的人们都依赖着这条既用来洗尿布、又用来洗菜的河流。河流在贡献它水源的同时，也在产生污染的积累。在这样糟糕的卫生条件下，十个月大的朱龙标，也是他正在学会扶着墙壁摸索着如何走路的时候，发了一场高烧，患上了小儿麻痹症。这场高烧后，朱龙标便永远地失去了行走的能力。而且这场疾病导致了机体的早衰，随着年龄的增长，他的左手已经不太能拿得了东西。

也许对大部分的残疾者而言，或长或短，都需要经历一个心态调适的过程。于朱龙标而言，十个月勉强学会走路或许已经是一些天赋的象征，他的自尊心与信心较为充沛，因而心态也一直较为平和。

在学校里，他成绩优异，一直担任班长的职务，努力将或大或小的班级事务处理好；同时他的人缘亦佳，每天都有同学接送他，并替他背包，尽可能帮助他。加之时代原因，他得以在中学时期遇到一群被下放的高校老师，受到了良好的教育。这些同龄人的帮助和长辈对他的启蒙，让他在学习的过程中受益匪浅，始终难以忘怀。

在朱龙标十几岁的时候，受到作为音乐老师的姑父的启蒙，学会了简单的笛子吹奏技巧；恰巧他学校的音乐老师本是上海音乐学院的教师，听到他的笛声后十分赞赏，在得知朱龙标对学笛子有着浓厚的兴趣后，他便领着朱龙标去拜师，以增进技艺。这位师傅是从部队文工团转业下来的，有着扎实的基础与专业的演奏能力，朱龙标跟随其进行了较为系统的学习，笛子演奏的能力有了显著提升。

在朱龙标中学时期，上海市区有一所学校在整个上海进行拉练，正好徒步到他所在的万祥中学。在对方学校集体到万祥中学的操场上休憩时，朱龙标的老师为表示欢迎，洋洋洒洒写了一首三十多行的宝塔诗。对方学校也不甘示弱，回赠一首诗之后又准备上台演讲。老师找到当时被评为南汇县学生标兵的朱龙标，想让他代表学校发言。虽然朱龙标在此前已有一些演讲经验，并且也不时因为自身的特殊经历和口才被一些外校请去做演讲，不过这次的演讲安排得临时而突然，让他有些措手不及。老师在了解朱龙标的惶惑后，便引导他去进行准备，为其罗列了一些提纲供其选择，并教他如何措辞遣句，从特定的演讲主题中挖掘自身的故事素材，把自身的成长历程与时代的发展变化相融合，将演讲内容真实又详尽地展现出来。朱龙标将这些演讲技巧与修辞表达记在心里，调整好演讲的状态，最终顺利完成演讲。

忙于生计的自强青年

朱龙标对音乐有天生的喜爱，加之学习了笛子，对音乐也有了一些自己的感悟，因而他也一直在心里怀揣着一个大学梦，希望能够在上海音乐学院深耕他的音乐特长。然而由于特殊时代，他在高中毕业后便走向工作岗位了。虽然他身体不便，算不上是优秀的劳动力，但是由于他在学生时期的表现十分优异，加之自己一直十分勤奋好学，周围的人便对他格外关照，很快就将他分配到一个农产品加工厂当会计。会计的工作让朱龙标稳定下来，每个月大概有三十多元钱的收入，这些钱对于一个单身的年轻人来说绰绰有余，但是在成家立业之后就有些难以为继了。

正在朱龙标为生活的困境一筹莫展时，他偶然在报纸上看到一则新闻。新闻里介绍了上海市一位双臂残疾的年轻人，在初中毕业之后因为身体的障碍，无法找到工作，一直十分窘困。在这种情况下，那位年轻人便决意在街边摆摊配钥匙。于常人而言，用双脚配钥匙已十分困难，但是他在成功后，又尝试去维修钟表。维修钟表远比配钥匙要求更为精细，用手操作已非易事，何况用脚呢？但是这位年轻人硬是凭借自身的毅力，通过千万次的训练取得了成功。最初，他尝试用脚操纵镊子，来不断地从地上镊起蚂蚁放到台子上，从蚂蚁的生死状态判断自己力度的精准性。蚂蚁也从一开始直接被镊子夹死，到最后活着在台子上爬来爬去，从此钟表修理行业也多了一个独特的身影。看到这样的新闻，朱龙标拍案而起，他自忖和新闻中的年轻人相比，自己身体残疾的程度较轻，而后者却可以克服重重障碍。这样的信念让他明白：世上无难事，只怕有心人。一个比他残疾程度严重得多的人尚且能做到的事，他又有什么理由做不到呢？于是他当即便决定也要学修钟表，用以补贴家用。

　　自学是困难的，只能对简单的钟表进行一些摸索性的操作，稍稍复杂一点的零件，朱龙标便没有处理的能力了。他找到父亲，希望父亲能够伸出援手，帮他找一个会修理钟表的师傅，来系统地教他一些维修的手艺。父亲找到的钟表师傅在听说了朱龙标的处境后，便欣然应允了，不过由于那位师傅在集体单位，不允许私下招收徒弟，因而他也不能直接教朱龙标如何维修钟表。朱龙标也需要上班，并不能舍弃工作去拜师学艺。

　　在这种双方都比较为难的情况下，朱龙标还是硬生生闯出一条解决之路。每周，他抽出两三天的时间，早上在单位完成工作，趁着中午有两个小时的午休时间，便乘坐公交车，随身携带一些果腹的食物，去师傅工作的地方看他维修钟表。之所以说"看"，因为朱龙标只能假装自己是前来维修钟表的顾客，拄着拐杖默默站在一旁，观察师傅的修表操作，而不能坐下来当个徒弟，让师傅手把手地教学。而师傅呢，则坐在那里，熟练地操作起来：他戴着可以固定在眼睛上的放大镜，拿到一块损坏的钟表后，麻利地先将表带卸下、表壳拆开，观察其中的零件构造，然后将零件一一拆卸下来，小心翼翼地摆放好，再用溶剂油将零件上的污垢清洗干净，以便维修或更替零件，等到这一切完成后，再为零件抹上专业的润滑油，将零件一一安装回去。在维修的过程中，师傅会告诉朱龙标钟表的损坏部位，以及一些维修方法，通常手动到哪，嘴便说到哪。朱龙标则在一旁，将师傅的教学内容、维修手法统统听在耳里，看在眼里，记在心上。就这样在一旁站上个把钟头后，朱龙标再乘坐公交车回到办公室里继续工作；有时他会提前完成手头上的工作，以便能够在师傅那里学习得更久一些。就这样，朱龙标风雨无阻往返了两个多月，每天都去钟表师傅那里观看、学习。在这期间，他没有一次是可以坐下学习的，自然也没有机会自己动手操作。

直到有一天，师傅觉得朱龙标该掌握的已经差不多都掌握了，是时候自己试着动动手维修了。朱龙标便以自己的手表，作为第一次操作的实验品。他在家中戴上放大镜，买来特定的溶剂油，将手表放在桌面上，开始拆卸。由于对整个维修的过程仍不太熟悉，他在拆卸中不小心弄坏了表内的一个小轴件，无法处理好的他只能带回去让师傅善后。师傅换了个新的轴件上去，很快表又能走了，朱龙标也进一步明白了实际操作中一些需要注意的事项。第一次的维修虽然没有成功，但是在几次往返后，朱龙标也慢慢掌握了维修的技术，并能熟练运用了。自此以后，师傅便把自己需要维修的一些表拿给朱龙标，说自己修不完，让他带回家维修，并计酬给他。

朱龙标十分珍惜这样的锻炼机会，每块表的维修对他而言都十分难得。头天，他将每块待修的表带回家，利用自己买的一些精小的钳子、榔头、螺丝刀在放大镜下进行拆卸，再用自己到周浦一家石油公司买到的溶剂油去仔细清洗表内的每一个零件，将损坏的零件或修好或替换，然后再安装、校时，一块块表就在他的手下起死回生。由于朱龙标的悟性较高，动手能力也较强，这些维修都在他的一方桌子上完成得很好。修完表后，第二天再去找师傅请教，这样的过程大概又持续了两个月左右，他差不多便将钟表维修的要领基本掌握了。师傅也自觉朱龙标可以出师了，便同他说可以在周末去摆摊补贴家用了。让朱龙标惊喜的是，即使只在周末摆摊，一个月的收入也有近 200 元，这远远超过了他每个月几十元钱的工资，于是他决定辞职，将自家房子改成店铺，专职维修钟表。他模仿日本的"西铁城"手表，将自家店铺取名为"东铁城"。

几经坎坷的开店之旅

但是事情并非一帆风顺，当时开店的要求有很多，尤其是钟表修理属于特种行业，需要去公安局备案。因而朱龙标在家维修钟表时，工商管理部门便上门叫停，将朱龙标的维修工具全部没收。见此情况，朱龙标决定去做些什么以改变目前的情境。

那是个暴雨天，朱龙标来到了南汇县政府。等了许久，终于等来了县长，看到县长的那刻，他赶紧将口袋里被淋湿的开店情况说明书拿了出来。事先已对此事有所耳闻的县长了解到具体的情况后，考虑到朱龙标行动不便，便示意朱龙标在楼下等待片刻，自己立刻上楼处理此事。不一会儿，县长的批准书便到了朱龙标手里。朱龙标拿着批准书，又来到了工商所，将营业执照的事情解决，回家开店了。有了营业执照后，开店比较顺利，虽然中间多多少少有一些小插曲，不过朱龙标都凭借自己的能力解决了，他的修表技术也慢慢得到了大家的认可。

很快，朱龙标的修表技术便一传十、十传百地这么传开了。朱龙标中学时期的一位老师有一块珍贵的表，该表是这位老师在学生时期由父亲赠送给他的。由于已经过了几十年，表内的零件早已磨损而无法使用了，加之这块表是进口的表，早年间也没有匹配的零件能够替换，因而便被一直搁置在一旁。这位老师也曾几次去亨得利维修店询问，但店内的师傅看到这块老得不能再老的表，都表示自己无能为力。无奈之下，他也只好抱着尝试的心理，把表交给朱龙标一试。朱龙标拿到表后，照样是先拆卸，清洗，当然在此过程中他会更小心翼翼些。等到将零件一一摆放时，他注意到原来是因为有一个部分的零件磨损严重而无法运行了。在通常情况下，可以将磨损的零件进行重新焊接，但是面对损坏成这种程度的零件来说，已经不能再用传统的方法了。朱龙标灵机一动，开始进行一些创新的思考，他尝试将这块磨损的零件翻个面，反向安装回去，再巧妙地移位些许，使得旁边的零件能够与之契合，让整体的部分能够运行下去。这一试便成功了，虽然表的精确度无法得到百分之百的保证，但是也能够继续走动下去，看一个大概的时间。后来朱龙标在和自己的钟表师傅交流时，发现师傅有些维修的方法太过生硬，面对损坏的零件总是下意识去修补，而自己则会将损坏处移位，颇有鲧禹治水之差别，师傅听了朱龙标的维修思路后，又惊又喜，亦有青出于蓝而胜于蓝的感慨。

辗转历职的人生经历

修表的生意一直在继续，不过白天除了修表以外，还有许多空闲的时间。勤奋的朱龙标闲不住，他决定再干些别的活计，将这些时间充分利用起来。考虑到当时许多人在入职时需要拍摄证件照，一些人家也有拍生活照的需求，他便选择学习照相。他找到一位会摄影的朋友，自己买好摄影器材，将朋友请到家中示范，很快便学会了如何拍照片、洗照片。此后他白天便在修表的间隙帮别人拍照，晚上等家人都睡着后，自己便到暗室里面将拍好的照片拿出来一张张摸黑冲洗，洗好后再开灯晾干，然后一一冲印出来并裁切好，等顾客第二天来拿。

学会拍照后，朱龙标学习的渴望没有退减，他又决定去学习镶牙。他将牙科师傅请到家中，免费提供食宿和所有的镶牙材料，让牙科师傅在家中做生意，其中所有的收入尽归师傅，自己一毫不取，权当交学费。就这样，师傅在他的家中住了一年多，在此期间朱龙标会在空闲时帮他打打下手，观察师傅的操作，慢慢便学会了如何镶牙。

此后，朱龙标白天便在修表工作间隙时拍照和学习镶牙，晚上进行照片冲印。虽然每天只能睡上三五个小时，但是劳动所得的可观收入让他十分欣慰,勤奋带来的财富滋养着他和家人的命运,促使他每天欣然忙碌下去。

90年代后,手机慢慢普及,电子表也开始出现,朱龙标的钟表修理生意逐渐冷清起来。朱龙标自忖生意大不如前,店铺经营也再次陷入瓶颈,他便独自来到上海市区,另觅谋生之路。因为先前有过当会计的工作经验,朱龙标刚到市区后,便找了一份相关的工作,帮助一家建筑工地进行采购材料的账单记录。虽然兜兜转转又做回了老本行,但这也并非朱龙标心中所热爱的职业,仅仅是一份糊口的工作。这样工作了七年后,工地老板的业绩下降,朱龙标的收入随之减少,并不足以养家糊口,于是他又思考换一份工作。

当时市中心有许多花鸟市场,朱龙标喜爱植物的天性被这些商铺摆放的花花草草唤醒,每每看到那些姿态各异、相映成趣的盆景鲜花,他便像个孩子般停在那里走不动路。朋友见他如此喜爱植物,便鼓励他租一个摊位来做生意。说干就干,朱龙标很快选中一家店铺开始了他的花鸟生意,不过好景不长,一年后花鸟市场便倒闭了,加之与房东间有些不可调和的矛盾,他也无法继续租下摊位,无奈之中他只好再另找出路。正在他面对自己在花鸟市场囤积下来的一大堆园艺商品而感到无可奈何之际,他的一位朋友打电话告诉他:松江区有一片闲置下来的土地……

精于"年工"的园艺生涯

朱龙标在松江盘下园地后，自此开始了他的园艺生涯。他在松江的园地工作了三年，这期间只能算在园艺行业的门前摸索道路，或者碰碰门把手，窥窥门窗，还没完全得见门内风景。后来朋友同他说，家乡有一块现成的苗圃转卖，他便接手过来，再次回到了家乡。这一次回来，至今已有二十余年。

在这二十多年中，发生了许多变化。人们渐渐不愿再守着土地播种了，越来越多的人选择外出务工，将自身农民的身份向工人、市民的身份靠拢、转化。闲置出来的土地被放任在家乡无人问津，朱龙标看到这样的情景，便将这些土地一块一块盘下来，作为栽培园艺的基础所在。渐渐地，他承包的土地越来越多，形成了如今一百三十多亩地的庞大规模。有了土地以后，他再高价聘请专业人士过来栽培园艺，自己在一旁慢慢地潜心学习，渐渐地入门了。这二十多年间，他在这片土地上默默生活着、耕耘着、收获着，心甘情愿做一个"农民"。

当被问起在松江和在家乡面对土地时的感受时，朱龙标的回答是：前者尚且处在漂泊、迷茫而无所依凭的状态，后者则有一种得以归家的安心之感。

在园艺工作中，朱龙标提到一个词："年工"，即靠年份去供养出好的盆景。在他看来，好的盆景需要以年为基本单位去促就其养成。虽然让每个盆景得以上市是一种目的，但这绝非一种根本性的目标。朱龙标只想单纯地将盆景养好，将每一株植物的自然之美放大，还原其身上的生命性和艺术性，这样的目标达到了，上市自然不成问题，无须舍本逐末、额外操心。每次购进一批新的树苗后，朱龙标首先便会对树冠进行一些处理，将树叶修剪干净，再将一些冗杂的枝丫撤去，保留树干的主体部分，确保树木能够存活下来。等待树木养活后，他再按照每棵树的不同形态进行裁剪和修整。具体到每一个盆景的设计中，比如如何将树木中一些本来缺失的部分弥补出来，或让一些生长快速的地方保持比较合适的速度以配合木材的整体性生长，都是极为细碎而漫长的过程，因此朱龙标也说"园艺（成品）其实是留给后人享受的"。他一直处于园艺作品的"制作中"状态，只求在园艺的制作过程中享受到一份独有的愉悦，这份愉悦让他觉得难有穷尽之时，颇有苏轼临江上清风、遇山间明月的适得感。

在朱龙标看来，树如同人一般，有自己的基本骨架，这种骨架大体呈现为一种不等边三角形的样态，总是有一侧的枝丫会多一些，另一侧的少一些，其线条的流畅性展现与整体的灵动性和谐也不尽相同，一棵静默的树在他眼中呈现出动态生长的态势。好比舞蹈演员也不能将动作做到完全对称，千变万化的舞步才能给人流动的美感，在树的身上也同样，枝叶是树木的肢体语言，如果人工干预将枝叶修剪得完全对称，则会显得笨拙而又呆板，不能称之为艺术。一些不识树木习性的人，稍稍急功近利些，买一个现成的盆景回家，总会在养护的过程中导致树木失去原来的形态，或直接养死，这是十分可惜的；懂行的人供养盆景的时间较长，但做成盆景以后却可以一直将其维系下去。

正因为有着"看树不看表，要看骨"这样的独特认知，朱龙标时不时地便会淘到一些园艺宝贝——一些在别人眼中毫无价值、生火可能才会需要的废材，在朱龙标看来则是珍木，是还未被雕琢的艺术，其中黄杨便是代表。黄杨是朱龙标最喜爱的园艺植物，除却它本身作为本地树种，资源颇丰而好养活的特点外，还因为其叶片灵秀、易于成型，可谓天生便具备成为艺术品的特征。黄杨的生长周期十分漫长，一株二十多岁的黄杨也才腕般粗细，这十分考验栽培者的耐心。有时朱龙标觉得，自己是在陪着黄杨一起成长，陪伴的日子久了，就知道这棵树什么时候发芽，那棵树什么时候开花，什么时候该修枝剪叶，什么时候该浇水施肥。陪伴着，陪伴着，这些树就从孩子的身份逐渐变成了伙伴的角色，这时候，人和树，谁陪谁，早就难以分清。

日常耕耘的园艺基地

　　从朱龙标家的前门出去，往左手边的路径直走去，再拐一个小弯，便只有一条路笔直地向前戳去，沿着这条路走，会看到路的左边有一块静默的小池塘，延伸出去大概一百米远，沿着水岸断断续续种着一些黄杨，此起彼伏地排列着，有点像不成行列的放哨者。

　　路的右边是一大片土地，这便是朱龙标一部分的园艺园地所在，也是九捌园艺场的主要基地。他在这里种下数百棵黄杨和一些罗汉松，这几百棵树郁郁葱葱，叶片细小精致，迎风招展，树木一簇簇地拥在一起，像不断倾泻着的绿色瀑布。

　　平日里，妻子会推着朱龙标的轮椅，带他到园子里逛逛，园子很大，两个人通常要逛上小半天。朱龙标会随身带上一些工具，看到树木有需要简单修整的地方，便会顺手剪掉残枝，或者让妻子把牵引树枝的铁丝变换一下角度，以便调整植物的生长态势。因为疾病的影响，朱龙标的左手也慢慢没有了力气，现在一些简单的修剪枝叶的活，他也会让妻子代替他干。

　　复杂的园艺设计妻子是没有办法完成的，所以朱龙标请了五位工人来做帮手。平日里这几位工人负责除草、杀虫、施肥，穿梭在几百棵树中，负责较为复杂的修剪与铁丝固定的工作。当然，这并不意味着朱龙标完全将园艺的工作分派出去，只负责管理，每种园艺的栽培他都尽量做到亲力亲为，确保园艺的品质。通常在一棵树被养活之后，朱龙标会让工人们进行简单的修剪，过一段时间后，他会再挑选几棵树，在一旁对植物的具体设计加以指导，工人们每剪一小簇，朱龙标便让他们停下，确认是否修剪得当，再继续调整后面的修剪和矫正步骤。这样一套细致的流程下来，通常要花上一两个小时才能完整地处理完一棵树，整片园子里的树全部处理下来大抵需要半年时间。有时候修剪完毕，要由着树再长一阵子，长出新的叶层后，再剪掉。

这些花费在树身上的时间，构成了人和树之间不可取代的记忆。朱龙标对每棵树都有着独一无二的感情，并不因其数量多而有所退减。随着年龄的增长，他对自己的许多事情都渐渐淡忘了，但是园子里的每棵树从何而来、因何而来，他都记得清清楚楚。问及原因，他只淡淡说了一句"因为太喜爱了"，他对真正喜爱的东西记忆力很好，喜爱是烙在装呈记忆之信上的火漆，让他与这片园地有关的一切不会因为岁月的磨损有所褪色。

在这片土地上，他学习到了耐心、爱心，学习到如何不计付出地培养一株园艺品，学习到如何像爱子女一般地爱一份艺术品。

工作之外的时光

虽然朱龙标身体不便，但这不影响他学会开车。2010年国家出台有关保障残疾人驾驶机动车的政策后，朱龙标便考取了机动车驾驶证，用他自己的话来说可谓是"几百公里以内随便走"。因为不俗的车技，2011年他还代表上海市参加过残疾人汽车竞技赛。比赛之前，领导反复嘱咐他，要以生命安全为主，名次什么都无关紧要，重在体验；比赛过程中，每位选手都身着特定的赛服，力求安全为上，好几辆警车和救护车跟在后面，以防万一。赛事结束后，虽未取得名次，却也玩得尽兴。

朱龙标开车十分稳当，大抵与他沉静的性格有关。开电动三轮车前，他需要在妻子的帮助下离开轮椅，坐到驾驶座上。轮椅则被收起，固定在车尾处，方便下车时及时拿出使用。然后他再系好安全带，在特殊装置的帮助下发动车辆，前往目的地。虽然路上碎石遍地，车辆会随着不平坦的路径而有所起伏，但是这起伏十分细小。开汽车时自是不必说，除了上下车更麻烦一些以外，其他无须任何要担心的。

同时，朱龙标在几年前会组织一些培训活动，帮助一些和他同样有身体残疾的人来改善生活。由于自己早年的经历，他明白身体不便给生活带来的障碍是巨大的，而也是因为他一生中都保持着学习的习惯，学习过程中，他培养出的努力、勤奋、踏实的品德为他赢得了别人的尊重，获得了独立生存下去的能力。因而，他十分希望把这份学习的动力和能力传递下去，他直言"理想在脚下，成功在彼岸，努力是桥梁，只有不断努力和学习，才能离理想更近一些"。他和上海农科院的一些老师们相交甚好，那些老师也十分愿意伸出援助之手，从市区赶来无偿帮助这些身体不便的人，将自己的农学知识倾囊相授。这样的培训活动每月举办一次，前后大约持续了两三年，参加活动的人们学习到了难得而专业的知识，也逐渐拥有了相应的技能，生活就此得到了改善。后来随着园艺事务的逐渐增加，加之大家也不再面临生存的问题，朱龙标便渐渐抽身出来，专注于园艺事业的耕耘。

回顾自己的前半生，朱龙标虽偶有感慨生存的不易，但更多的是感激命运的厚待。纵然身体多有不便，生活亦有艰阻，他却凭借自己的努力和热爱，将一生的成长和漂泊都谱写成了铿锵的生命之歌。如果说草木是爱着光阴的，那么朱龙标则在这坎坷的光阴中深爱着草木，深爱着他日常的一切。在面对自己现在和未来的生活时，他的神情犹如那句"万里归来颜愈少，微笑，笑时犹带岭梅香"。

一生耕耘，他自有种好稻子的天赋

邹应菊

坐到地铁九号线的终点松江南站，须得再换车向西，沿着路边的稻田开半小时，拐进一条不留神就会错过的小道，在小道尽头看到一座插着红旗的楼房，那就是林坤机农互助点了。

远处驶来一辆黄色旧皮卡，下来了互助点的负责人曹林坤，卷着裤脚，皮肤黝黑，亲切地笑着说叫他老曹就好。作为松江区第一批农场主，他从1978年开始以务农为生，至今已有45年。在一楼的客厅中，摆满了他这些年获得的荣誉，"首席技师工作室""全国农业劳动模范""上海市示范家庭农场"……几块放不下的奖牌，索性就靠墙搁在地上。

本篇主人公曹林坤，1963年生，松江区石湖荡镇成人中等文化技术学校林坤机农互助点负责人。他从1978年开始扎根田野，从事农业，至今四十余年。2007年，他报名成为松江区第一批家庭农场主，走上了规模化生产、科学化种田的现代新型职业农民道路。2019年获得上海市"百姓学习之星"和"终身学习典范"称号。2021年获首批全国农机使用一线"土专家"称号。

年满六十的他即将退休，将农场交给女儿经营，但仍没见一点停下来的意思。7月农忙，老曹仍早晚带着农机队，奔走在石湖荡镇广袤的千亩田地。

庄稼人的坚硬

老曹1963年生于松江区石湖荡镇新源村，家中兄弟姊妹有八人，他排行第八，因此有个"小八路"的外号。家里男孩子的名字里都取了一个"坤"字，大哥"乾坤"，二哥"华坤"，三哥"子坤"，到他这里取了"林坤"。

在吃不饱饭的年岁里，要养活八个孩子，其艰辛可想而知。天还没亮的时候，父母亲就已下地劳作挣取工分，平时则靠着小小的自留地养一些鸡鸭，或是趁着河水上涨布网兜一些鱼虾，想尽办法补充吃食。他也格外懂事，放学后便跟着哥哥姐姐去田间拾干稻草，用来作编稻草包的材料。这种稻草包半人宽高，30个打成一捆，能在肥料厂卖得9元钱。每天吃完晚饭后，全家人围坐在一起，点着油灯编上半个月，才换得来下个月吃用的油盐。

家里孩子多，父母亲的管教也尤为严格，即便他年纪最小也不会被纵容。小时候，如果父亲知道他和别的小孩打架，就会不论对错，先抽他两记重重的耳光，因为不许打架就是规矩。放学后两筐稻草捡不满，就不许吃饭，因为帮忙做事就是规矩。但是每年过年，就算家里没钱，母亲也会想办法给每个孩子做一身新衣裳，因为这也是规矩。全家人齐心，如同拧在一起的绳结，日子过得比两三个孩子的家庭还好些。后来，他与妻子有了女儿，取名曹洁。他会将身上的现钱都掏给女儿用作零花，也会在正值青春期的女儿与他起争执将自己关在屋里的时候，一拳打碎窗户玻璃。直到女儿结婚前，他都不许妻子找人来补上窗户，就是要让孩子牢牢记住教训。在家庭中，他惯性般地延续着父辈的严厉。

在艰苦环境中成长起来，老曹绝不是田园牧歌式的温吞脾性，而是有一种势必要靠着庄稼活下去，更要活得好的狠劲。15岁从镇上的古松学校毕业，他就回家承担起了农活，17岁时就能挣到一个壮实的成年男性才能达到的10工分。19岁时，生产队摇船运粮到粮管所去，他发着高烧，晕得走路摇晃，还是咬牙把每筐重达百斤的麦子都搬上了船。周身被层层汗水浸透，他索性在黄浦江游了几个来回，反而让高烧退了下去。成家以后，他与妻子养了三百多只鹅，为了把小鹅养大，在西瓜地里搭了棚子，每晚起夜两三次喂鹅，硬是住了四个月，把白鹅养得只只肥壮。谈起这经年劳作的辛劳，他只淡淡地说："累是不怕的，睡一晚上，就又有力气了。"

2014年，曹林坤在农业部学习时上台发言。讲完自己从事农业的体会和心得，面对台下黑压压的人群，他以自己对字形字音的理解,重新解读了自己的名字,"'坤'的一半是'土',一半是'申'('申'谐音'生'),那么就是我生在了这片土地,就一定要取得胜利"。

生于一方水土

石湖荡镇位于松江的西南部,北临斜塘江,南接黄浦江,在老曹眼中宛如一座灵气萦绕的宝岛,他对这里的物产和风貌侃侃而谈。但被问起对家乡的情感时,他顿了顿,换了一种方式回应,"像我种的所有农作物,芦粟也好,麦子也好,都讲究生根发芽,没有根就会死"。

现在的石湖荡,放眼望去,连片整齐的稻田,田间交错的支流粼粼闪光。而这样的土地与河流,却并非自然形成,而是前人辛劳的成果。老曹把以前称作"接地气的时代",每天待在地里,人就像地里长出来的。六七十年代,田地还高低不平,父母一辈就带着他,用扁担和畚箕,一担担挑土,把土地整平,再划出两亩三到两亩五的小单位,也就是俗称的"格子化"。1978年完成分田到户后,剩余一些边角的土地,村里的人也都顶着太阳去整平。不知磨破了多少肩膀的皮,才换来一望无垠的水田。

整好田地后,便是每年冬天都要做的敲土。那时松江冬天的气温还很低,能到零下五六度,麦子撒下去,苗抽出来,西风一刷就没了。应对的办法,是用一根竹竿绑着60厘米左右的圆木,使劲敲打土地使其板结,就像盖紧棉被一样,让地里的种子暖和起来。等到开春,又要为5月的麦穗做准备,踩好打谷场。先用镰刀除去打谷场长起的青草,把不平的地方担上厚实的泥土垫平,下过一场春雨后,全村老小,每人穿一双草鞋,来回在打谷场的泥面上踩踏。横着踩三遍,竖着再踩三遍,把泥土踩出充分的韧性。等天气放晴,用新栽的扫帚扫去浮土,表层就如水泥地般光滑。

冬天略微闲时,不仅要整敲土地,还要挖河。挖河是村里的义务劳动,不算工分,按人头分配给每家每户固定的距离。逐年把河都挖通后,曹林坤已经长到了可以跟着出船去载"无名水"的年纪。"无名水"是黄浦江边造纸厂排放的纸浆废水,可以作为肥料,沤在麦子上。春寒料峭时,公社的船配三个人,轮换着摇船去黄浦江下游载水,去程就要一天一夜。出发时,手和船链都冻僵了,好半天都拉不上来铁锚。启程后,摇船的人要学会看日历,判断潮起潮落,常常到闵行时都要等到半夜,趁着涨潮赶路。到了苏州河,河面的船只挨挨挤挤,他就站在船头撑着竹竿,掌控方向,防止撞船。

1981年,他和两位同村的长辈出船时,遇到了8114号台风。天地昏暗,潮水翻涌,几丈高的浪头打过来,像海啸般恐怖。他凭着往日的记忆,将船驶进了一个曾路过的小河湾，在暴风雨中熬过心惊胆战的夜晚。在天亮时，他们听见外面风声终于渐渐小了，才敢探身出船舱，看到江面漂浮着无数的沉船和慢慢散落的货物。靠着对这片栖息一生的水域的了解，他在18岁那年逃过一劫。

种田的天赋

在石湖荡镇，老曹通过种地实现了成家立业，靠的是"种什么都能种得很好"的能力，他一季又一季的丰收让乡邻们都佩服不已。早先初中毕业时，他的很多同学都去了市区谋生路，但他选择留在石湖荡，决心留下来把田种好。而在种地这件事上，老曹没有拜师父，更没有条件去上专业课程，除了从小在父母身边帮忙做农活的经验，他用了一个令人有些意想不到的词语："天赋"。"就像你们读书学画的要讲究天赋，种田也是要天赋的。"他接着提到父亲儿时留给他印象最深的一句话："生出来的是志气，教出来的是晦气。"无论哪样农活，光靠别人教没有用，得自己动脑子摸索才能真正学会，这是世代务农的父辈，传承下来的质朴训诫。

耕作近半个世纪，老曹种过数不清的作物。有一年，农业公司将村里荒置的土地交给他暂时管理。仅用22天的时间，他就给50亩土地开了荒、种下水稻，甚至在40亩大棚里种好了西瓜。西瓜一般是在3、4月种下,但那时已到6月,他就将锯末屑与田间烂泥混合均匀,比例各占一半,作为"催长素",播种时给每粒种子都盖上一把。结果那一茬西瓜长得奇好,个头大,吃口甜,堆得他院子都放不下。村里的人都没见过这种肥料的做法,问他是在哪里看到的,他不无骄傲地回答:"没得看,我自己想出来的!"

讲到种植细节时,老曹说到松江的土质有"小粉泥"和"青紫泥",坐在一旁的女儿曹洁纠正道:"小粉泥只是土话的讲法,书面应该没有这个,你说了人家听不明白的",他却严肃而肯定地说:"不,书上有的,也是这个词,我看过。"实际上,老曹是村里农家书屋的常客,每次去都要借好几本书回家研究琢磨。但对于书里写的内容,他会以自己的经验来验证比较。比如书上写每年7月下旬后就属于水稻的无效分叶期,但是近两年气温大幅升高,他观察到去年这时水稻分出的叶还是会长出稻穗。"所以不能都照着书来,最重要的还是自己的判断。"

而今发展生态农业,老曹不再兼顾多种作物,一年只专心种好一季水稻。在种水稻方面,他摸索出了自己的一套方法。春季回暖,他会种下油菜、紫云英,待其开花全部翻压进土里作为绿肥,填饱土地饿了一个冬天的肚子。在水稻分蘖末期要为稻田排水、复水,他就佝偻在田埂上仔细观察,当发现田里的烂泥有细小的裂缝时复第一次水,看到水渠发白至有手指粗细的裂缝时复第二次水。诸如此般的细节还有许多，都是他经年累月积攒出的经验。种植时具体的翻压、施肥、复水时间，都要根据天气、气温与作物生长情况判断，而这对于老曹来说，只是如吃饭睡觉般寻常，到什么时候，做什么事情，自然而然。

在希望的田野上

老曹耕作了半个多世纪的松江区，位于长江三角洲平原，河渠交错，土质肥沃，长久以来都是上海重要的"米袋子"和"菜篮子"。但随着改革开放，工业化与城市化进程加快，大量农业劳动力进入非农产业，松江农业在地区经济份额的占比不断下降。面对人地关系的变动，松江区的农业经营体制迎来了一次重要变迁。

2007年，中央一号文件提出要培育现代农业经营主体，上海市松江区开始在全区推行以农民家庭为生产单位，规模在100至150亩的粮食家庭农场建设。已经45岁的老曹敏锐地察觉到"机会来了"，一夜没睡着觉，天一亮就去登记报名，顺利成为松江区第一批农场主。同年9月，他参加了区委党校举办的"松江区第二届新型农民带头人培训"，获得了国家农业产业化经营三级资格证。从拽耙扶犁的年月里走过来的老曹，乘着时代的风向，走上了现代新型职业农民道路。

在家庭农场经营初期，耕种需要依靠农机合作社提供服务，一个生产队就指望几个农机手，农忙时经常排不上，还常出现耕地质量不过关的问题。老曹索性自己去学怎么驾驶农机。那时的农机还是老式的550轮式拖拉机，仅靠两轮驱动，转向时经常推拉不动，不易操作。但他对于土地的天赋在这里也得到了发挥，坐上拖拉机就会开，就像小时候坐在牛背上耕地般自如。在各类农机都驾驭得越发熟练时，他意识到农机仅在每年的3月至5月集中使用，其余时间都放在仓库闲置。于是在2013年，老曹联合同村另外四个有农机驾驶证的家庭农场组建了机农互助点。他们联合为互助点成员提供机耕机种，不仅节省了户户购买农机的成本，还提升了耕地的质量与效率。成立至今，林坤机农互助点作业服务面积已达1 700亩，遍布石湖荡的每个角落。而老曹并不满足于此，作为门外汉钻研起了农机研发。2015年，在区农机所的技术指导下，老曹竟真的研制出了新型筑埂机，修筑一条80米长的田埂只需要8分钟，一次成型，筑起的田埂光滑结实。老曹的研发初衷是十分朴素的。以前筑田埂，要用铁耙将一层又一层的烂泥翻起来踩结实，稍干后浇上水继续踩，他一个人就得干三天。他在这上面吃尽苦头，所以决定寻找改进的法子，让如他一样的农民能少淌一分汗水。

有了规模化的土地和专业的农机队伍，老曹依旧在水稻上下着功夫。他试种了多个品种的水稻，一一比较米质口感，不断筛选合适的稻种。其中"松1018"的口感最好，煮出来清香油亮，像是小时候吃到的米饭味道。有了优质稻种，他为之制定了从整地、播种到收割的标准管理流程，收获的大米被评为全国金奖，一路畅销。作为示范推广，老曹还将优质水稻品种的种植扩大至全镇的十个村，带动近百户家庭一起丰产丰收。每年"松1018"晚稻收获时，他都会预留一些亲自送给村里的老人，感念他们当年整田挖河的辛劳。

与老曹聊了许久，很难看出这个神采奕奕的汉子，其实今年已经迈入60岁。按照区里的规定，明年开始他的农场就将正式交给女儿曹洁管理。女儿大学毕业后曾在市区工作，考虑到父亲逐渐上了年纪，身边终究需要有人帮忙，便在2014年回到家里帮着父亲一起打理农场。现在她和丈夫已经跟在父亲身边学习了九年，拖拉机也能开得相当熟练。正值暑假，她正在上小学的儿子也待在互助点，从田里玩了回来，就坐在客厅的凳子上，好奇地听着外公讲过去的故事。说到未来，老曹称自己是"老种田"，还能耕作一年，那就再多做一年。而说到明天，他则计划一早带外孙下田体验插秧，笑着说："这个小家伙么，只爱吃自家产的大米，该晓得稻子是怎么从石湖荡的地里种出来的。"

下编 | **向　美**

古稀之年,她决定拿起画笔

孙利娟

被孙子搀进工作室的她矮小、干瘦,像一颗皱缩的核桃,走路时颤颤巍巍,然而她身上的衣服色彩却很明艳,像热烈的太阳一样。做访谈时,她额头上的汗水不停地淌下来流到眼睛里,也许是长时间的访谈对现在的她已经很吃力了,她一边说话,一边擦去流到眼睛里的汗水,却在交谈时笑声爽阔,小小的身体仿佛蕴含着巨大的能量。采访到后期,她的孙子终于忍不住打断说:"奶奶上午刚拔了两颗牙,中午还疼得睡不着觉。"她抹了一把汗涔涔的脸摆了摆手,憨笑说:"不碍事的,朋友大老远地过来,我多不好意思。"

本篇主人公尹玉凤,1944年生,初中学历,在新疆生活六十余年,2016年来到上海。74岁接触绘画,76岁举办个展,77岁出版畅销书,上广播电视,被多家重要媒体报道个人事迹。其绘画风格直面自然、朴素单纯、画风清新。2021年荣获上海市"百姓学习之星"称号。

老小孩

阿籽奶奶，名唤尹玉凤，1944年生于湖南洞口县山门镇，10岁随家迁往新疆塔城地区生活。2016年老伴张荣先去世后，她被女儿接到了上海生活。失去伴侣的悲痛和对上海生活的不适应，让子女接连收到了她的两张病危通知书。心脏多了两个支架，骨头也撑不起身体，她觉得自己不行了，感觉今后注定是离不开拐杖了。

她经常做梦，梦到老伴在半路上叫她。对于死亡，她已慢慢消化，并坦然接受，她意识到死是一件早晚的事儿。但是她的子女们却无法接受，他们害怕死亡这件事会夺走他们唯一的母亲。阿籽奶奶生了四个孩子，一儿三女。三女儿张平和小女儿张云都在上海搞美术，她们发现妈妈总是困在回忆里，这对老人来说是件很糟糕的事情，有发展成老年痴呆的倾向。

老年人群，是一个再不被人抱有热烈期待的群体，他们的生命已逐渐走向静止。也许是逼近的死亡故意使人麻木，让大多数子女觉得让老人安稳地待着，不摔跟头已经是对他们最大的期望了。对老人来说，安静等候，似乎是不言而喻的天命。

但阿籽奶奶的女儿们不这样认为。张平说，她希望妈妈成为一个老小孩。因为小孩总是关注身边正在发生的事，不断学习，不断向前看，从不会看向过去。所以她想让妈妈学些东西。

两个女儿都是学习绘画的，就想从这方面入手。没想到妈妈硬是不从，她说你们都是正规学校毕业出来的，我学都没有上过，哪里能画画？她一生要强，认准的事，绝无转还的余地，而且她一辈子当惯了家长，一时间身份的转换，也让她相当抗拒。

但老人永远抗拒不了隔代亲，转机果然还是出现在孙女阿籽身上。当时 7 岁的孙女阿籽也在学画画，总是缠着奶奶，要教奶奶画这画那。

为了哄孙女开心，74 岁的她平生第一次拿起了画笔。

随着逐渐走进色彩的世界，她发现，画画似乎很简单，就像刷房子一样，一个劲儿地往一处刷。

"画画起码比过日子简单。"

尹玉凤

阿籽奶奶从 19 岁嫁为人妇之后，成了"老张家的""张清他妈""阿籽奶奶"，就是没有人再叫她尹玉凤，她的大半生都是在操心儿孙们的柴米油盐中度过的，她人生中每一件努力做的事，似乎都从来没有跟生计脱离过。

16岁时，尹玉凤做了焊接水箱的电焊工，没人教她如何保护自己，结果废了一只眼睛。

结婚后生了两个孩子后，她便下岗带娃。丈夫跑大车，微薄的工资艰难地维持着一家四口的生计，更别说后来又变成了六口。尽管拮据，但孩子们穿的衣服，并不比有钱人家的差。因为那些衣服，都被她亲手绣上了漂亮的花样。

这门绣花手艺，是她向当地的维吾尔族同胞学来的。人们打趣她，说二十来岁的姑娘学着都困难，她怎么能学得下去。丈夫半担心半开玩笑地说："眼睛本来就不好使，别再把手指头剁了去。"但尹玉凤不信邪，一针一线地绣，绣出来的花样别具一格，竟也绣出了名气，她便凭此补贴家用。

她一门心思扑在生计上，完全没意识到，在这件事上，她已然展现出一定的艺术审美和不俗的创作力了。

尹玉凤五十多岁时，儿女基本都已经立业了，有了自己的收入。苦了累了大半辈子，本可以颐养天年，享享清福，但她不想成为子女的负担，于是做起了买卖。

塔城的一年，有一大半时间都被冷彻的冬季占据。每天早上5点多，不会骑自行车的尹玉凤顶着塔城最低零下40℃的气温，硬是靠步行走到几公里外的摊位点。

进货则要到五百多公里外的乌鲁木齐去。每次，尹玉凤都背着大包，将钱塞进丝袜，然后绑在腰间，再穿上厚厚的外套，趁着夜色坐上大巴。那个年代，道路不靖，尹玉凤时不时就会听说又有哪个进货的同行被打劫，货款一空。她小心谨慎，总算平安无事，但也在乌鲁木齐的批发市场屡屡碰到骗子。他们伪装成批发市场的老板，告诉她可以便宜拿货。话术并不高明，但吃准了生意人的心理，所以不少人都上了当。尹玉凤没有，她老老实实地在市场里进货，从没想过要占谁的便宜。

十几年来，尹玉凤无数次走进乌鲁木齐，但却从来没有仔细看过这座城市，她只认识去批发市场的那条路。她说，自己是个路痴，每次去，丈夫都会害怕她在半路上丢了。实际上，她不仅路痴，还脸盲，总是认不出老主顾。但她为人开朗、实诚，所以大家也不以为意，依然乐意光顾。就这样，靠着一股闯劲儿，和十几年如一日的吃苦耐劳，尹玉凤把当初那个小小的摊位经营成了一间小店，不仅养活了自己还贴补了孩子，还让家里从一穷二白到置上了新楼房。

与丈夫

尹玉凤的话匣子总是从丈夫（阿籽爷爷）开始，说高兴了，还会哈哈大笑。

他们的结合是男貌女才。丈夫年轻时很帅，个子高，鼻子挺，苍蝇到了上面都要打滑。他比尹玉凤大八岁，看中了她的贤惠，而尹玉凤则完全是被其颜值"俘获"。

尹玉凤的家庭成分很高,在当时是打击对象,丈夫则是贫农出身,是新时代的主人翁。所以对外界,他们从不会主动提起尹玉凤的娘家。但在生活习惯上,两人却来了个颠倒:丈夫注重健康,饭菜剩了就要倒掉,但尹玉凤觉得浪费,就拼命吃。"他倒像个富贵人家的少爷。"尹玉凤打趣说。

子女们的教育主要是丈夫来抓。尹玉凤觉得能填饱肚子就知足了,所以常把孩子们当猪一样喂。她对他们的唯一要求就是"走正路""人品好",丈夫当然也看重这点,但也十分强调读书的重要性,所以在这一方面要求极为严格,特别是对儿子,常常不吝棍棒。两个女儿对绘画的热爱也是他一手培养起来的。尹玉凤觉得,要是丈夫还在世,一定比她画得好,因为他对此有热情,审美也比她高。"到了上面,他看到我也能画画,肯定要大吃一惊的,哈哈。"

丈夫走后,她心中的喜乐与忧愁再无人可以分享。她深陷于对丈夫的回忆,深陷于独身的孤独,那些美好幸福的时刻不曾随着时间的流逝而模糊,反而愈发清晰:她爱吃鱼,这在塔城这座内陆城市是一件十分奢侈的事情,丈夫不管这个,总会为她买来。尹玉凤觉得自己应该嫁给一个打鱼的,丈夫说,你吃的鱼还少吗?她就幸福地笑。丈夫脾气其实挺大的,会打孩子,但从来没对她动过手。她知道自己很幸运,嫁对了人。

实际上，尹玉凤的脾气也不小。丈夫在世时，说她一句她往往顶三句，嘴巴从来不饶人。后来一想起来，她就感到后悔。

丈夫是江苏泗阳人，她本是湖南人，到新疆后和丈夫在塔城生活了六十多年。在疾病缠身的晚年，她来到了上海。她见了湖南人叫老乡，见了新疆人也叫老乡，见了上海人还是叫老乡。但起初出生的地方，她和丈夫都没有再回去过，因为那里再也没有他们的亲人。他们的后辈，对他们祖上的家族也都很陌生。

当初到新疆的时候，她和丈夫都是花一样的年纪，年轻漂亮，回来后却都走不动路了。当谈起故乡时，她却说自己对故乡没有概念。她说，只要是中国的土地，哪里都是故乡。老一辈们将自己的一生奉献给了国家建设，对他们来说，有国才会有家。但是塔城的冬天，院子里的花果蔬菜还有留在那里的亲朋好友，这个承载着她大半辈子生活的地方，常常让她忆起，她只好用自己的画笔将这些思念诉诸纸端。

孤独也好，后悔也罢，现在的尹玉凤都已经可以坦然面对。画画成为她排遣情绪的方式，甚至让她重新发现了自我。

艺术与生命

刚开始学习绘画，尹玉凤三天打鱼、两天晒网，根本进入不了绘画的世界，好像脑子里就没有画画这件事。阿籽在她面前很快便画好了一幅画，但她花了两天时间才颤颤巍巍地画好两朵小花。

她没有绘画基础，只能从最简单的事物开始画起，她尝试着勾勒出事物的线条，然后再上色。这是一件模仿的事，刚开始好像并不需要太多技巧，她只有不断地通过勤奋地练习来弥补自己初学时的笨拙。当她的画开始画得好后，阿籽又嫌弃她写的字太丑，要让她学书法，没一会儿又要她学英文。她说自己中国话都没说明白，哪里能学英语。她说自己都八十多岁了，她知道自己现在的能耐有多少，一个就够了。但阿籽总是变着花样想让她学习新东西，其实她知道那是孙女害怕自己不被奶奶需要了，她说阿籽永远是自己的老师。

阿籽总会指出她画画用色不正确，孩子眼睛里看到的世界是那么鲜艳、热情，但也许因为自己经历了很多事情，看人生也复杂了些，所以用色也会比较特别。每个人对事物的颜色、细节感受都是不一样的，绘画就是表达出自己的感受。尹玉凤说，她看身边的每一件东西都是有生命的，好像它们都是活着的一样。画也会说话，只要你认真地努力地去做，总有收获。她几乎没有一天不在画画，除非病得不能动了，就算在外面旅游，她都要保持自己画画的习惯。画画，对于她来说，好像是一件无法戒掉的事儿。

人的生命是有限的，而艺术是无限的，而画画给了她延续生命的一种机会，她会一直画到自己死去。尹玉凤让画画成了自我的一部分，她感到每天的生活都很充实。她说，自己能留下几张画，也是一种成绩。她感恩命运对她的眷顾，就像感恩生活中的花果蔬菜一样，给了她生命的保障与温暖。通过画画，她慢了下来，不再为生存而急匆匆地向前赶了，也不再为人和事不符合她的心意而烦躁了。她可以从容、耐心地对着一瓶花慢慢地观察，察觉到她生命中曾经错过的美丽。每一株植物都有自己的生命，她们会在清晨的阳光中呼吸，她们的身形会在光影中变化。美丽会在时间中慢慢凋零，刚开始她会为自己作画的速度不能赶上花朵凋零的速度而悲伤，但后来她发现，走向死亡也是一种美丽，这就是生命。她所能做的，就是通过艺术，通过画画，将自己感受到的生命表现出来，没有生命的艺术，不是艺术。

重新出发

画画时，尹玉凤发现自己忘掉了年龄，忘记了自己是妈妈、是奶奶，甚至连自己也都忘记了。只要拿起笔，她的心中就只剩下一个念头，就是把对象画到纸上去。女儿们说像她这样能物我两忘的人很少，从这个角度看，她的天赋要高出很多人。

尹玉凤的脑海里没有技法,没有条条框框,她只是顺从着本能,把看到的、感受到的,以一种最自然的状态表现出来。纸张和颜料她也不讲究。颜料是从女儿们丢弃的垃圾中捡回来的,她用水将它们泡开,有些泡了半天也泡不开,女儿说这是油漆,哪里泡得开。画纸的边边角角她也不舍得丢掉,而是充分利用,女儿们丢掉她就捡回来继续用。

说尹玉凤没有窠臼,不是说她不思考,实际上她现在每天想得最多的就是画画,有时候半夜躺在床上,脑子里都在琢磨怎么把画画得更好,有时候想通了,她便起床在那里改画。年纪还在增长,走路都要颤颤巍巍了,但画作却越来越稳,还得到了职业画家的认可。

2023年5月,作为参展的主要艺术家之一,尹玉凤被邀请到了广州美术馆。展览以"药方"为主题,尹玉凤的作品备受瞩目,很多人在她独特、细腻、充满烟火气的作品中,获得了现代都市生活中难得的适意与慰藉。

通过绘画,她的名字重新与自己连接到了一起,她不再是谁的妈妈或奶奶,她只是自己,有时候别人都会叫她"老师"。她说从没想过要成名,只是想给自己找一个活法。年轻时她为家庭而活,从来没有思考过自己想要什么。老了对儿孙们还是事事放不下,总是忍不住唠叨子女,管教孙辈,让小辈们烦恼。其实这样她自己也烦恼得很,女儿教她放下,往前看。但那一辈人都是这样过来的,冷不丁让他们为自己而活，他们非但不会解放，反而往往会陷入不被需要的失落里。他们需要新的人生支点。

绘画就是尹玉凤现在的支点。一旦拿起画笔，日常的一切全都隐退，唯余线条和色彩。她获得了从未有过的宁静和快乐。她现在每天的日常便是早上5点多起来给父母与老伴上香。吃过早饭，便和女儿在各自的工作室里作画，大家各管各的，谁也不打扰谁，每个人都有自己的生活节奏。她不再操心小辈后，自己轻松了很多，和儿孙们的关系也更为和谐融洽了。

"人老了，就要给自己找个活法，找个奔头，为自己活一次。"

先前身体好、走得动的时候，她还经常去社区教其他老人画画。尹玉凤喜欢结交朋友，年轻时，丈夫说她跟鸽子一样，见了谁都要点头。现在，绘画又给她提供了一种新的社交方式。"大家一起玩，一起聊聊天，挺好的。"她也希望这些新朋友能和她一样，通过学习，激活自己的晚年生活。

尹玉凤是个爱讲授者，但这并不是天生的。电视台采访她，工作人员担心她面对镜头会紧张，她说这有什么，权当朋友之间的聊天，"不信你们到时看我敢不敢讲话？"一开机，尹玉凤的表达能力震惊了所有人。工作人员问，您怎么这么能说啊？还说没有见过世面。尹玉凤笑着说出了自己的小秘密：原来她经常看《非你莫属》，反复地看，而且不是为了消遣时间而看,就是为了学习主持人、求职者怎么说话。

尹玉凤说自己现在的这些荣誉都是国家给的,她很自豪,也很满足。当她回忆往昔时,忆起的都是甜蜜的事情,那些生活的辛苦似乎都已成了云淡风轻的微笑。她不知道哪些选择对自己造成了影响,好像自己也没有做过什么选择,她说自己这辈子都过得糊里糊涂的,糊里糊涂地结了婚,糊里糊涂地生了四个孩子,日子似乎都在糊里糊涂中过着,没有人教她该如何去生活。

她说自己这一辈子都要强,从来不害怕什么。她觉得无论是什么时候,只要自己想做就要去做。她年轻的时候也喜欢玩,想尝试一切有趣的事情,穿着很高的高跟鞋跳舞、唱歌,破"四旧"后她收起自己的高跟鞋,丈夫惊讶,妻子竟是那样一个小个子的人。就是这样一位小个子的女性,普普通通的家庭主妇,大半辈子周转着孩子、丈夫的饮食穿着调度的女性,却成了孙辈心目中最厉害的人,成为他们学习的榜样。在耄耋之年,她重新出发,扔掉垂老的拐杖,拾起画笔,获得自己的新生。或许,她自己都没有意识到自己的学习欲望和学习能力如此之强。受限于时代和环境,尹玉凤年轻时的学习机会阙如,但她在有限的时间里紧紧抓住了每一种可能性,学习刺绣如此,摸索生意之道如此,晚年踏上绘画之路更是如此。

学尽工匠技艺，
66岁的他却一头扎进土布贴画

刘庄婉婷

从最后一站地铁口出发，还需两个小时的车程才能到达金山区吕巷镇的这所成人学校。学校附近就是乡镇社区服务中心，货物琳琅满目，货架间却长时间空无一人。

这里与繁华的上海市中心迥异。

学校内只有一栋建筑，各色的土布贴画挂在楼道两旁。上楼，转过一个拐角，三楼的一个房间内，摆满了土布与土布贴画，角落的玻璃柜里摆放着一些荣誉证书。中央的方桌边坐着几个学徒，她们专注地制作着眼前的土布贴画，周围的攀谈声也无法使她们抬头。

本篇主人公姜永勋，1957年生，大专学历，曾任金山区吕巷镇文体中心主任、吕巷旅游管理发展有限公司经理，兼任金山区政协四届委员、五届常委。2008年被文化部授予"2007年全国'送电影下乡'优秀电影放映员"，2009年被国家体育总局评为2006—2008年度"全国群众体育先进个人"，2019年当选"金山工匠"，2021年荣获上海市"百姓学习之星"称号。

在她们身后转了一圈，发现她们其实制作的是同一幅画：一块块布料被剪裁成不同的图案贴在底板上，有的正往白色河流上放置小船，有的正用土布拼贴出彩色的屋檐。黑板上还贴着一面扇子，扇子上是一幅京剧脸谱，以红色为底，再贴上黑与白的土布，赫然是关公的土布贴画脸谱。

自2014年起，九年间，姜永勋已经在这里创作了六百多幅土布贴画。

姜永勋与土布的一生

2011年，担任金山区吕巷镇文体中心主任的姜永勋，在家中翻阅清代乾隆版《金山县志》时看见一句话："朱泾锭子吕巷车"，令他顿时想起了土布。

土布已有几千年的历史，早期颜色单一，纹饰普通。直到元朝时期，黄道婆从海南学成归来，为松江府纺织业带来先进的纺织工艺。当时金山也隶属于松江府，很快就普及了纺织技艺，多样的颜色与丰富的纹饰由此开始出现。明末时期，吕巷的纺织业十分发达，纺纱织布是农民的主要收入来源。在姜永勋小时候，村里的女人几乎都会织土布，家家户户穿的都是土布衣服，鞋子和书包也都由土布制成。但因为机器纺织业的兴起，令土布逐渐消失在人们的生活中。

他找到时任金山区文广局的局长，商量是否能够将吕巷土布的纺织技艺申报为非遗文化。起初，局长并不答应，认为土布的分布非常广泛，吕巷镇织得好，廊下镇也织得好，朱泾镇在早前还有土布纺织品交易市场。之后，姜永勋带着《金山县志》再次找到局长，翻到那句"朱泾锭子吕巷车"，向他证明美观灵巧、纺纱手感好的吕巷纺车曾驰名江南地区，足以作为土布纺织技艺的代表。一看到这句话，局长当即点头，同意他放手去做。

但当时镇上已经很难看见纺织土布了。没有土布实物谈何保护与复兴，于是姜永勋亲自下乡，走进农村上了年纪的人家去寻找土布。虽然工业制衣已经成熟，但当地人们仍然会在家中备几匹土布以备不时之需。有些人搬了几次家，这些土布也在箱子里尘封许久，但他们每次搬家都舍不得丢弃，他们每年都会从箱底拿出土布在阳光底下晒晒。姜永勋说明来意，老人家们从箱底翻出了一匹匹土布。有的轻抚布面良久，再交给他，就像托付孩子一般；有的拿出来展示了半天又收了回去，还是舍不得卖出。姜永勋只要看到土布的纹饰有特别之处，就会商量着拍下照片。他收集的土布在工作室内堆叠成了一座"小山"。

2012年，姜永勋从文体中心岗位上退下来，进入吕巷旅游管理发展有限公司工作。2013年公司打算开发土布文化体验区，他专门从农村请来一位老裁缝负责土布衣服、包包、鞋子等的制作。当他打开工作室的大门，第一次认真观察起每一匹土布时，他发现同一个地区收集来的土布样貌十分相似，但仔细观察又会发现没有一匹的花纹样式是完全相同的。他想起以前没有电视和手机，晚饭后电灯一开，女人们就开始纺纱织布，每一寸皆由她们手工织成，她们每晚的灵感、情绪与身体状况皆会对土布产生影响。也就是说，土布中隐藏着的是生活，也是生命。那一刻，姜永勋觉得土布制作和收集，同样意义非凡。

为了进一步发掘土布文化，他又找到曾经的纺织老妇，希望她们能够展示现场织布，这些七八十岁的老奶奶们全都无奈地摇摇头。纺纱织布最重要的是熟练与手感，她们四五十年没有碰过纺织机，手感早没了。像非遗传承人王金华老人已经80岁高龄，虽然还能织布，但没了手感和脚劲，织出的布完全无法用来制衣。

在老裁缝的工场间，制衣后会留下许多边角料，姜永勋看着这些边角料，始终觉得就那样丢弃十分可惜。恰巧在文体中心工作的时候，他与当地的农民画家来往密切，画家们时常把自己的新画作拿给他欣赏。兴起于20世纪70年代的金山农民画以大色块出名，正与土布的特点较好吻合。他想，如果将土布与金山农民画相结合，将土布剪成块贴到画面上，说不定能产生意想不到的效果。

2014年8月下旬，他开始尝试创作土布贴画。旅游公司坐落在吕巷蟠桃园内，大片的桃花与土布的色块相应和，很适合用来取景。虽然有了想法，但看着满满一屋土布，几千种不同的色调和款式，姜永勋苦思冥想，始终无从下手。想了足足两天，摆在面前的仍是一块空无一物的白板。于是，他不断出门拍照取景。第三天，他先画了一张素描底图，画面上出现一条蜿蜒的小河，河边坐落着一座小小的村庄，村庄后面是吕巷的蟠桃园。对照着素描图，姜永勋按1∶1的大小对土布进行裁剪拼贴。

第一次创作他也是摸着石头过河，选布、粘贴纯粹凭感觉来。当时他已经收藏了两千多种土布，不可能记下每一匹土布的颜色与纹饰，只能在需要时观察筛选。有时布贴上去后发觉颜色纹饰不和谐，又要揭下，重新选布，甚至连先前所粘贴上的也要揭下重来。就这样反反复复地尝试，经过他一个多月的努力，第一幅土布贴画问世了。看着自己的第一幅画作，他心里也没底，不知道自己的别出心裁，人家到底会怎么看。他将画作拍下发给朋友们，没想到得到的却是大家的一致好评。

在热爱与生活中学习

画笔绘制底图，剪刀裁剪布料，胶水拼贴画面，锤子与榔头装订镜框，就像一位全能工匠，姜永勋独立完成了一幅又一幅的土布贴画。他从未为创作专门学过什么，"学院派"

一词与他相去甚远，他的十八般武艺皆来自于年轻时的热爱，来自丰富的生活。

1957年9月，金山区干巷镇的一个村庄里，姜永勋出生了。他的母亲是一位裁缝，日日踩着缝纫机将一块块土布织成衣物。他从小就对手工艺感兴趣，时常在一旁观察母亲工作。后来年龄长了些，母亲便递给他一把剪刀，教他剪纸。他开始为白色肚兜点缀上可爱的装饰物，有时是小鸡、小鸭，有时是小花、小鸟，单调的白布在他手下变得生机盎然。

他的手总是不得闲，即使不需要帮忙，也会自己剪纸。他没意识到这就是学习，只是喜欢，只是玩。玩着玩着，他的剪纸技术越发精湛，在村里也出了名，一有需要大家就会来找他，像随着新娘出嫁的大红"囍"字皆由他的剪刀裁剪而成。

初中时，姜永勋最喜欢学校的写字和美术课，画画几乎成了他的最爱。恰逢大人们在墙壁上绘制毛主席的红色头像，他看见后主动请缨，加入了绘画的队伍。他学着大人在报纸上的毛主席头像上打方格，再在白纸上按照1∶10的比例放大。他沿着方格画在白色墙面上，一幅栩栩如生的毛主席头像逐渐成形，满足与自豪同时在他的内心涌现。

高中毕业后，他被分配到生产队养殖场养鸡。新造的鸡舍还没有配备门窗，木工师傅时常来制作门窗。小鸡孜孜不倦地啄着米，刨子与木料摩擦的沙沙声总在姜永勋的耳边响起，随着时间推移，他的眼里装满了师傅量尺寸的样子，师傅刨木料的样子。一块平凡的木头慢慢变成门窗的过程，被他牢牢地记在了心里。师傅的身影逐渐变成了他自己，他忍不住琢磨如果是自己该怎么做，身还在原地，心却已经开始了这项缤纷的挑战。待师傅走后，姜永勋化心动为行动，捡起剩余的边角料开始研究。养鸡场的门窗、喂鸡的木食槽时常出现损坏，一有损坏他就回忆着木工师傅的动作对它们敲敲打打，不怕慢，不怕难，自己动手慢慢修，修得多了也掌握了一些要领。他甚至无师自通，成功地用边角料做出了床头柜和小板凳。

1977年，中断十年的高考恢复了，于是他开始备考。第一年，恰好家里正在装修，木匠师傅看见他放在床头的木工物件，夸赞他手艺不错、很有天赋，提议他来学木工，姜永勋还想考上一个好大学，没有答应。第二年，他成功地达到上海海运学院的分数线，但因为小时候患过小儿麻痹症，留下跛脚的残疾，学校以此为由没有录取他。

为此，他有些心灰意冷了，第三年，虽然仍在备考，但已经跟师傅学起了木工。虽是学徒也收东家的工钱，因此学艺第一天他就真枪实弹地盖起房子。从太阳初升到红霞满天，头几天的姜永勋累得回家倒头就睡。一开始因为手生时常出错，还挨了师傅不少骂。虽然颇有天赋，但木工是一门精深的学问，学习的苦他一点没少吃，但他始终是喜欢木匠手艺的，随着学习深入，他越发觉得木匠手艺是一门艺术，是众多工匠技艺的代表，各式各样的家具、房屋都需要不同的精巧手艺，制造与创造在这个领域共存。他喜欢这门手艺，再苦再累也不能阻止他孜孜不倦地在这个领域钻研与探索。

一年后，他出师了，开始独立帮人盖房子、做家具。他为东家做好家具后，原色的家具仍需要油漆工上漆，就像一个对外界十分好奇的婴儿，看见油漆师傅的动作他又忍不住琢磨起来，上漆似乎也不是一件难事。姜永勋边看边偷师，很快就掌握了技巧。后来，客户交给他一块木料，他直接交给顾客一件完整的家具。

学习是什么？为什么要学习？在思考前，因为喜爱，他的身体已然先动了起来，而最后他的所爱所学，又在不经意间，在生活里回馈了他。

虽然成了木匠，他也没有放弃画画的爱好，闲暇时就在家中绘上两幅。正值"文化大革命"结束，县里需要开展法制宣传教育，公社的一个领导知道他会画画，就把这个任务交给了他。姜永勋在白纸上画了30幅素描画，一个月后这些画在村子的广场上摆放展出，许多村民久久驻足观看。

这件事让文化站的领导注意到了他，虽然他成分不好，但领导仍突破重重阻碍将他调来文化站工作，他从一名木匠变成了一位文化站影剧场管理员。

电影院每晚都要放映至少两场电影，那时候看电影是人们唯一的文化娱乐活动。每部电影只有一两天的放映时间，姜永勋仍记得《405谋杀案》很受欢迎，从早到晚一共放了六场，此外《少林寺》《306号案件》也让电影院挤得满满当当。电影需要相应的宣传，但不是所有电影都有配套的电影海报，那时不发达的印刷技术与过高的印刷成本使姜永勋多了一份画海报的工作。他需要自己构图，先素描再用墨填上底色，最后丰富细节处的颜色，一张张精美的海报被张贴在电影院门前的宣传栏上以吸引人们的兴趣。

当放映机停止工作，观众结伴离开影院，姜永勋一天的工作还没有结束，他仍需要检查每个座椅，在上千把木板凳中找出损坏的地方进行修理。虽是简单的修理工作，让没学过木匠的人来钉钉子总会钉得七歪八扭，整个文化站就他能够胜任这项工作。灯光、电风扇等设备的保养也由他负责，这项任务让他想起小时候将所有的零花钱都拿来买二极管等零件组装收音机，想起在养鸡场时自己琢磨着修理保温箱的电热丝，他对电工同样充满着兴趣，通过实践中的自我钻研学会了许多电工技巧。

在电影院工作的日子忙碌又充实，每天从早忙到晚没有一刻停歇。他没有时间阅读理论书，系统地提高自己的技艺，他也没有这个意识，他所会的一切都来自于生活，来自于实践，来自于口口相授，他是如此，他的木匠师傅也是如此。生活一遍遍帮他们锤炼自己的技艺，"蓝天白云"只是休憩时的闲谈，他们的目光仍在脚下的黄土地，在那金黄的水稻与洁白的棉花之间。

吕巷过去的记忆

后来，改革开放了，商品经济取代计划经济，VCD开始普遍起来，录像室遍地开花。为了增加营收，国外的爆米花与可乐住进了小卖部，姜永勋担任起售货员，也愈发忙碌起来。但忙碌只是一时，越来越多的农民离开乡村，进城打工，最终姜永勋也从村子搬到了城镇，从一名基层放映员变成乡镇文体中心的干事。电影院空置破败，成了危房，反而是城镇里，荒芜的茅草地上建起了漂亮的公园，一家家商店进驻崭新的大楼。

在吕巷，"舞小白龙"一直是人们欢庆佳节喜事的传统习俗，凝聚着吕巷几百年来的信俗文化，几乎每个佳节庆典都能看见它的身影。姜永勋创作的土布贴画也时常出现"舞小白龙"的场景。2015年为了宣传吕巷的水果，他设计了《吕巷水果公园春·夏·秋·冬》这幅长卷画作，在"东悦"篇章中人们就舞着两条小白龙欢庆冬日。

2001年，金山区召开首届运动会，每个镇都要展示特色项目。负责此活动的姜永勋意识到这是推广吕巷文化的难得机会，他想起了"舞小白龙"。但时过境迁，知道"舞小白龙"的人越来越少，舞龙队里也只余下些许中老年人。于是他带头重组队伍，吸纳新鲜血液，参与每一场训练，保障每一位队员的需求。

经过长时间的训练，"吕巷小白龙舞"终于在 2006 年 9 月 22 日大放异彩。那天上海市举办了第十三届运动会舞龙比赛，那天也是姜永勋发烧的第三天，领导劝他在家休息，但他终究无法在家安坐，坚持离开医院带队参加比赛。虽然他并不是舞龙队的一员，不需要上场比赛，却是这支队伍的主心骨，最终，在他和队员的一起努力下该舞夺得"传统龙狮项目"冠军以及"舞龙规定套路"季军，由此进入了大众的视野。

通过姜永勋等人的努力，这些传统文化重新在吕巷兴起，融入吕巷人的日常生活中。每年三月三，吕巷的小白龙信俗活动热闹非凡，白龙糕成了人们送礼的首选，土布贴画成了幼儿园的亲子手工活动。

虽然留下的不少，但消失的更多。

《民风民俗》长卷记录下吕巷地区除夕、元宵、端午、重阳等传统节庆活动中放鞭炮迎新年、阖家欢乐吃汤圆、裹粽子、做眉毛饺、闹新房等景象。每个场景姜永勋都亲身经历过，每一声欢笑与喜悦都还历历在目，但鞭炮声已然不再响起，老灶头、炱糕、煮腊八粥等习俗也已消失无踪。他以土布贴画的方式记录下这些过去的记忆，除了画纸，土布本身也成了他"作画"的底图。蓝白格子土布上粘贴着一层层土布，展示出土布纺织工艺的详细过程，从采棉花、轧棉、搓棉条再到纺线、织布、成衣一应俱全。人工染色后，白色的棉线变得五颜六色，红色、蓝色、绿色、黄色、橙色平摊在晾杆上，宛如一道彩虹为朴素的画面增添耀眼的亮色。每位纺织工都穿着不同花纹样式的土布衣服，不难想象这些皆出自他们自己的手笔。眼睛扫过这幅画，指尖触及不平的画面，凝聚于土布上的纯粹质朴与闪耀光辉即使经过岁月流逝，仍能被眼与手感知。

通过一幅幅土布贴画，新时代的我们得知以前的吕巷由黑白两色的民宅组成，以前的吕巷人穿着土布衣裳，白天在水田弯腰劳作，晚上在纺织机前织布；《清晨》中，看见穿着土布衣裳的妇人背着装有毛线和毛线针的行囊，牵着羊，我们才了解到从前农村每户人家家里都会养一头羊，每天早晨他们会牵着羊到田头吃草，晚上再将它牵回家；看见《农事生产》，才知道20世纪五六十年代，人们用自己的双手割油菜、割麦子、抖菜籽、挑麦子、脱粒、耕牛施（犁）地、耙田、摊田（平整田地）、拔秧、插秧、耘稻、施肥，由此我们得知曾经的吕巷的夏收夏种是多么热闹，知道生活于乡土社会的人们如何生活。

虽然充斥着工业气息的大卡车不时驶过宽敞的公路，各色工厂在吕巷安家，但河流、小船、农田、黄牛、穿着土布衣服的农民一直是姜永勋画中的常客，在他的画里俨然承载着一个处于乡土社会的吕巷。这些过去的记忆指引着他该走向何方，也告诉他学习是为了什么，他将毕生所学汇集于土布贴画中，用土布贴画展现那片消逝的乡土。

学与教

土布贴画从无到有，一切技巧全靠姜永勋琢磨。一开始他也有诸多不熟练之处，贴上去的土布改了又改，完成一幅小正方形尺寸的画就需要一个多月，而现在面对素描底图，在他的眼前，不同颜色自动填满了白色空格，当第一块底布选好，其他区域的纹饰也相继在脑海中浮现，同样规格的画只需要三四天就能完成。

在九年的创作生涯中，他摸索出风景画、盆贴画、剪布贴画、民族画四种类型。民族画以色块为主，主要展现农民的生活景象；风景画形同水彩画，以点和线为主，对画面的结构和刀工都有较高的要求；盆贴画是在瓷盘内贴上土布剪成的小图案，如荷花、河虾、仙桃、兰花、燕子等，生动逼真；剪布贴画形同剪纸，先在整块土布上剪出不同图案，再粘贴成画。他也发现每一种类型对布料也有不同的要求，比如剪布贴画一定要选择纱质好且轻薄的布料，他的"十二生肖"系列就采用了剪布贴画的形式。

说不出自己是怎样学习的，他就像个卖油翁，一切"唯手熟尔"。但要说什么最重要，姜永勋认为还是喜爱与认真。只有喜欢土布贴画才能全身心投入进去，只有认真才能耐得住寂寞。他曾经坐在画布前一坐就是一天，底图画了又擦，土布贴了又摘，忙忙碌碌一天最后什么也没完成。跟着他学习的徒弟也都有这样的经历，有的人坐不住，就再也不来了。况且土布贴画不是一门赚钱的生意，人们无法以此为生，支撑他创作的只有对土布的热爱以及从始至终严谨认真的态度。

姜永勋曾以"小白龙的十种调法"为主题创作了一幅土布贴画，包括平调、横八字调、过桥调、跪调、座调、困调、穿空调、穿八弯调、祥龙戏珠、蹬天路等十种颇有特色的舞法。整幅画高 0.2 米、长 2.3 米，不大的面积里却包含了一百多个舞龙队成员。每个人物的服饰都需要有变化，在"选布"这一环节就耗费了大量时间。布上还要贴布，层层叠加图画才会精细生动。剪裁、粘贴也不是一个容易活，有时剪裁出的布料宽度不能超过 2 毫米。他的眼睛不好，为了精细刻画经常下意识趴在画布上。年纪大了，体力也比不上年轻人，做一会儿就要站起身走动两下。他花了整整半年时间制作这幅画，每天伏案创作，时常感到吃不消却从没想过放弃。

除了自己创作，他也广招学生，毫不保留地将自己的心得传授给他们，可惜能够坚持下来的仍是少数。2013年他曾在公司带过一个学生，20岁出头，跟着他学了两年，做得很不错，但是如今已经罢手。2017年，他从旅游公司退休，应校长的邀请在吕巷社区学校开设工作室兼教学班，每个学期吕巷幼儿园都会有三位老师来这上课学习，将土布贴画作为幼儿园的亲子活动推广。但吕巷这个小地方留不住人，一有机会老师们就会纷纷跳槽，去石化、去金山、去市中心，现在幼儿园里学过土布贴画的老师已经不多了。

能够跟着他学下去的不是退休后无所事事的老年人，就是残联推荐过来的特殊人士。2020年他受金山区文旅局的委托，去亭林镇阳光之家为残障人士传授土布贴画技艺。接到任务后，他花了一个星期对课程、制作工具、材料等做了精心安排，但在课上还是碰到了难题。这些学生对学习的积极性不高，学习进度自然也十分缓慢。经过观察，姜永勋发现他们大多有心理阴影，认为自己由政府供养，对自己未来的事业与生活都抱有负面消极的看法。于是他与学生分享自己工作、学艺的故事，告诉他们自己也是"野路子"出身，帮助他们建立学好土布贴画的信心。通过正面的引导，他们逐渐对土布贴画产生了兴趣，能够耐住性子专心听课。在手把手的帮助下，课程结束时这些学生也成功制作出属于自己的画作。

后来姜永勋与残联合作，接收了一批学生。每个工作日他们都会来工作室，花上整个白天进行学习与制作。《清晨》源自金山农民画，由大面积的色块组成，制作起来比较简单。在学生们初学时，姜永勋会带领他们一步步地制作。从简单的画作入手，做得多了，他们慢慢也能够做出一些难度较高的作品。虽然他们的悟性与灵活性比不上正常人，一幅稍难的画作需要花上一两个月才能完成，而同样的画作姜永勋自己只需要一个星期就可以完成，但他们老实认真，在桌前能够坐得住，耐得住寂寞。

现在姜永勋的重心基本转移到了教学，带教学生成了他每天的日常。除了这些长期学生，他也会不时地去各个社区上课，将土布贴画作为兴趣爱好课推广出去，土布贴画的推广总是他关切又无奈的事。

恪守本心，流传为先

2018年9月，金山区文化馆首次展出"中国五十六个民族系列""中国历朝历代服饰系列"等131件布艺画手工艺品，这些作品皆出自姜永勋之手，创作该系列消耗了他不少的土布。

为了创作这两个系列，他翻阅了十几本有关中国服饰的书籍，绘制了一张张素描底图。以每个民族的衣服和裙子不能重复为原则，姜永勋在自己的收藏里寻找布料。一幅画平均需要三四天时间，有的服饰复杂，在一块区域堆叠有六层土布。

曾有人问他为何要创作土布贴画？他说虽然"吕巷土布纺织技艺"被列为非遗，但已经没有人会织土布，土布已然失传。用土布做的衣服、包包很时尚，但又能够穿用几年？最多七八年就会被丢弃。而将土布做成画，这幅艺术品保存了五十年，画里的土布也就保存了五十年。"中国五十六个民族系列""中国历朝历代服饰系列""十二生肖系列""江南农耕文化系列"反映的是中华民族的传统文化，也根植于乡土社会，能够引起更多人的回忆与共情，比起吕巷本土风貌的作品更具有大众性。通过这些作品让更多的人知道土布贴画的存在，更进一步了解土布文化。

但土布贴画的推广实在是太难了，它的受众面狭小，不像精美的苏绣那样可以走高端路线，它就是农民的衣物，土里土气，质朴而纯粹。它的造价昂贵，无论男女老少，没有人会花上千元买一幅土布贴画。学生们学得好却创意性不足，只会模仿姜永勋绘制的底图进行制作。

他想要传承，想要推广，谈何容易，就像曾经的老旧习俗，消失后就难以再找回。但若一味迎合市场创作，土布还是土布吗？

虽然他也制作过"冰墩墩"这样的网红单品，但姜永勋还是更希望用土布表达传统文化，尤其是农耕文化。他想用历史表达历史，让更多的人记住历史，了解历史。

他不知道土布的余量还能够支撑多久，但只要他还活着，他就会一直做下去。

在传承与推广面前，姜永勋选择了保存与流传。

在钢铁丛林里唱响的山歌

陈勇彬

一

采访的那日是周一，我和同事在人山人海的地铁上挤了一个半小时才到达浦东张江。换乘时，背着公文包的青年男女一个接一个地从我们身边挤过，一步就是四五级台阶地向上狂奔，他们的行为折射着上海这座魔都生活节奏快速的一面。出了地铁站，上了孙桥一号公交车，我们突然感觉周围安静了下来。午后的公交车上只零星地坐着几个老人，车内能清晰地听见衣衫摩挲和挪动身体的细碎的声音。随着汽车的开动，大片大片的翠绿忽然游进了我们眼中，我抬高视线，看到窗外罕见地没有被高楼遮蔽，而是露出明蓝如水的

本篇主人公吴敬明，1950年生，1963年参加孙桥文化站工作，1987年自办私营企业"川臣工贸公司"。2014年公司歇业后参与推广浦东山歌等社会公益活动，2016年成为浦东山歌代表性传承人，2022年荣获上海市"百姓学习之星"称号。

广阔天空。我跟同事轻声说:"这里或许真的适合唱山歌?"我试图想象,远处那片地势较高的草地上站着一群唱着山歌的人,他们的歌声悠扬、嘹亮,远远地飘荡到高楼之间,即便是城市马达的嗡鸣声和起重机发出的轰隆巨响也无法将其掩盖。

我们此行采访的对象,是被推荐为2022年上海市"百姓学习之星"的浦东山歌非遗传承人吴敬明。刚下公交车,穿着白背心、蓝短裤,头发雪白但面容红润的吴敬明,便拉着洪亮的嗓子,在马路的另一边招呼我们到他家里。

吴敬明的家是一座红顶黄墙的联排别墅,庭院里种着稀疏的花卉和蔬菜。我们刚进门,一个身穿藏蓝色唐装、气质儒雅的老人从里屋走出,隔着门帘便弯腰伸出带着金表的大手,热情地跟我们握手。吴敬明介绍这位就是著名的奚保国老师,我们来之前了解过相关资料,知道他是浦东山歌的市级传承人、《浦东山歌》教材的编写者、《浦东山歌》慕课课程的制作者,也是他引导吴敬明走向了山歌创作。奚保国与我们握手后还未来得及入座,便主动跟我们介绍起吴敬明的学习经历和创作履历。

"他的故事非常感动我,他的一生就是不断学习的历程……现在我们要重新唱响浦东山歌,最好的传承人就是他……"

虽然我们这一次主要采访对象是吴敬明,但作为老师和行业前辈的奚保国却显得更加热情。采访的开头部分都是他在讲述,吴敬明只是偶尔谦虚两句,直到奚保国大致介绍完吴敬明的经历,才转由吴敬明和奚保国两人轮流讲述。

二

"我们浦东是音乐之乡,是丝竹之乡。"谈起自己的家乡浦东,无论是吴敬明还是奚保国都反复强调这句话。对他们来说作为音乐之乡的浦东是更为重要的,虽然这个称呼到今天已经很少有人提起,人们谈起浦东都只将它作为上海繁荣经济的代表。

1950年,吴敬明出生于今上海浦东新区的劳动村。他出身于中医世家,过去学中医的人家一般也雅好乐器,比如他的叔叔就是吹笛子的好手。小的时候他的母亲反复跟他们讲起叔叔的邻居拿着一本医书跟他们换了一把琵琶,后来这个原本家种玉米的男孩凭着一把琵琶成为全国著名音乐家的故事。这个母亲反复讲述的故事,化作一颗音乐之梦的种子落在孩子们的心田。家中八个兄弟姐妹都爱好文艺,吴敬明作为家中最小的孩子,在蹒跚学步时就常去看哥哥姐姐们的演出,咿咿呀呀地跟着学唱。

那时候吴敬明家中并不富裕,他一直记得最困难的时候,母亲翻遍了家中也只找到一毛钱,让他拿着去买东西吃。即便条件艰苦，他在小学的时候还是省吃俭用东挪西凑地攒出三元钱。怀揣着这三元钱的"巨款"，他一个人偷偷走了十几里路到县城里买了一把二胡和几本音乐的书，从自学乐理开始学起。但闭门造车进步毕竟有限，为了能够多向人请教，年纪小小的他像武侠小说里四处拜师学艺的少年一样，经常骑十几里路的单车辗转于川沙文化馆、工人文化馆、沪剧院、越剧院之间。别的小孩一到剧院都是扎堆在前台看戏或嬉闹，但是吴敬明却经常一个人蹲到后台角落里，一句话也不说地瞪着大眼睛，仔细观察音乐的演奏。一听到有二胡拉得好的人，戏一结束他就厚着脸皮凑上去，跟对方从同乡或者亲戚说起，一来二去地拉关系，好向对方讨教心得。很多时候他得到的只有别人的冷眼，但有时候也能得到一些点拨和指导。

"他们都是专业的。"吴敬明每次说起专业学习音乐的人员时，语气里总带着羡慕和尊敬。他一直渴望有那么一个机会，有一个专业的老师能够带他正式走上音乐之路。武侠小说里四处拜师学艺的年轻人，最后总能遇到青睐自己的名师，然后平步青云成为一代绝世高手。但现实总是显得更加骨感生硬。吴敬明凭借自己在音乐方面的才艺，渐渐在村里有了一些名气，初中刚毕业就加入了孙桥文化站，但也仅止于此了。在那个贫瘠的年代，他并没有什么上升的渠道，他依旧只是个农民，一个稍微会点文艺的农民，"学习是一方面,不能学以致用是跳不出社会的"。而接下来席卷而来的"文革"风暴,更是让孙桥文化站工作基本停摆,他最后一个展示自己的舞台也失去了。

但即便没有舞台,他也从未停止过音乐学习。每天在繁重的耕作之后,他都会拿起二胡坐在田埂上,伴着漫天的红霞拉上一曲。那时候坐在庄稼旁边的他,觉得自己就像一株长在漫长旱季里的庄稼,一直在努力地向下扎根,但在干裂的土地中怎么也寻不到水分。

在那漫长的时光里他一直等待着,渴慕着一场从天而降的甘霖。

三

1978年中国开始了改革开放,为了缓解财政紧张,1979年,孙桥文化站成立了"亦工亦艺"的"文艺工厂",一方面通过办厂筹集资金,另一方面扩大规模,为人民群众提供更丰富的文化节目。工厂分为生产组和文艺组,吴敬明被推举为文艺组的负责人。那是这个国家拨乱反正的第一年,是这个民族奋力生长的美好春天。新上任的文化站领导热爱文艺并大力支持,精神生活极度贫瘠的人民群众嗷嗷待哺、万众期待。那场吴敬明等待已久的时代甘霖似乎终于到来了。

当时刚上任的吴敬明面对的几乎是一片白地,文艺小组成员缺乏训练,许多人连乐谱也不会读,也没什么组织文艺活动的经验。但就在这片白地上,吴敬明做了一个大胆的决定,他决定办一场戏,而且必须是大戏,沪剧大戏!那时"别说孙桥,整个张江都没有一个团队能演大戏的"。演大戏要面对的第一个困难是剧本问题,孙桥文化站自己没有,其他地方的剧本又都是保密的。从小就到各个剧团偷师的吴敬明想到了办法,他带着一个录音机到专业沪剧团《母子岭》的演出现场录音。回来后他半个月足不出户,在家反复聆听那盘录音带,凭借乐理知识和高超的听音能力,他把三个多小时的大戏里面所有的音乐、唱词全部记录下来,整理成剧本。剧本有了,但是文化站很多人缺乏基本的乐理知识,他又手把手教乐队伴奏,一句一句教演员唱戏,凭借着记忆从无到有把整台大戏一点一点地拼凑出来,排出了当时张江第一场沪剧大戏——《母子岭》。

这场大戏还未演出就获得很多关注,首场公演被安排在当时新落成的孙桥影剧院里。演出那天现场人山人海,座无虚席。许多从未上过舞台的剧团成员都十分紧张,吴敬明也很紧张,但他藏住自己内心的惶恐,耐心地安抚鼓励剧组的成员,等待着演出的开始。终于,大幕拉开,二胡响起,随着演员的第一声"咿呀"出口,那在特殊年代里沉寂了十年之久的沪剧腔调终于再一次唱响在这片大地上。那熟悉的唱腔和旋律让无数爱看沪剧的老观众感慨万千。而剧中忍受亲人误解、强敌威逼的山村姑娘贺冬兰，最后不惜牺牲自己生命也要保护烈士遗孤的故事也让无数观众潸然泪下。演出结束，全场爆发出山呼海啸般的掌声，吴敬明几个月一直绷着的心弦终于放松下来，剧中的烈士遗孤最后被保护了下来，剧外沪剧这个文化"遗孤"也在吴敬明等文艺工作者的努力下重新获得了生命。第一次演出一结束，川沙县、南汇县等各地的邀请如雪片般纷纷向他们飘来，吴敬明和剧组辗转各地，最后总计巡回演出数百场，场场获得观众们的热烈欢迎。有一个观众追着他们巡演的剧组跑，一口气连看了五场，还专门到后台表示感谢，拉着吴敬明的手哽咽地说："吴老师你们这个戏真的太好了，我们还要来看。"

《母子岭》的大获成功，极大地鼓舞了吴敬明和他所领导的文艺小组。在那之后的几年里，吴敬明进入了音乐创作和演奏的第一个黄金期。短短的几年里，他不仅导演了四五场大戏，而且常作为主二胡手参与演出。在沪剧之外，他还尝试自己作曲。1986年川沙县文化局举办的"十月歌会"上，吴敬明作曲的《奋斗吧孙桥》获得作曲三等奖、《农家姑娘进工厂》获得作曲纪念奖；在1987年"川沙县法制文艺汇演"中，他又荣获"最佳伴奏员"称号。但也就是在这段时间，沪剧和浦东山歌等民间文艺在"文革"后迎来的短暂回暖开始走向尾声，虽然吴敬明自己还沉浸在音乐创作的黄金期，但是民间文艺的春天已经结束。1987年孙桥镇文艺工厂解散，吴敬明和大部分文艺工厂成员一样，下岗了。

这不是一件突如其来的事情，也没有出乎吴敬明的意料。改革开放后，港台歌曲、欧美电影等大量外来流行文化涌入上海这座正在冉冉升起的东方魔都，曾经处处皆能闻山歌的浦东在城市化的进程中逐渐遗忘了自己的声音。走在1987年的大街上，收音机里播放的是李克勤优雅温情的《夜半小夜曲》，是李玲玉热情甜蜜的《粉红色的回忆》。已经成为城里人的年轻人染了头发、穿着牛仔裤大踏步地迎向了新时代，没有人愿意回望旧时代的东西。"文艺工厂"这种曾被全国学习模仿的先进模式，也面临着被淘汰的命运，从烜赫一时到变成历史书本上的一个冷门词汇，不过十年。

说起那场下岗，吴敬明并没有显露出过多的情绪变化，只是陈述着那个年代无数业余剧团乃至专业剧团一个接一个倒闭的现实。"大气候就是这样。"他像一个农民在庄稼因天时歉收后，蹲在田埂上跟别人唠叨起自己总结的规律一样，语气里没有抱怨，只有平静，无奈到没有抱怨的平静。

四

从1987年下岗到2014年退休，吴敬明中断了他的音乐之路长达27年。在他人生最年富力强的时期，那个梦想成为音乐家的青年在时代浪潮的裹挟下，没能成为一个优秀的音乐家，却成了一名优秀的企业家。

1987年下岗后，在叔叔的介绍下，他开始从事电线厂的工作，之后他抓住机会自办了"川臣工贸有限公司"，与大众、通用汽车公司合作，生产塑料配件。大众与通用汽车公司是全球知名的大企业，对配件质量的要求极为苛刻。吴敬明把他们称作"皇帝"，不管他们要求什么，配件公司都只能按照他们的话去做。比如只是一个配件颜色的检验，他们就要求一定要使用价值十万美元的进口仪器。而一旦配件被检验出质量问题，导致汽车公司生产延误，每延误一分钟配件公司便要支付500美元的违约金。

从一名对技术一无所知的文艺工作者一下子跨界到工业生产，合作的对象又是大众和通用这样的"巨无霸"企业，吴敬明面临的压力可想而知，但是吴敬明从小学音乐锻炼出来的自学能力、辗转于各个剧团求学锻炼出来的沟通能力以及能在半个月里反复听一盘录音带整理出一部大戏剧本的那份惊人的细心和耐心，这些没能让他实现音乐家梦想的能力，却让他在创业过程中带领公司从激烈的竞争中迅速脱颖而出，公司连续多年被评为"优秀供应商"。

在每分钟500美元的违约金压力下，吴敬明可以说完全没有时间留给喜爱的音乐事业。他27年如一日兢兢业业地保证产品的质量，直到2014年，几乎从没出过问题的他犯了一个小错误,有质量问题的产品被发现时已经被装配到了汽车上,他因此赔了汽车公司三十多万元。这次失误让他惊觉自己已经64岁了,64岁的他已经承受不起常年的高压工作,更重要的是,64岁的他如果再不拾起那个曾经被放下的音乐梦想,便再也没有实现的可能。

2014年吴敬明将自己一手创办的公司停业,正式退休,也是在这一年,他应邀组建了沔北村戏曲队,也是在这一年,他认识了奚保国。当年那个辗转于各个剧团偷师学艺的男孩,或许没有想到他确实终有一天会遇上欣赏自己的名师和伯乐,但却是在他64岁的时候。

但好在,对64岁的吴敬明来说,一切依旧还有无限生长的可能。

五

27年没有作曲,也没有上台演奏,但64岁的他再拾起年轻时的这份爱好,却没有遇到预想中的那些困难,他只是简单地翻了翻乐谱温习了一些乐理知识,那些音乐符号便在他的脑海中重新活了过来,组合搭建成一首首新的乐曲。

这看似是一件很神奇的事情,但实际上是因为这么多年来他虽然忙于工作,但心却从来没有真正远离过音乐。在高压工作的27年里,他一直保持着观摩学习音乐和戏剧的习惯。虽然是生意人，但是他不搓麻将、不打牌、不抽烟、不喝酒，工作之外的所有娱乐活动就是看戏和听音乐会。女儿谈了男朋友，对刚来家里的"毛脚女婿"（沪语对未"转正"的准女婿之谓，上海人称新女婿（婚前）初次上门叫"毛脚"上门。），他的第一个要求就是"大剧院到现在我都没有进去过，有啥好的，给我整几张"。在家他也不看电影、电视剧，只看文艺节目。短视频流行之后，他看的也全都是跟音乐相关的。无论是坐在电视机前的他，还是拿着手机看视频的他，其实一直都还是多年前那个蹲在剧团后台偷偷学艺的孩子，一直在一边默默地欣赏，一边默默地揣摩，所以退休后，他能快速捡起旧业，创作出许多新的曲子。他的老师奚保国，总是赞叹他音乐的语汇极其丰富，能够根据浦东山歌的声腔声调创作出非常贴切动人的曲调，这和他"生活处处留意皆学问"的学习习惯是分不开的。

浦东山歌即浦东地区的民谣（山歌并不是仅指山间的民歌，而是乡间民众对民间歌谣的俗称，五四运动之后，民间歌谣才普遍称为民歌。）。自唐朝修筑"捍海堤"后，浦东地区开始有村落聚集时就有山歌传唱，距今已有一千多年的历史。曾经的浦东是个处处有山歌、步步闻丝竹的音乐之乡。但改革开放后，各种流行文化的冲击让浦东山歌逐渐失去生存的空间。即便后来浦东山歌被政府列为上海市非遗项目，也依旧面临着严峻困境。其中第一个大难题就是创新。从

"文革"之后浦东山歌很少出现新的曲子，50年间上海浦东从一个海滨的小农村变成了一座满是高楼大厦的繁华都市。如今生活在钢铁丛林里的浦东人，还需要那些诞生于乡村野地的浦东山歌吗？

这些问题，吴敬明和奚保国都思考过，忧虑过，最后他们并没有找到一个非常满意有力的答案，但他们都觉得浦东山歌不应该只是保存在博物馆里的"化石"，他们相信"歌以咏情"，山歌是民歌，人民的歌，是老百姓为自己的喜怒哀乐寻求宣泄的艺术，只要生活还在，山歌就不会死。他们相信并且想用实践来证明，浦东山歌可以跟上时代的发展，可以反映新时代的生活。在奚保国的引导下，吴敬明结合自己的生活，响应政府的号召，尝试创作出能反映新时代生活的新浦东山歌。

为帮助宣传垃圾分类，吴敬明在十天内谱出并指导编排出浦东山歌音乐剧《垃圾分类记在心》；为了响应"绿水青山就是金山银山"的环保精神，他创作出浦东山歌音乐剧《亲亲河水水清清》；为了书写张江这个曾经的"红菱之乡"的新面貌，他创作出新浦东山歌《采菱新曲》和《吃吃浦东老八样》；在新冠肺炎疫情期间，封控在家的他将内心的苦痛与悲悯化作《生命的火光》《守门人》《遥望明珠上海城》等一首首抗疫歌曲，并做成音频和视频在多个微信群里传唱。创作出这些山歌的吴敬明，就像过去几千年在这片大地上生存着的人们一样，在生命受到压抑时便大声歌唱，在悠扬的歌声里重新舒展生命。这些耗费了大量心血的歌曲并没有给他带来任何物质上的回报，但写曲子的时候他很感动，"我想象我就是在前线工作的白衣卫士，脸上都是泪痕。衣服都是湿透的汗水，心里很害怕，但还是要向前走"。

走着走着，不知不觉地就走了快十年，这十年里吴敬明创作了几十首新的浦东山歌和浦东山歌音乐剧，并把一手建立的"沔北村浦东山歌戏曲队"带成了浦东新区最好的一支山歌队伍。但走到了现在73岁的高龄，他感到越来越吃力，不知道自己还能走多远。

六

"这个家伙不简单，所以我现在很多事情都交给他。"作为老师的奚保国在采访中毫不掩饰自己对吴敬明的欣赏，"为什么叫他来？培养他！不能样样都是我来，要有接班人。"

"但很多东西我也不太想干，真的不想干。"

面对老师的青睐，吴敬明却显得很是疲惫，虽然身体看上去还十分壮硕，但他的头发已经完全雪白，眼睛下方是常年熬夜熬出来的厚厚黛青眼袋。讲完作曲时给自己带来的感动后，继续说起创作，他的语气流露出几分焦躁、无奈甚至恐惧。

"白天（写歌）进不去，一定要等到晚上一点两点，都是利用夜深人静了，外面没有杂音，脑子才能进去。"

"进去了，满脑子都沉浸在这个曲子里。睡觉？睡不了，跟自己说不要去想、不要去想，但东西突然一下子出来，拿支笔记下来。又睡，半个小时后又想这句写不出怎么办？怎么写得好一点？一、二、三这样写行不行？诶这个好！又爬起来写……"

"我现在脑子不行，记忆不行，我经常跟他们说不写了、不写了，太麻烦了。"

退休后吴敬明所创作的几十首歌曲，都是深夜独自一人在台灯下，着魔一般地把一个又一个音符从脑子深处掏出来的。那些白纸上的乐符，对他来说就像一个个一旦靠近就会陷入幻境的神秘符文，所以他总有一种想逃离的冲动。

加上这几年老伴患上了抑郁症，他要带着老伴四处求医，家里买菜、做饭、打扫等所有的家务也全都落在了他身上。妻子的疾病、熬夜写曲的负担、日渐衰退的记忆力，让他不敢像从前一样着魔般地去写曲，但一旦写曲，他又完全控制不住自己。

面对吴敬明的无奈和疲倦，奚保国总是笑呵呵地鼓励他。吴敬明说他脑子不好使了不想写了，奚保国就劝他说："年纪大了不动脑子很容易得老年痴呆症的。"吴敬明说自己老了,奚保国就说他这年纪还年轻着呢。奚保国总喜欢笑着轻拍吴敬明壮硕的后背,这是他们之间亲昵的习惯性动作。82岁的奚保国把73岁的吴敬明称呼为"小兄弟"和"年轻人",总催促吴敬明多学习文化理论和音乐知识,对吴敬明未来进一步的成就抱有极高的期许。奚保国还总是想方设法给吴敬明揽来更多的机会,比如这一次"学习之星"的评选,在接到举荐通知之后,奚保国一点也没有想过自己,而是极力推荐吴敬明,采访时也一直热情地向我们介绍吴敬明所取得的各种成就。奚保国希望在自己之后,吴敬明能够继续学习成长,担起传承浦东山歌的重任。

现在浦东山歌的传承,面临的困难除了创新,还有人才的断层。吴敬明所带领的山歌队是浦东地区最好的山歌队,但是成员年龄普遍都超过了60岁。队伍里没有一个年轻人,而老一辈人却在一个接一个地老去。奚保国现在最害怕的一件事是,前几年因为各种原因,为浦东山歌申请国家级非遗文化的工作无限期地搁浅了,不知道什么时候才能申请成功。而目前,除他之外,没有一个人可以同时在理论和技艺两个方面都拥有足够的修养,可以继续这件未完成的工作。所以现在文化站里所有的人,包括他自己,都在催促他趁着有生之年把这件事情完成。

但非遗的申请要等天时地利人和,他还能再等多久呢?即便申请成功,成为国家级非遗文化的浦东山歌未来又该怎么发展呢?

说起传承的问题,室内的气氛变得有些凝重。已经到了下午六点,由于我们的叨扰,吴敬明家中还没有人做晚饭。他患上抑郁症的老伴不知道什么时候从里屋走了出来,远远地静坐在房间的另一角。

夕阳从窗外照进来,橘色的光照在那个陪伴了吴敬明走过许多个创作之夜的台灯上。那是个很老旧的立式台灯,灯柱笔直地立着,上面缠绕着许多用来固定用的白色胶带。

七

一个月后,为了核实一些信息,我通过视频电话回访吴敬明。视频里的他看起来比上次采访时开朗了许多。他兴奋地说起最近山歌队一起去浙江长兴的农家乐团建的事,他们带着各式各样的乐器,一边结伴游玩,一边拉拉唱唱。他还很高兴地说起他最近又新创作了一首名为《夸媳妇》的浦东山歌,并介绍说这首山歌想要反映的是新时代浦东家庭与外地媳妇如何相处的故事。

在谈话的最后,我问起是什么一直在支撑着他,让他在古稀之年一边承受着病痛、劳累和家庭的重担,一边始终坚持学习和创作。他说起自己作为浦东山歌传承人的责任,说起年迈的奚保国老师对他们的期许,说起因为浦东山歌而认识的一大群老兄弟、老姐妹。音乐对他来说是少年时的爱好，青年时未竟的事业，但到现在，学习和创作浦东山歌对他而言已经不仅仅是爱好和事业，还是一份传承文化血脉的责任，一种将自己与他人连接在一起的生活方式。他没有办法放下浦东山歌，他的生命是广阔的，并不只是属于他自己。

钢铁丛林里跃动的心依旧是温热的心，所以飘扬在钢铁丛林里的山歌声，就像在这片土地上呼啸了千百年的海风一样，永不止息。

在电梯间学戏的她，把昆曲带向世界

李昔潞

长宁区古北国际社区是上海著名的涉外社区，这里居住着来自 50 多个国家和地区的居民，坐落在路边的国际学校、随处可见的多语指示牌、来来往往的不同肤色的人群，无不彰显着多元与包容。而在这片国际化的景观之中，一间古色古香的工作室里常常传来悠扬的昆曲声，这里每天都吸引着络绎不绝的参观者，成为附近有名的地标——这里正是赵津羽的上海梦乐昆曲澎派艺术研习中心。

登上古北市民中心的二楼，木制装潢的研习中心吸引着人们的注意。雕花的窗棂，红木色的梳妆台，明亮开阔的落地镜，盖碗的香茶，满墙的精美昆曲剧照，使这里既是接待

本篇主人公赵津羽，1976 年生，全国第一位职业昆曲推广人，国家二级演员，昆曲澎派闺门旦传人，上海梦乐昆曲澎派艺术研习中心主任，长宁区虹桥街道社区（老年）学校志愿者、兼职教师。2022 年度荣获"全国百姓学习之星"称号。

厅又可以看作是一个完整的微型剧场。它的主人赵津羽身着旗袍漫步其中，作为国家二级演员，同时也是全国第一位职业的昆曲推广人，这里的每一件物品陈设都倾尽了她全部的心血和爱意，记录着她步步走来的一个个重要时刻。她的目光落在橱窗里陈列的昆曲行头上，戏服颜色鲜艳夺目，精致的刺绣在缎面上蔓延开来，头冠上的珠翠在暖黄的灯光下熠熠生辉。如此景象，一如她第一次和昆曲相遇的那天。

电梯间走出来的国家级演员

12岁那年，赵津羽就读于武夷中学，学校里独树一帜的昆曲班每天组织学生们练功排戏。一日，老师给学生们展示了色彩斑斓的昆曲行头和角色剧照，年幼的赵津羽被杜丽娘的扮相深深地震撼了。粉衣娇艳，水袖蹁跹，人面桃花，莲步生香，充溢着少女的烂漫。赵津羽对昆曲一见钟情，每日勤勉学习，盼望着能够快一点穿上那身漂亮的戏服。全班四十人学戏，属她唱得最好，如今也仅她一人还在坚持。

彼时，接近鲐背之年的京昆泰斗俞振飞先生多次前往武夷中学给学生讲解昆曲艺术，于是刚学戏不久的赵津羽就有了机会向他汇报演出。在一代宗师面前，赵津羽有些紧张和拘谨，但俞老不停地含笑点头，给了她莫大的鼓励。她的灵动和投入引起了俞老的注意，便受邀前往俞老家中学习。每次拜访之前，赵津羽都会精心打扮，用最虔诚的态度一遍又一遍地练习唱词。小主人报社在一次采访中拍摄了一张赵津羽受俞老指点练习的照片，那天她特意穿了一件崭新的柠檬黄色毛衣，脸庞稚嫩却饱含着认真与敬畏，兰花指翘起，每一个动作都力求完美。而俞老正坐在一旁，欣慰地看着这位徜徉在昆曲世界中的小女孩。这张照片，赵津羽珍藏了三十年，还将它放大洗印出来，挂在了澎派艺术研习中心进门最显眼的位置，每一次有客人来访，她总要介绍这张照片背后的故事。俞老终身关注孩子们的成长，他认为学习昆曲的孩子们是昆曲的未来和希望，甚至病重之时，看到赵津羽的慰问演出，他的眼睛都会亮起几分。这样的认真、慈爱和责任感深深地影响了赵津羽，在日后数十年中都鼓舞着她持续学习，坚持所爱。

受到武夷中学昆曲教学特色的影响，毕业后的赵津羽考取了上海第一师范学校，盼望着毕业以后能够成为老师，再次回到学校里教授昆曲。为此，她在系统学习师范知识的同时，还在不断求教，苦练自己的艺术功底。她先后跟随胡宝棣、王芝泉等艺术家学习，从《牡丹亭·游园》到《挡马》，她广泛学习了各种门类的剧目。不同的老师共同守护了赵津羽的昆曲梦想，也启迪着她不断探索自己最钟爱的方向。

1994年，赵津羽在电视上偶然间看到国宝级昆曲表演艺术家张洵澎的表演，闺门旦灵动的眉眼和柔媚的身姿宛若能够穿过屏幕与她面对面交流。数十年过去了，再回忆起那一幕，赵津羽仍然动容地说出"心潮澎湃"四字，从那一刻起，她便认定这就是她要终身追求的艺术方向。于是，她登门求教，终于成为张老师的亲传弟子。

　　台上一分钟的光彩夺目，背后是十余年的刻苦练习。那时没有专业的昆曲教室，张老师便把自家门前的电梯间笑称为"昆曲自留地"，在这里手把手地教起了学生。《红梨记·亭会》是赵津羽跟随张老师学习的第一出戏，主人公谢素秋是一位才貌双全的落魄小姐，尽管命运曲折却依然活泼善良，憧憬美好。要演好这样的角色必须对人物的经历、性格和心境进行细致的琢磨，才能够赋予其最佳的动作、表情和造型。于是张老师在示范时，赵津羽便全神贯注地观察老师的每个动作和神态，琢磨着眼珠要如何转动才能展现出一汪秋水的效果，脖子该如何转动才能体现少女赴约时的欣喜和娇羞。她将自己完全代入了戏中人物，每一个细节都牢牢地记在心里。数次，她完全沉浸在亭中相会的艺术场景中，连老师的示范已经结束都没有发现。

　　电梯间没有空调，上海的夏天炎热潮湿，赵津羽却并不觉得艰苦。她在这里学会了一出出精彩的剧目，体验了一个个不同女性角色的传奇人生，忘我的学习和表演，将狭小的电梯间唱成了真正的昆曲舞台。春去秋来，电梯间里日日传出悠扬的水磨腔，夜晚声控灯每隔几分钟就会熄灭，师生二人拍拍手,灯又亮起。夜幕中,27楼的灯光灭了又亮,一位国家级演员就在这明灭之间成长了起来。

日夜磨砺,把生活搬上舞台

随着学习的剧目越来越多,功底越来越扎实,赵津羽不再满足于每日的练功学戏,她希望通过更加系统的理论学习和专业训练,更深入地走近戏曲这个行当,为自己的表演做补充。于是,她报考了上海戏剧学院的戏曲表演专业。得益于一路走来名师的引导和自己的勤学苦练,她非常顺利地获得了入学资格。

迈入华山路630号的那一天,碧空如洗,阳光穿透红楼的玻璃窗,折射出彩色的光影。楼前的大草坪上,许多学子正在投入地练声,那声音被微风一直吹进赵津羽心里,她暗下决心,一定要在这座全国著名的艺术殿堂里练就真本事,继续守护自己心爱的昆曲。之后的六年,赵津羽从专科到本科,从戏曲表演到表演编导,数年如一日地在天色蒙蒙亮起之时,就穿过尚未苏醒的校园,走进红楼开始一天的学习。

在这里,她遇到了一批同路人,他们各自学习着不同的表演方向,但相同的是对所从事艺术的热爱。他们平时各自练习,在课程作品、日常排演中又相互交流、提出意见。戏曲、话剧、歌剧等不同种类的艺术形式在这里交融碰撞,每个人都成了懂得不止一种艺术的"通才"。他们全情投入，常常一练习就忘了时间，深夜里，红楼里唯一亮着的那盏灯，是来自他们的。在时代高速发展，人们都把目光投向"未来"而非"传统"的时候，有这样一群年轻的表演者，坚守着自己所爱的传统艺术，在不断学习中，共同朝着一个不知是否通达的路口奔去。这段时光让赵津羽快速成长着，她直言："是多种艺术的学习从不同维度共同构建起了我对'表演'的理解，许多其他艺术的表演形式后来都对我的昆曲表演带来了启发。"

有伙伴同行，给赵津羽带来了能量，但也有许多困难，需要她独自去面对和解决。昆曲，尤其是闺门旦的特性要求演员时刻要保持端庄和优雅，因此赵津羽无论演什么角色，总是无法摆脱"大家闺秀"的藩篱，屡屡在表演课上被老师指出表演太过"端着"的问题。因此，老师要求她在汇报时必须演一个和过去完全不同的角色。赵津羽翻来覆去想了几天，终于想到，昆曲中的闺门旦大多是未出阁的小姐，她们含蓄、娇羞、十指不沾阳春水，为了打破这种表演的贯式，她决定饰演一个质朴勤劳的保姆。

有了方向之后，赵津羽又陷入了新的困惑。她无论怎么努力，体态、语气、动作总还是不像角色本人，还是抹不去"表演"的痕迹。为了把这个角色演好，她跑到菜市场、饭店、街边，一待就是一整天，仔细地观察人们劳动时的工作状态。服务员点餐的时候身体是微微向前倾的、买菜的时候人们说话的声音要比日常更大、做生意的人用词总是简洁明了……她把每一个观察到的细节记录下来，带回学校对着镜子排练。一次次的观察，一遍遍的练习，表演者渐渐隐身，角色本人终于开始张口说话了。汇报演出那天，赵津羽身穿一件利落的汗衫，腰上系着围裙，头发梳成两个小辫，她操着一口简洁地道的白话，手脚麻利地收拾起了"屋子"，把一个辛勤劳动的妇女演得活灵活现，老师、同学们都觉得她变化巨大。

  这场演出获得了老师的认可，也带给了赵津羽长远的影响。她明白了，表演需要"真听、真看、真感受"，在往后数十载各种各样行当的演出中，她都始终把感受人物真实生活状态和内心情感作为表演的基础，追求在舞台上呈现生活本身的样貌。在上戏学习的日子使赵津羽练就了扎实的专业能力，她期盼着把专业知识运用在挚爱的昆曲表演中，带领一批又一批的孩子走上学习、热爱昆曲的道路。而那时候她还并不知道，在和昆曲相伴的一生中，成为老师并不是她职业的终点，前路还有更多需要学习的事物在等待着她。

放弃"铁饭碗"，咖啡厅里讲昆曲

  从上海戏剧学院毕业后，赵津羽如愿回到学校工作，她先在小学任教，随后又在大学担任学生处处长，如小时候想象的那样，她坚持在讲台上、生活中推广着昆曲，可是效果却并不如人所愿。

作为老师，她迫不及待地想把自己最珍爱的艺术分享给学生们，于是多次组织"高雅艺术进校园"活动，然而大多数学生并不知晓昆曲为何物，也不明白为什么要静坐几个小时去听晦涩难懂的对白。生活中，赵津羽满怀欣喜地将演出的门票赠予朋友们，鼓励他们前往剧院欣赏昆曲，可是兜兜转转，门票被多次转赠，最终又回到了她的手中，问起时朋友才不好意思地说："这种艺术太高雅了，我们都看不懂。"失落过后，赵津羽这才意识到，无论是学生还是朋友，现在的人们都觉得昆曲已经离自己太过遥远，是一件"与我无关的事"，所以仅仅凭着几场演出是不足以唤起人们对昆曲的兴趣的，只有听懂昆曲故事，发现它与现实生活的联系，人们才有可能真正地喜欢上昆曲。

于是，赵津羽向学校提出了辞职，决心成为一名职业的昆曲推广人，她始终相信"人们不是不喜欢昆曲，只是没有实实在在地接触过它"，所以她要以自己为桥梁，把人们和昆曲联结起来。领导劝她不要放弃稳定的工作，而她却说："全上海能够做学生处处长的人比比皆是，但能够全职去做昆曲推广的，可能就只有我一个了。"于是，她放弃了高校的"铁饭碗"，捧起了昆曲的"小瓷碗"，从台前走到幕后，为昆曲的命运奔走呼号。

有了之前失败的经验，赵津羽决定从人们感兴趣的事物入手。她开始寻找举办讲座的场地，从茶馆到剧院，赵津羽都跑了个遍，但办讲座的请求却屡屡遭到拒绝。困顿之时，她把自己埋进书里，在浩瀚的文字间叩响答案。终于有一天，她偶然间在书里读到了张爱玲"穿着旗袍喝咖啡"的故事，突然灵光一现。为什么昆曲只能在茶馆里欣赏呢？在上海这样东西方文化交融碰撞的城市，昆曲也能够"摩登"起来，于是她决定举办一场别开生面的"咖啡厅里听昆曲"活动。

赵津羽选中了一家咖啡厅，老板是个外国人，听闻她想办一场昆曲讲座，觉得十分新奇，很快就答应了下来，唯一的要求是不能影响到其他客人。于是赵津羽将场子包了下来，邀请朋友们来喝下午茶，还给每一位来宾准备了蛋糕和咖啡。借此机会，赵津羽给朋友们讲述昆曲台前幕后的故事，还邀请了老一辈的容妆师康小妹老师，现场给学生化妆和包头。昆曲以服饰妆造精美著称，抹彩、贴片子、梳大头、戴头面……完成完整的一套造型需要至少两个小时。化妆师一边造型，赵津羽一边给大家讲解戏服与妆面的种种门道。现场的示范引起了很多人的兴趣，赵津羽就开始以讲故事的形式为大家讲解昆曲名篇，从《牡丹亭》到《百花赠剑》，她逐句讲解昆曲的念白和唱词，把深奥难懂的唱词讲得通俗浅显。许多观众表示，这是他们第一次明白昆曲表演的内容是什么意思，原来这种艺术并不是普通人无法理解和接近的。

那一年，上海的每月人均工资刚过 3 000 元，这一切活动安排成本高昂，也没有盈利性质，赵津羽的经济情况也并不宽裕。身边的人都认为她干不长久，传播昆曲这样宏大的旗帜，怎么是一个人能够扛得起来的呢？而赵津羽却说："我越走进昆曲的世界就越发觉它的博大精深，就越想和大家一起分享它的美好。尽管个人的能力很有限，但我尽己所力，也是乐在其中的。"

跨界学习，"昆曲+"无限可能

看到线下活动受到欢迎，2007 年，赵津羽成立了昆腔京韵俱乐部，并在张洵澎老师的支持下成立了上海梦乐昆曲澎派艺术研习中心。她希望拥有一个固定的空间，全天候地展示昆曲文化，组织更多形式的昆曲推广活动。最初，因为条件有限，赵津羽只能在外租借场地办活动，而在这项极有意义的活动受到关注后，社区便腾出了一间地下室作为她的工作场地。虽然地下室潮湿闷热，但赵津羽却在这里把昆曲活动办得如火如荼，精品讲座、现场体验、授课教学……她纤瘦的身躯好像有着用不完的精力。随着赵津羽的名声越来越响,络绎不绝的参观者登门拜访。2013年,古北市民中心落成,虹桥街道第一时间把昆曲澎派研习中心搬到了中心二楼。这一下,赵津羽干劲更足了。对她而言,仅仅进行普及推广是远远不够的,她想做的是真正将昆曲和人们的日常生活联系在一起。于是,她首创了"昆曲+"理念,将昆曲作为一种生活方式,把舞台上唯美的艺术美学和昆曲的文化内涵融入不同行业和人群的需求之中。

  跨界发展听起来十分具有前景,然而落实起来却是困难重重。一心扑在昆曲事业上的赵津羽对其他行业的知识并不熟悉,因此一切都只能从零开始。她希望能通过赠送昆曲相关的文创产品来提高大家的兴趣,于是开始学习文创领域的知识,想要制作扇子作为礼物赠送给观众。可是现实却给了她当头一棒。从未接触过文创礼品行业的赵津羽并不知道,工厂打一次样就需要一千多元;她曾以为自己订购的两千把扇子已经是个不小的数字,但工厂接一次单起步就是上万把,如果坚持要做出产品,面对的就是极其高昂的经费投入。当时各类的推广工作已经让赵津羽承担了很重的经济压力,但她还是咬了咬牙,决定把扇子做出来。本以为拿到了成果就会有回报,然而新的问题却又接踵而至。一方面,机器批量生产的扇子精美程度远远比不上专业的舞台用具,这让赵津羽大失所望;另一方面,成品的扇子是作为讲座体验者的道具和观众的礼物,并没有销售的打算和渠道,因此大量的扇子积压在仓库中，时间长了，木头开始泛黄腐坏，连礼物也做不成了。每当谈起这段经历，赵津羽只笑着摇了摇头，说："隔行如隔山，我只当作是交了学费，但'昆曲＋'的跨界尝试是不会停止的。"

在这次"学习"之后，赵津羽开始寻找和昆曲的内在属性更加契合的跨界方式。她花费了三年时间推出了"昆曲萌娃"系列形象，以活泼可爱的动画形象吸引孩子亲近昆曲；作为上海海派旗袍文化大使，她将闺门旦举手投足的优雅与女性穿着旗袍时的仪态进行了结合，启动了"闺门旦和旗袍"项目。随着"昆曲＋"越来越有影响力，许多知名企业都找到赵津羽，希望能将昆曲和企业文化联系在一起，而赵津羽并没有简单地把昆曲人物和企业标签进行嫁接，而是在亲身学习这家企业的文化理念后，才量身设计了讲座内容。如今，她已经走进上汽集团、美敦力、上海贝尔、老凤祥、建设银行上海分行、东方航空、上海商飞等七十多家企业开展了不同形式的昆曲讲座。"昆曲＋教育""昆曲＋女性""昆曲＋企业文化"……赵津羽的脑袋里总能迸发出各种令人耳目一新的点子。"昆曲＋"的后面接续着无穷的可能性，古老的传统艺术迎来了在现代社会中生命力勃发的时刻。

在"昆曲＋养生"的实践中，赵津羽结合昆曲灵动精巧的特点，编创了一套"昆韵手指操"，这对老年性认知障碍病症有着预防和辅助治疗的作用。近些年来，她带着这套手指操前往了上海大大小小的社区、医院和养老院。她总是身着印有"昆曲萌娃"形象的服饰,一遍遍地指导老年人练习兰花指、兰花掌和兰花拳。手指翻飞,曲韵翩然,一个笑意盈盈的女子就像面对牙牙学语的孩子一般,不厌其烦地纠正着动作。当看到老人们眼里闪着灼灼光芒的时候,赵津羽忽然意识到,让昆曲获得它的受众固然重要,但"昆曲+"能让昆曲不再仅仅是曲高和寡的舞台艺术,还能够走出剧院,在生活中改善人们的身体,慰藉人们的心灵,这才是她热爱这份事业的真正价值。因此,尽管跨界困难重重,但她愿意通过不断的学习和尝试,翻过一座又一座行业之间的高山,用昆曲将万物连接在一起。

昆韵悠游四海,她还在传习路上

2001年5月18日,联合国教科文组织把昆曲列为"人类口头和非物质遗产代表作",外国友人对昆曲的热情打开了赵津羽的思路,她开始把推广昆曲的目光从国内拓宽到了全球。

她带着理想和精美的表演,亲身走过了世界的山川湖海,前往英国、日本、尼泊尔等数十个国家交流访演。2009年她作为中国百位青年代表团成员参访英国。在晚餐席间,独具特色的昆曲引起了外国友人的好奇,他们希望赵津羽能够表演一段，然而现场却没有任何的道具和服饰。餐厅内领导人、艺术家云集，"聚光灯"下的赵津羽既代表着传统中国的文化，也反映着现代中国的气魄。在众人都为赵津羽捏一把汗时，她却保持着优雅的笑容，从容地拿起桌上的餐刀，将其作为一把没有展开的扇子，现场演绎了一段《红梨记·亭会》唱段。这出戏正是当年赵津羽向张洵澎老师在电梯间里学习的第一出戏，她以倒退台步出场，头部配合着"未开的扇子"缓缓地转向观众，一位面对意中人露出娇羞笑容的中国古典少女吸引了欧式大厅中所有人的目光。忽然间，那年电梯间里，老师的口传心授、自己的如痴如醉、夏日的汗水、明灭的灯光，都瞬间重现在赵津羽的脑海里。她歌声娇媚，身姿婀娜，将过去所学的知识和反复练习的艰辛都倾注在了这场表演之中。一颦一笑，目光流转，连一把金属餐刀都被舞得风情万种。一曲舞毕，响彻大厅的掌声是过去一切付出的最好见证。当有同行人要进行翻译和解释时，外国友人却说："这样精美的表演是不需要翻译的，光是通过赵津羽的神态、动作和语气就足够让我们理解这出戏的含义了。"

除了"走出去"，她也热情地欢迎外国友人"走进来"了解中国文化。依托虹桥社区多元化的居民组成，赵津羽在昆曲澎派艺术研习中心向五湖四海的人们讲解昆曲承载着的诗词歌赋和经典故事。她把研习中心打造为能够"2米内看昆曲"的微型剧场，观众可以观察到演员的每一个手势和眼神，面对面的表演和沉浸式的欣赏体验，让这里比传统的公共剧场更具感染力。如今，这里已经接待过美国、日本、法国、西班牙、埃及、摩尔多瓦等多国领导人和代表团，吸引了来自八十多个国家的人群参观体验。表演结束后，赵津羽总会邀请来宾穿上戏服，一起学习昆曲的基本手势。衣袂翩跹之间，她就像一只飞舞的蝴蝶，把昆曲所代表着的文化播撒在不同肤色的人们心里。

为了把活动办得更生动有趣，赵津羽还在不断学习。她涉猎各个领域的知识，图书摆满了她家的柜子，文学、科技、哲学……只要和昆曲有着一点关系，她都会把书买回来阅读和勾画，她相信，阅读和学习能点亮无数个像"咖啡厅里听昆曲"那样的好点子。同时还通过新闻、网课、自媒体等方式了解当下人们关心的问题和热门的趋势。在她的梳妆台上，有一个专用的本子，她把在书中或生活中发现的重要内容记录在上面，不断地更新自己的知识量和素材库。马面裙火爆出圈，她就以昆曲中的马面裙作为讲座重点；自媒体发展得如火如荼，她就尝试用视频号记录和昆曲的点点滴滴。

如今，昆曲在国内外的影响越来越大，更多的爱好者都加入到了昆曲学习和传承的行列中来。当周围人都一改当年的质疑，觉得赵津羽推广昆曲的事业已经做得非常成功之时，她却说："现在我们做的还远远不够，仅拿上海来说，在2 500万名常住人口中，真正了解昆曲、走近昆曲的人可能还不到5万人，我们的普及也还存在许多的问题，无论是普及的方式有限，还是快速发展中出现的乱象，都需要我们一个个去面对和解决。"谈起如何解决问题，她毫不犹豫地说出了两个字——"学习"，"只有持续不断地摄入新的知识，我们才能够给古老的艺术注入新的能力，才能在瞬息万变的环境中寻找到解决问题的方法。"

16年间，赵津羽把热爱干成了职业，熬成了事业。回忆起过去，她说："我曾经畅想着有一天能拥有一间古色古香的昆曲教室，在这里为来自五湖四海的人们讲述昆曲600年来的故事。"如今，这个愿望已经成为现实，昆曲澎派艺术研习中心一年四季都接待着来自天南海北的参观者，门口的课程排片表永远都安排得满满当当。寒来暑往，赵津羽总会身着旗袍，捧着一本书坐在沙发上，静静地等待着每一个喜爱昆曲的客人到来。

她和她的昆曲世界，长久而静谧地向世人敞开着。

台上台下，遗物忘形

龚 然

"杨老师，你来啦！"练功房的大门刚被推开，一片问好声随之响起。

舞蹈队成员们停下交流，纷纷望向迈入房间的杨佩莉。杨佩莉向她们微笑着点了点头，然后朝房间角落的柜子走去。在短暂的安静后，练功房又恢复先前热火朝天的氛围。

杨佩莉放下手提袋，从里面取出一条藏青长裙、一条玫紫色腰带以及一串蓝色珠串和一双舞蹈鞋，这是她们舞蹈队自己购入的蒙古舞服饰。她把扎着的头发散开，双手在发间快速抓了几下，用鲨鱼夹将长发盘起。作为装饰的珠串被杨

本篇主人公杨佩莉，1953年生，年轻时曾在知青文艺宣传队担任文艺兵，工作后成为单位文艺骨干，退休后投身于业余舞者行列，成为杨浦区社区学校、老年大学舞蹈老师，尤其擅长民族舞的表演与教学，曾获"优秀社区志愿者教师"、"优秀辅导员"、"领舞社区的公益睦邻达人"、2022年上海市"百姓学习之星"等荣誉称号。

佩莉仔细地布置在头顶上方，珠串的银色流苏正对眉心。

那天是这支蒙古舞"验收成果"的日子。这是一支由杨佩莉担任教师兼领舞的舞蹈队，成员共十人，全部来自上海市老科学技术工作者协会（以下简称"老科协"），是过去从事建筑行业工作的退休职工。"有好几位过去是教授级别的""设计了上海不少建筑""以前都没有学过跳舞"，舞蹈队的负责人介绍着这一群正在镜子前相互指正动作的成员们。"杨老师是朋友推荐来的，我们聘请她作为舞蹈队的老师。"杨佩莉的年龄比她们大十岁左右。

租借的三十平米的练功房位于上海浦东的一个小区里，如果不特意寻找，过路人几乎不会注意到。为了迎接老科协的重阳节活动，她们正在排练一支登台演出的舞蹈。

《莫日格勒河》： 方寸间寻觅草原

杨佩莉从包里掏出一个便携式蓝牙音箱，棕色、方方正正的，只有手掌大小，但声音却可以播放得很大。无论去哪里上课，她都带着这个小匣子，用来播放舞蹈音乐。

正式上课之前，舞蹈队成员们聚集在一起，谈论着上次学习的舞蹈动作、各自的家庭生活，同时等候着杨佩莉的指挥。

"我在家学了一支新的舞，想先跳给你们看看。"杨佩莉有些害羞地冲大家笑笑。"好呀好呀!""杨老师又学新舞了",大家自觉地为杨佩莉腾出一块空地。

杨佩莉在音箱上按了几个键,走向练功房的中央,《莫日格勒河》的前奏也开始缓缓奏响。大家的说话音量随着音乐的播放逐渐降低,所有人都安静地将视线集中于杨佩莉的身上。

一个轻微的振臂,像是漾起了莫日格勒河的涟漪,奏响了这支蒙古舞的序曲。接着是脚下转圈的碎步,杨佩莉的裙子随着她的步伐轻盈摆动,她的身形瘦削而挺拔,旋转时仿佛一朵随风摇曳的花。她的耳垂上戴着一对珍珠耳环,也在轻轻摇摆。跳舞时,她习惯稍稍昂着头,但你看不清她眼睛注视的方向。她仿佛看向的是练功房里的某块镜子,可你不会想要沿着她的目光寻找那面镜子,因为你知道一面镜子本身并不会让人时而蹙眉,时而微笑,但一片呼伦贝尔大草原可以。

"啊呀,转到哪儿去了?"在一次连续四圈的旋转后,杨佩莉发现自己停在了错误的方向,她像是突然从梦境中苏醒过来一般,有些不好意思地自嘲了一句。在这短暂的停顿中,舞蹈队成员们都鼓起掌来。杨佩莉转回到正对着大家的位置,又自然地接上了下面的动作,在结尾处迎接了大家更为热烈的掌声。

"好美啊,真的好美啊!"大家对杨佩莉展示的这支舞不加掩饰地赞叹。

"这支舞差不多就是这样。"在最后的定格结束后，她没有多加停留，一只手托着脸，带着有些害羞的笑容，径直地去关闭音乐。

独舞：用好身体里的"橡皮筋"

第一次见到杨佩莉时，她端坐在五角场社区文化中心会议室的一把椅子上，看起来有些局促。五角场社区文化中心是杨佩莉经常来的地方，她在这里的社区学校担任舞蹈老师，每周一和周四全天给这里的舞蹈队排练。

"我以为有电视台采访，很紧张。"从未接受过采访的她，在发现来者没有扛着大摄像机后，露出了放松的笑容。但能感觉到，她为了应对这可能的采访做了些准备。

她是个优雅的老太太，白色如轻纱般的上衣自然下垂，头发整齐地盘在脑后，脖子上戴了一条珍珠项链。她的眉画得细，嘴唇上抹了淡淡的口红。

任何人在见到她的第一眼都会判断出她是跳舞的人，虽然会议室的椅子有靠背，杨佩莉依然只坐在椅子前二分之一的位置，把背直直地挺起。杨佩莉已经 70 岁，她说自己仍保持着每天练习舞蹈基本功的习惯，收腹，踮脚，压背，压腿，一日不落。"跳舞的人，他们的精神气质全部在胸腰。我在老年大学上课的时候会告诉我的学生：'我们现在（年龄）到 70 岁了，但我希望从背后看上去你依然年轻。'"

有些学生从前没有接触过舞蹈，不知道人至老年还要学习舞蹈的意义，上课积极性不高。作为老年大学舞蹈教师的杨佩莉希望通过自己的行为影响学生，有时候学生们夸杨佩莉"看起来年轻"，她说这是因为自己在家里坚持练功的缘故，"我在家里要练，我不练的话，变化比所有人都快。现在我的腿上是肌肉，如果三个月不跳，很快就发福了，所以我总是督促自己。"杨佩莉告诉学生们，如果想要在老年拥有健康的身体与良好的气质，就要像她一样练习舞蹈。"她们看到我的样子，就会想象自己以后也变成这样。"

和舞蹈时挥舞双臂、不时洋溢笑容的那个她有所不同，生活中的杨佩莉是个内向、安静的人。杨佩莉练习的舞种很多，知青岁月兵团文艺宣传队的经历为杨佩莉打下了坚实的舞蹈基础，民族舞、古典舞、芭蕾舞她都会跳一些。但每一种舞的特点各不相同，这对舞者精神气质的转换是一大考验。跳新疆舞时，舞者要展现活泼灵动的样貌，充满异域的热情；跳蒙古舞时，当悠扬、宏阔的旋律响起，舞者要更为粗犷、豪放地抒发草原之思。这意味着，许多舞蹈要求展现的气质与杨佩莉本身的性格并不相似。

很多学生都说:"杨老师一跳舞就完全是另外一个人。"杨佩莉倒并不感到意外,因为对她来说,那些看似陌生的舞台上的形象,其实一直以来都是她精神的一部分,在舞蹈的特定契机下,这一部分的她会掀开生活的面纱,展现给所有人。舞蹈是她表达的一种方式,是她进入对意境的想象的入口。"平时我的话不多,言语很少,是文雅、内向的,但是一到舞蹈场上我就全部忘记了,我就只是将我的感情全部抒发出来。特别是对内蒙古草原,哎呀,我就站在草原上,蒙古包、牛羊,一片草原……"说着她将一只手臂张开,向远方轻轻地画了一个圈,仿佛会议室的桌椅顷刻塌陷,被覆盖上一层草原的绿……

"我觉得舞蹈就是在讲故事,用肢体语言讲故事。跳舞不求多,而要把一个人内里的功底拿出来。就像一个人身体里有一根橡皮筋似的,它在里面控制着你的身体,这根橡皮筋你可以把它拉长,可以收紧,要用好这根橡皮筋。"杨佩莉觉得,艺术高于生活,这也是她舞蹈表演时的基本准则。平时内向的她在舞台上面对众多观众却总是落落大方,因为比起"表演的人",杨佩莉更认为自己是"讲故事的人",比起做出动作让观众审视,杨佩莉更觉得自己是表演的主导者。舞蹈表演不能缺乏生活的气息,但也不能只表现生活,倘若以随便的姿态展现生活中的笑容与哭泣,那便失去了以舞蹈来传达的效用。将生活中的形象放大化,以真挚的情感打动观众，杨佩莉相信在一场舞蹈演出中，自己才是故事的"主导者"。

群舞：作为舞蹈教师的个体让度

因为善于传达丰沛的感情，杨佩莉说自己更适合独舞。独舞时舞者个体被放大，而在群舞中，动作的整齐为第一要位，个人的色彩要服从于舞蹈整体表现的要求。"我的感情在群舞中可能会被削弱，因为到了群舞里，你就要和大家一样，动作要整齐，不能显示你的个人主义。特别是比赛的时候，更要讲整齐，整齐才能得分。"群舞可以展现独舞不具备的气势，队形的变换也有独特的美感。可是与此同时，群舞也意味着个体的让步，为了达成整体效果，而对个性进行削弱，相互磨合直至融而为一。

尽管擅长独舞，但实际上在杨佩莉的生活中，她大部分的时间与精力都倾注在群舞上。杨佩莉的一周是这样安排的：每周一在五角场社区文化中心给舞蹈队进行全天的排练，周二去老年大学给学生们上舞蹈课，周三被老科协舞蹈队聘请排练演出，周四和周一相同，周五和周二相同，周六则是去老西门进行舞蹈授课。在教授舞蹈的同时，如果舞蹈队有表演需要，杨佩莉也会加入其中，担任领舞，和学生们一起完成舞蹈作品。

而大多数的课程，用她自己的话来说，都是做"志愿者"。当你向她提及是否想过要得到报酬时，她会摆摆手说自己不去想这些："我觉得她们能够欣赏我，请我做老师，就已经是对我很高的评价了，只要她们的心是诚心的，在舞蹈上有爱好，想上进，那我也会诚心地对待她们。"杨佩莉对当下充实的生活感到满足。

俗话说："台上三分钟，台下十年功。"对舞蹈表演者兼教师的杨佩莉而言，这"十年功"从站在学生面前之前就开始了。作为老师，备课是杨佩莉每周必不可少的环节，甚至相较于上课，备课需要耗费更多的心力。将一个舞蹈分成几段，几段里又划分为几个八拍，八拍里的每一拍要被什么样的动作填满，每一拍都得让学生看得心服口服，这些细节都是杨佩莉在上课前要考虑的。

一支舞的拍数被捋顺后，杨佩莉还要战胜年龄增长带给她的"遗忘"，"有时候整个舞蹈的拍数心里已经很有数了，但过一段时间就会忘记。所以把一支舞掌握了以后，还得不时地回想，譬如后天要上课了，那么我今天就要开始备课。我自己在心里要不断地想着这一到八拍，八在哪里，一在哪里，是不是某一拍里还要加一个'哒'，不断地回顾"。杨佩莉喜欢在夜晚安静的环境下备课，这是她一天中思维格外集中的时刻，上课前一晚在家里完整演练一遍，把口令练熟，这样她才能有信心站在学生面前。

疫情防控期间，应对形势的新变化，老年大学也采取了相应的授课新方式——线上教学。如果说理论类的课程由线下讲座转变为线上网课，其课程的核心内容并不会受到太大影响。那么舞蹈课则完全不同，舞蹈课实践性强，肢体语言支撑起舞蹈的骨架，学生对老师舞蹈动作的模仿，以及老师手把手对学生动作的纠正等师生互动是舞蹈课的血肉，所以对老年大学的舞蹈授课来说，新局势意味着大变革，舞蹈教学面临被架空的挑战。

而对于像杨佩莉这样的老年教师，如何使用新技术进行授课，怎样适应新的授课空间，则是他们首先面对的难题。网络学习平台固然丰富，但一个老年人是否能够掌握运用它们？人们总觉得，老年人是容易与新技术脱节的，同时他们也是健忘的。

谈及如何学习使用腾讯课堂，杨佩莉将这些归功于杨浦区老年大学的工作人员："他们专门给了我一个房间，准备了网络教学的设备，比如电脑、支架，为我提供了方便。"随后，她又补充道："只要你喜欢、爱好，你就会研究，包括腾讯课堂，慢慢地就研究出来了。怎么打开，怎么进课堂、用话筒，怎么录视频，这都要学会啊！不学会就没办法跳舞。"

2021年3月，杨佩莉收到了一份来自上海市老年教育工作小组办公室的荣誉证，作为对她2020年抗疫防控期间积极参与上海老年教育线上教学的表彰。

从"力量"到"美感"：舞蹈的精神栖息

五角场社区服务中心的会议室里，杨佩莉把这本线上教学的荣誉证放到一旁，从桌上一沓证书的下面抽出了最大的一本："这一本是我最珍贵的，这些证书我很少给别人看，她们都不知道我有这些。"

蓝色绒面封皮翻开，显著的"结业证书"四个加粗的宋体字映入眼帘。这一本是杨佩莉参加"上海市老年舞蹈教育师资中级培训"的结业证明，往后翻看，压在下面的是另一本初级培训的结业证书。

杨佩莉看起来有些激动，打开手机快速地翻找着什么。很快，她展示了自己的一条朋友圈："这是我当时参加培训的照片。"这是一堂在大礼堂开设的课程，红色帷幕后，屏幕上写着舞蹈家黄豆豆的名字，杨佩莉站在观众席上与礼堂的舞台合影留念。

杨佩莉说自己之前没有进行过专业的舞蹈学习，直到五角场社区推荐她参加了上海市老年舞蹈教育师资培训。"每个区只去了一个人，杨浦区是我去了，这是非常荣幸的。"在杨佩莉看来，能有机会跟从专业舞蹈老师甚至著名舞蹈演员学习，让他们手把手地纠正动作，这是她从前根本没有设想过的事。尽管杨佩莉跳舞经验丰富,但老年舞蹈教育师资培训是她第一次对舞蹈理论的涉足。

受到在文化局工作的母亲的影响,杨佩莉从小就有着对文艺表演的模糊认知,4岁时她就第一次登上了舞台,母亲唱越剧,她在其中扮演一个"找妈妈"的儿童角色。童年是朦胧的氤氲,直到知青岁月加入文艺宣传队,杨佩莉才感到自己脑海中"舞蹈"这个概念的逐渐显现。不过,当时她将舞蹈理解为一种"肢体的力量"。

在兵团文艺宣传队,杨佩莉每天的工作就是排练。到了晚上,文艺宣传队会提着道具到每个连队巡回演出。如果碰到劳动时节,例如每年的"双抢",杨佩莉所在的宣传队就要为劳动者助阵,在劳动场地上与农民、工人面对面演出。其中,她印象最深的一次演出是去一个纪律严明的劳改犯农场表演《收租院》,她饰演刘文彩的角色。当时地上有一根大头针,杨佩莉因为演出注意力过于集中,"划——"地一下把脚踩了上去,她强忍着疼痛,面不改色地继续在台上走来走去,就这样一直坚持到演出结束。

秉承着"不怕苦,不怕累"的精神,当时的杨佩莉把舞蹈作为一种体育锻炼的延伸。"我小时候体育特别好,很擅长跳高、跳绳,还有跳橡皮筋,在兵团里没有这些活动,我就一下子把所有精力都集中在舞蹈里面了。我觉得它(跳舞)跟体育是密不可分的,那时候还不知道什么是美。"

在兵团里，杨佩莉第一次真正接触到完整的舞蹈表演，她至今仍记得那支舞的名字——《唱支山歌给党听》。"昨天晚上躺在床上的时候，我都在想《唱支山歌给党听》，是才旦卓玛唱的，我想：'哎呀，我什么时候把它再拿出来，教给我的学生。'"激情洋溢的知青岁月，为杨佩莉的余生点燃了舞蹈的热情。

离开兵团文艺宣传队后，杨佩莉先后在兵团职工医院、上海水产供销公司工作，她从零开始学习做护士，学助产知识，接生过许多孩子，还做过单位检票员。舞蹈淡出了她的职业生活。不过，水产供销公司有个宣传队，杨佩莉一有时间还是跟着他们搞宣传。有时，宣传队晚上在上海大世界演滑稽戏，杨佩莉负责报幕，或者担任其中的小演员。她从不抱怨自己出场时间的长短，只是享受着能够在台上继续表演的机会，"主要因为喜欢嘛！"她说。

也正是因为这份喜欢，退休后，与舞蹈的羁绊牵引着杨佩莉来到了五角场社区文化中心。久别重逢往往是喜悦情感中最强烈的那一类，"我觉得终于又回到了我年轻时代的爱好"。几十年来，杨佩莉发现自己已经不能想象离开舞蹈，生活要如何继续。退休后的生活会让习惯忙碌的那部分人骤然落寞，然而幸运的是，杨佩莉与五角场社区文化中心能够相互成全。社区舞蹈队弥补了杨佩莉过去在单位里无法发挥跳舞特长的遗憾，而杨佩莉的到来也开启了社区舞蹈队的新篇章。

　　社区舞蹈队的成员们大多没有舞蹈基础，她就把过去在兵团文艺宣传队学习的舞蹈教授给她们，逐渐从舞蹈队队员变成了大家的领舞。与此同时，她还在一直自学新的舞蹈，丰富舞蹈队跳舞的类型。

　　杨佩莉学习的舞蹈大多来自于网络。她说，在抖音上，只要输入一个舞蹈家的名字，就会出现许许多多舞蹈的教学视频，"只要你想学，就没有找不到的"。有时，她还会自费在网上购买舞蹈课包，甚至在朋友的介绍下去上海的各个地方寻找老师求教。当杨浦区推荐她去参加上海市老年舞蹈教育师资培训时，她高兴极了。旁人或许感到从初级培训到中级培训耗时两年，这样漫长的过程对一个70岁老人来说太过疲劳，但杨佩莉却期待着如果今年开设高级培训班，自己还有机会去参加。

　　不在练功房上课的时候，杨佩莉的练习空间就是她家中的小客厅。杨佩莉独自居住在杨浦区的一个老小区里，不算大的空间被家具分割后很难凑出一块宽敞的、适合跳舞的地方。熟识的朋友问她："佩莉，你家里这么小，怎么跳舞啊？"杨佩莉说："我不要多大的地方，我只要把动作看会了，到大舞台上就能发挥了。"她向学员展示的大部分舞蹈都诞生于这里。疫情防控的日子里，客厅不到十平米小空间填满了她的生活。她依然保持着每天锻炼的习惯，靠墙练习收腹、踮脚，双手抵着墙开肩、压背，如果要压腿，就把腿放在壁橱的延伸柜上……杨佩莉总是能够做一个有心人，跳舞的日子里，独居的她不会感到孤单。

要把舞蹈跳成一只翩翩的蝴蝶，而不是一具干枯的标本，这是杨佩莉多年后对舞蹈的感悟，在一次又一次的学习、练习与表演后，她体悟出了舞蹈的美。"演出舞蹈就像在向别人讲述一个故事。我现在知道舞蹈有声韵、气息。要把舞蹈跳活，就得把内在力量一直延伸到手臂"。说着，她端起了她的双臂，挺直脖子，高高地抬着头，一边念着藏族舞的"巴——扎——黑——"，一边双臂随着节奏摆动，一下进入了舞蹈的状态。"在古典舞里，讲求'欲上先下，欲左先右'，做向下的动作时吐气，做向上的动作时吸气。而傣族舞是反的……"对每一种舞蹈，她都能娓娓道来。

"阵雨"：疾病带来的隐痛

当所有人都相信，在可预知的未来里，杨佩莉一定会与舞蹈相伴终生的时候，就在前两年，她被诊断出了早期腺癌和肺结节。手术的那段时间里，她没能再每天跳舞。同时，因为学校人员变动的缘故，杨浦区老年大学的舞蹈课程也暂时停止开设。

疾病与衰老，或许是舞蹈者无法绕过的两座大山，它们通过肌肉、血液、呼吸，渗透进舞蹈者的身体，让舞蹈者迈出的步伐一步比一步沉重。

"你说没有一点失落那是不可能的，毕竟跳舞是我一直以来都在做的事……但我也没有特别伤心。"在康复阶段，杨佩莉会重拾起一些简单的舞蹈练习，她说自己一回到舞蹈里就开心，"开心了就可以把疾病融化掉"。比起打开身体经络，舞蹈更像是杨佩莉的心理疗药。

而对于杨浦区老年大学舞蹈课的取消，她倒是一如往常地不在意。她说自己之所以跳舞，不是为了要教别人、当老师，只是当别人给予她信任时，她本能地想要把这件事做好。下次在其他场合遇到新的学生时，她依然会全身心地投入，"把自己学到的舞蹈知识回馈给社区和社会"。

谈及未来，杨佩莉更是给出了积极的答复："等以后不能跳舞了，我就去唱沪剧，之前活动的时候遇到唱沪剧的朋友，说我很有唱戏的架势，让我去她们那里呢！"说到这里，杨佩莉的眼睛笑成了两条弯弯的缝，温和且亲切。

和杨佩莉一起走出五角场社区文化中心后，她去车棚取自行车。回来时，她已经戴上了一顶粉红色的纱帽，走路的时候白色披肩的下摆随风摇动，颇有些仙侠之气。

虽然有车，但杨佩莉并不骑，只是推着，我们便一左一右地并排行走着。"其实我只是一个普通人，没有什么特别的。"杨佩莉声音低低地说，"如果很忙，就不用花太多时间在我身上。"像是悄悄地与我做了个约定。

不过,走在路上时,我总是回想起在会议室里我们的一段对白:

"你觉得在人生中有没有某一个选择让你后悔,如果时光能够倒退,会想要选择别的选项吗?"

"后悔是没有的。这条路我走到现在,我觉得我选对了。"

她没有一秒停顿的回答,给我留下了深刻的印象。

一场摄影的修行

卜书典

生于1949年的许根顺曾自豪地宣称:"我是中华人民共和国的同龄人。"许根顺曾于"文革"中错过升学机会,却又在75岁时成为上海大学特聘教授;他非专业记者出身,可一流的摄影能力却为新华社的新闻专业人士所惊叹。他曾是行车工、钳工、大学教师、酒店办公室主任,也广涉绘画、体操、集邮等领域。最终,他举起手中的照相机,创作出轰动摄影界的"元首文化"系列作品。行走在苍茫大地间,他用切身感悟和艺术情怀定格下属于自己人生的"瞬间美学形态"。

本篇主人公许根顺,1949年生于上海,中国摄影家协会会员,世界华人摄影家协会会员,上海大学终身教育学院特聘教授,上海工程技术大学艺术学院兼职教授。拍摄世界各国国家元首、政府首脑和第一夫人800多位。参与2001年10月在中国上海举行的APEC会议、第十一届国际行动理事会、亚行年会等一系列重大国际活动的摄影工作。荣获2022年上海市"百姓学习之星"称号。

摄影之前：机械厂里的艺术尝试

许根顺的父母早年赴上海谋生，生养了七个儿女。因为家族成员数量众多，各有专长，潜移默化中也影响了许根顺的兴趣爱好与性格底蕴。爷爷是一名中医，也做过教师，父亲擅长木雕，手艺精湛巧妙。而对许根顺影响最深远的莫过于哥哥许根荣——被称为上海"许才子"的出版界优秀编辑。许根荣中学时就在青年报社编辑部工作，同时也是一名才华横溢的中国画画家，他虽非皖人，却擅长徽派艺术，致力于展现徽州山水村落景观与风俗民情，其绘画广涉人物、花鸟、山水，亦摹瓷器丝绸雕刻，独具审美格调和民俗风格。

在如此艺术氛围的熏陶和生活气息的启迪下，幼年时的许根顺自然对涂涂画画有了浓厚兴趣。初三时，许根顺参加了上海轻工业美术专科学校的美术统一考试，考试题目是"如何以实际行动积极投入文化大革命"。他在考卷上画下了自己构设的人物图景：窗外，一群学生围绕着大字报进行观摩和探讨。那时的许根顺画技尚处于启蒙状态，但已展现出良好天赋。他期望着自己将来能够去更专业的场域提升绘画技能。然而这一期望并未得以实现。伴随着"文革"的开始，许根顺的生活也悄然发生了一系列变化。1966年，人们纷纷喊起口号上街游行,学校的教学进度不得已中断了。由于家庭成分不好,许根顺家附近的弄堂门口都贴满了大字报,全家都不敢出门,只能待在家中写写毛笔字来熬时间。

1968年,课业中断两年的许根顺被分配到了上海市第一机械电机工业局下属的冶金矿山机械厂。上海冶金矿山机械厂是专门生产矿产、军工等机械设备的工厂,全厂上上下下有员工几千人,许根顺被分到了二车间,成了一名行车挂钩工。

行车挂钩的任务有些枯燥。一二百米长的车间被有序划分为切割、焊接、组装等工作区域,开行车的师傅要将一些庞大沉重的机件、铁板悬吊起来后,再运送到指定地点,许根顺就是负责用钢丝绳将机件捆扎好,再进行吊装的行车工。就这样,他整天在车间里挂上、挂下,把东西按需要送来送去,近似于当下的"快递小哥"。

起初,许根顺心里是不太情愿的,作为辅助工的行车工种自然不能与车工、电工、钳工等技术工种相比,更重要的是与他的兴趣也不对口,但很快他便找到了发挥才华的空间。利用工作闲暇之余,许根顺捡来工人们丢弃的粉笔、石笔,在铁板、钢板上写字涂画,每每画完后便用鞋底搓掉,继续重写重画。渐渐地,他开始经常帮车间设计黑板报、墙报,甚至还在厂门口的巨型广告牌上画起了毛主席去安源的宣传画。栩栩如生的人物神态和活灵活现的画面情境创设，很快就吸引了不少员工的羡慕围观，大家都对他的画啧啧称赞。车间主任看过后，也为他的绘画才能所折服，很快就将他调到钳工组，让他在组内帮着参与班组文化建设的系列活动。再后来，厂里成立了文艺宣传队，许根顺又瞅准时机，凭借中学起就极为出彩的体操才华顺利加入小分队。要知道，许根顺从小就喜欢观摩大孩子们的体操表演，体操无疑是他的拿手好戏。中学时，他的体操技术甚至接近了部分专业运动员的水准：双杠、单杠、跳马、挂臂、屈身上杠、旋转、倒立……入队两三年内，他在工会以宣传工作为己任，很快就熟悉了厂内所有的车间部门的领导与工人。与车间工人的广泛接触和交流经历极大丰富了他刚踏入社会时的认知。

1970年，在《青年报》任职的哥哥许根荣告诉许根顺，上海美术学校开设了工农兵美术班。在哥哥的帮助下，许根顺延续着初中的期待，如愿以偿地进入了美校连环画班。也就是在那里，他遇到了影响自己一生的陈家泠老师。

为期两年的系统性学习使许根顺的绘画技能突飞猛进，构图形式的设计、明度纯度的调试、色彩的感觉与搭配等专业技能的渐进与绘画理论的丰富为许根顺的后续发展之路铺设了坚实路基。两年后，许根顺重回工厂，因缘巧合之下接触到了他一生中最重要的学习内容——摄影。

摄影： 教与学的互动历程

摄影与绘画是相通的艺术，它们同样涉及主题、构图艺术和色彩搭配。回到工厂后，许根顺在技术科发现了一台照相机。在几个爱好摄影的同事影响下，他很快就学会了拍照和胶卷冲洗，并展露出摄影构图的良好天赋。慢慢地，许多朋友都听说许根顺拍照片拍得好，纷纷要找他帮忙照相。

对于前来照相的朋友们而言，大家对相片呈现的效果并无过多要求，能作纪念之用便已心满意足。然而许根顺却不这么认为，他不仅仅满足于对镜头画面的抓取，还要追求摄影艺术的极致美感，从心底把摄影当作一项艺术事业去完成。摄影时他一向不苟言笑，面容严肃，聚精会神地考量相关要素和技巧，他强调主从律，知晓如何分配人与物的画面占比；强调统一律，深谙各种画面要素协调与适配的重要性。在严谨的创作态度和大量的摄影练习经验之下，许根顺的摄影水平很快就登堂入室，其作品甚至入选了区、市的摄影展览与摄影比赛。

1978年，由上海交通大学、上海机电一局、机电二局、冶金局、长宁区等单位联合成立的上海交大机电分校向许根顺发出邀请，希望他能前往校宣传部任职。"文革"结束后，许根顺敏锐地捕捉到新时代潮涌的气息，他清楚中国的教育体系正在迅速重建，学校也很需要一批师资力量的加入，而校园环境一直都是他所热爱和向往的。初秋之际，他放弃了工厂的单位关系，重新回到了学校。

接续着先前的兴趣特长，许根顺来到了学校宣传部，成为上海交大机电分校的首批师资成员。但很快他就犯了难，许根顺清楚，仅有初中学历的他并不足以达到执教标准。他一面负责宣传工作，一面等待时机。凭借自己的出色才能，许根顺先后拿下了从省市到全国等各级大大小小的奖项，也因此获得了加入中国摄影家协会的资格。很快，摄影家协会向他发出了前往中央工艺美术学院研修班的通知函，他毫不犹豫地抓住了这次全上海只有两个名额的机会，踏上了前往北京的求学之路。

这段研学经历对许根顺而言至关重要。吃不惯北方饭菜的他在北京难免有些水土不服，但这对经历过"三年困难时期"、吃过野菜的许根顺而言并非难事，他很快就转向了对摄影美学、工艺美术理论与实践等精神食粮的采集。在北京，许根顺接触到许多新鲜的艺术理论，聆听了大量知名讲座，对色彩学、色立体、平面构成等问题有了深入研究。那时内地的许多艺术专著基本是从港澳或国外传进来的，市面上很难借阅到。许根顺格外珍惜这一良机，他如饥似渴，一一抄录了借来的珍贵资料，甚至连带图样也一并描摹下来，以作自己的专业资料留存。北京辛勤求学的经历使他的艺术素养更加炉火纯青，也进一步铸就了他勤学苦练的品格。机会接踵而来，1984年研修班即将结束之际，许根顺被江西大学新闻系录取，接到录取消息时，他还远在云南进行摄影创作。

江西大学新闻系摄影专业是一个有六十多人的大班，集中了来自全国各地的知名摄影家，大家平日里积极活跃，隔三岔五就有人在全国和省市的影展与摄影比赛中获奖。在如此活跃的学术与创作氛围影响下，许根顺进步飞快。他和同学们一起发起摄影沙龙，邀请美术专业、心理学专业、音乐专业、文学专业等各学科的朋友们前来参加。"解读文学作品时，我看到的往往是画面。毕竟学摄影的人更倾向于体悟字里行间的形象和视觉延伸。爱好文学的朋友则通常对用词、结构、主题把握得很好。不同学科的同学都有自己的独到视角，大家都借助他人的视野提高自己。大家都干得很好，都有所长进。"回想起在江西大学创办沙龙活动的场景，许根顺阐发了他最初的理念和构想。解读摄影作品时，文学系的朋友从文学角度阐幽发微；心理学的朋友从心理感受出发，分析自己对视觉感受的心理延伸；系统工程的朋友则注重要素组合的整体效果……

不同学科的独到视角助力了沙龙成员的作品审美与研判水平的提升，大家受益良多。综合不同专业同学们对摄影作品的研究和评价，许根顺得到了广而深的经验成果。

他把这些多角度、跨学科的交流内容一一记录下来，浓缩在对摄影作品的解读中。学业结束后，许根顺重回上海交大机电分校，并带头成立了摄影系，把这些经验借助教学分享给同学们。多元学科与新视野的授课方式打通了学生们的摄影研学的思路，许根顺的课程得到了学生们的广泛好评。

从历史的"绒线团"中拽出线头

在校任教的日子虽充实而满足，但初创的教学次序并没有想象中那般如意，也阻碍了许根顺不断要求发展的意愿，与此同时，他的生活压力也在增长。教师一职的有限工资使他不得不省吃俭用，用以维系自己在艺术创作上的物质投入。此外，在多数人靠自行车通勤的时代，每日漫长的上下班路途也大量地消耗着他的时间与精力。1988年初，新锦江大酒店的一位领导看重许根顺的才华，希望他能来酒店工作。许根顺斟酌再三，最终决心走出了校园。

"我从学校出来，带走了两样东西。"许根顺说，"一件是做课题的钥匙，另一件是一只打足了气的皮球。"许根顺认为校园的学术熏陶增强了他对课题意识的敏感性，他对问题定性定量的研究更为精准，这也为他日后的发展打下了良好基础。而那只皮球则被他用来不断地自我警示，"皮球打足气后，我就死命地拍打。皮球摔得越重反而弹力越强，弹得越高。我就用皮球来警示自己，一定要保持勇气与干劲，不忘初心地做出成就来。"

作为中国人自己管理的第一家五星级大酒店，新锦江大酒店是上海改革开放的一个重要标记，也是上海公认最早的四大景观建筑之一，它有着亚洲最高的旋转餐厅，是世界各国的国家元首、政府首脑的下榻之处。彼时改革开放浪潮滚滚，上海在各种新文件的出台和新政策的推动下风起云涌，新闻意识浓重的许根顺敏锐觉察到了新时代的来临。他来到新锦江酒店旋转厅43层的停机坪上，将照相机对准浦东的城市景观并按下快门。此后，他定期对上海的发展面貌进行定位摄影，截至2021年建党100周年时，他已拥有了一系列以浦东市容变化来展望新时代发展趋势的摄影记录。这些弥足珍贵的历史照片，正是上海改革开放的重要纪实。

起初，摄影只是许根顺在新锦江酒店总经理办公室兼顾的工作之一。随着他高超的摄影技术与一丝不苟的工作作风的展露，加之上海外事活动的频率与任务的要求越来越高，市政府也需要一名技能精湛、经验丰富的摄影师配合市政府拍摄重要外事活动，许根顺便水到渠成地担任起了这一要职。面对越来越多来自世界各地的元首与政府首脑，许根顺萌发了拍摄各国国家元首以折射时代变迁的课题想法，他从改革开放的历史线团中找到了一根具有鲜明时代特征的"线头"。

利用外事接待的一切机会,许根顺系统拍下了访问上海的各国国家元首和政府首脑的珍贵历史影像,其中有不少他们在上海的温情瞬间。至今,许根顺所拍摄的国家元首、政府首脑与第一夫人总数高达800多位,人物国别几乎涵盖全世界。要知道,外事活动中的政要人员往往由随行警卫重重护卫,能接近元首等贵宾的机会极为难得。为此,许根顺花费了大量时间和精力来研究来宾国家的文化、经济、军事、历史等情况,遴选出合适的首日封内容,打通好与接待人员的关系,瞅准合适时机请求国宾为他签名留念。精诚所至,金石为开,他的诚心助使他拿到了绝大多数国宾元首的首日封签名,许根顺所收集到的签字首日封就多达500多份,他不无自豪地说,自己为中国的改革开放保存了一份十分难得的历史留珍。

曾为邓小平、江泽民、胡锦涛、习近平等党和国家最高领导人拍照的许根顺荣幸地视自己为一位共和国人,也正因如此,他对记录时代文化的要求更为严谨认真。许根顺的"元首文化"系列影像内容精彩纷呈,影像类别分类十分严格,其海量的国宾文化数据库中就划分了元首风范、元首签名、元首趣事、元首菜单、元首邮品与元首小故事等多重类别,甚至还有元首面相与手相等诸多分类。被誉为礼仪之邦的中国自然对外事礼仪与文明风范极为重视,由此,许根顺还对元首和夫人们的举手投足进行了精准记录,从他们的站姿、坐姿、走姿,到手姿、脚姿、面姿,再至服饰方面的头饰、胸饰、包饰都进行了细致观照。

许根顺的摄影过程中曾发生过一些有趣的小故事。有一回,加拿大前总理克里蒂安首次到访上海,看到了大街小巷穿梭如织的自行车,喜好山地车运动的他一时兴起,向酒店工作人员提出要找辆自行车骑一骑。情急之下,工作人员从酒店车棚里找来了一辆职工的凤凰牌28英寸男车。看到自行车的克里蒂安兴奋得像个孩童,跨上车就蹿了出去,引得保镖等人在后面一路狂追。对经典镜头有着敏锐嗅觉的许根顺,就在克里蒂安跨上自行车的瞬间按下了快门,留下了一帧"违反"外事规定的总理骑车照。

对于摄影,许根顺远不满足于按下快门的刹那,他希望自己能以更宏大的审美结构去融接画面背后形而上的精神性命题,真正与时代共振共鸣。从2013年到2020年间,他又身体力行,与老师陈家泠用脚步去丈量中国共产党历史发展过程中的红色革命圣地。从上海一大会址到井冈山,从嘉兴南湖到西柏坡,从贵州遵义到太行山,凡是具有标志性色彩的地域地区,他都会亲临其中反复体悟和思考。他与老师陈家泠一起从上海步行到井冈山,再到韶山,前后历经了近一个月。在后续几年中,他们又相继走过了三山五岳、四大佛教名山等名山大川。"四渡赤水"是毛泽东一生的得意之笔，为了真正感受到这种得意之笔的情怀，两人以八渡赤水的方式细心体会四渡赤水的历程和艰辛，许根顺与陈家泠在八渡赤水的过程中揣摩地理环境、民居结构与细节，从不同方位寻找摄影与写生绘画的最佳角度。两人还以步伐亲身丈量红军翻过的山川，从而感悟"雄关漫道真如铁，而今迈步从头越"的大无畏气概，也从壮美的山河中汲取了源源不断的艺术灵感。

也许正是这样坚定的学习精神，使得许根顺的作品总能捕获到独特的瞬间。许根顺先后出版了《国宾在上海》《第一夫人在上海》等摄影画册，两本画册都由时任上海市市长韩正作序。时任上海市副市长的赵启正感慨，他一直希望上海能够拥有一本"100个总统与上海"的系列摄影集，只有许根顺做到了。赵启正说，许根顺拍照片"就像是在一团绒线中拉出一根线头"。天道酬勤，许根顺所作的《国宾在上海》与《第一夫人在上海》两本画册被上海市委宣传部评为上海市优秀图书"银鸽奖"。

于自然间躬行： 天地面前，我们都是学生

许根顺和恩师陈家泠有许多相同爱好，他们都喜欢艺术，喜欢探讨摄影和绘画，喜欢向大自然学习艺术的力量。

他们都乐于观摩古树,喜欢古树苍劲雄姿中蓬勃向上的生命力,为古树画下了一张又一张特写,许根顺也惯于端起相机,记录每一株千年古树的身影和风姿。古树在风中沙沙作响,仿佛一位千年老人在风声里叙说着自然的奥秘,两人站在古树下只需要静静聆听,慢慢参悟。有一回,许根顺在陕西与一株寿命长达五千年之久的巨树相遇,树干纹路在镜头透照下显现出的粗糙结构,寂寞而平和,令他十分动容。这样一棵历史悠久的古树,见证了多少时代更迭,竟也如此谦虚恭敬地缓慢生长,在寂静的山岭里度过一千年、两千年、三千年……他想,或许是因为树也有自己的老师,树的老师应是上亿年的山,山的老师应是永无边界的天。许根顺的思绪总能从微观个体的摄影出发,一直跳跃到宏观的浩瀚世界中去。在他的眼里,人类就像是不同族群的蚁类,在不同经纬度繁衍出各族的璀璨文化。他想象着即便是在无边海洋中的某个小岛上,也许仍存在着某种稀有文明。张骞出使西域,仅靠马车与步行便能自长安到玉门关、大月氏;湘江一战后剩下的红军战士在飞机的轰炸和追兵的围攻中四渡赤水……自然灾害、风暴野兽、人类征战,人在争取生存与发展的力量时是如此伟岸,即使是微观的个体也能迸发出巨大的能量,而这些都以迥异的气度与风范凝聚在个体的音容笑貌、举手投足间。

　　在许根顺眼中,好的摄影师最需要的不仅仅是技术技巧，更需要真情实感，而真实的情感作品必须通过亲身领悟的方式才能捕获。有一次，许根顺和陈家泠老师来到了大唐玄奘取经的途经之地——印度那烂陀寺，寺里有玄奘闭关打坐的一处洞窟，洞窟很小，洞口只有50厘米，内里大概有1米高、80厘米宽、130厘米长，里面没有任何光线。随行的朋友只是看了看便急着要走，许根顺与陈家泠两人却摸黑往洞里钻去，在玄奘曾打坐的地方闭目打坐了片刻。许根顺记录着洞窟由外往内的景观，最后把镜头停留在陈家泠老师打坐的神情模样上。他坚信唯有情景式的切身体验与感受，才能获得灌顶式的领悟。

谈起精神世界对现实生活的冲击与交互，许根顺始终都记得自己随老师陈家泠在西藏写生的经历。2012年，师生两人从前藏到后藏，从纳木措、羊卓雍措到玛旁雍措，从古格王朝遗址到希夏邦马峰、从札达土林再到珠穆朗玛峰脚下，步履不停地在海拔4500米到5300米之间的高原上穿行。走过荒凉的无人区，走过浩瀚无垠的大草原。在庄严广阔的大自然面前，他们视高峰和神湖为艺术之神明、生命之殿堂。基于生命中对文化艺术的追求，许根顺再一次笃定了艺术学习在自己生命中的重要位置："来到海拔五千米、空气稀薄到极致的西藏，置身茫茫雪山环抱的无限容纳之中，一个人如果在此时此刻还没有感悟到什么，那么此生便很难再去感悟了。"

75岁重返校园：教学双轨间，追忆53年师生情

2023年4月25日，上海大学终身教育学院为许根顺正式成立"公共外交与城市文化许根顺名师工作室"，并举行了许根顺特聘教授的授聘仪式。从贪玩的童年时期到错失学习机会的初中时期，许根顺很早便意识到了学习机会的可贵和不易。从上海美术学校（上海大学美术学院前身）到中央工艺美术学院（清华大学美术学院前身），再从江西大学新闻系（南昌大学前身）到上海工程技术大学，他始终凭借过人的才华，教师般地引领旁人，也始终带有一份学生般的谦逊和好学精神。如今75岁的许根顺兜兜转转，以上海大学特聘教授的身份重回学校，既是对自己学习生涯的一份圆满交代，也是昭告着新路途的开始。

在许根顺漫长的学习生涯中，恩师陈家泠自然是一位重要参与者和陪跑人。许根顺与陈家泠的师生情谊可以追溯到53年前。1970年，许根顺以工农兵学员的身份在上海美术专科学校求学，结识了班主任老师陈家泠。彼时当代绘画在上海初具全新的发展景象，正以活泼而富有生机的思潮涌动日益刷新着画坛景观，作为新海派艺术的领军人物，陈家泠的艺术创作与理论使得许根顺深受启发。此后漫长的几十年

里，除去致力于记录时代变迁和历史印痕，许根顺所做的另一重要记录工作便是对陈家泠艺术人生的观照。他一面跟随老师学习，一面全身心投入到对老师的助力中。

"这是近二十五年来我主要在做的事情。"随着艺术敏锐度的精进，许根顺在艺术探索中的意识愈发清晰。海派文化气象恢宏、体量庞大，自改革开放后更是与国际频频接轨。对有过诸多研学经历的许根顺而言，他对课题的脉络把握和历史性选择早已有了自己的独到心得，这一心得也用于记录陈家泠艺术探索过程中的诸多珍贵瞬间。通常，许根顺会先从素材收集开始，做好数据积累和梳理分类，接着便是对课题资料进行查缺补漏，寻找课题的文化定位及最终落地方向。他始终行走在不断积素材、拎纲目、备史料、找定位的途中。重点文化项目与课题他都亲力亲为。在跟随陈家泠老师学习的二十多年里，许根顺记录下的陈家泠讲话稿一万多篇，拍摄了与陈家泠老师相关的电影近十部，主编出版了多部陈家泠的画册与书籍，所摄照片更是达几十万张。跟随老师的步伐，多年来许根顺从陕西到西山、从海岛到高原，从黄河到长江、从石库门到香山别墅，四处游历写生纪实。陈家泠创作出一幅幅巨型佳作，许根顺则拍摄了大量祖国的人文风情和壮美的山河景色，仅其所留存的含视频、音频、图片、录音、文字等信息的数据库数据量就高达 250 T。

2013年，国家博物馆准备为陈家泠举办画展。许根顺深知许多画展的高峰多集中在开幕式上，开幕式一过，观众往往就流失大半。为此，他决心参与到画展全程中，尽可能增大活动的影响度。画展前期的每一次研讨会他都会进行详细的采访活动，对于新闻媒体的报道，他也有自己的要求。"一般来说，某个活动开办一个新闻发布会，会邀请记者们组织发稿，刊登在许多报纸版面上。但这些都属于统发稿，登一遍和登一百遍的内容几乎是一样的"。为此，许根顺亲自组织的新闻发布会只召集了20名左右的记者，他希望在将有限资金相对集中的同时，也能促使记者们从不同角度进行切入和宣传。展览会结束后，他又悉心做了一套500多页的文献集，就连来访的小朋友他也不忘进行采访，并将对话一并记录其中。摄像、录音、采访、编撰、车展、宴会、联络……堪称多面手的许根顺几乎一人包揽了老师陈家泠七个团队所需的工作量。

"今年我还计划出一本《肯登攀》图书。"已为教授的许根顺说。《肯登攀》以五万多字的体量向读者阐发了陈家泠老师100幅照片背后的故事。86岁高龄的陈家泠依然在艺术道路上步履不停，在自然人文间行走与登攀，始终激励许根顺在学习生涯中不断前行。

提及私人生活，许根顺不免有些歉意和遗憾。事业上全身心的投入，必然占据了和家人朋友的相处时间。然而若没有"舍",又何来"得"?将一生中最有价值的时间投入到对大时代记录中的许根顺收获了巨大的精神财富,这一财富贯穿了他的整个人生旅程,并将以更为长久的力量影响着周边的人。

透过 28—300 mm 的镜头观看世界的盛况与微尘

邓冰冰

2023 年 6 月，顾萍刚结束在新疆的剧团巡演回到上海。对于顾萍来说，退休之后的生活丰富程度有增无减，甚至愈发多彩。她说她无法忍受枯坐的退休生活，希望自己永远处于一种流动的状态。不仅是流动在各种艺术之间，也是游走于祖国的大好河山之间，用自己的经历，丈量万千世界。

虽是会计专业出身，但顾萍没让自己为一时的专业束缚，她学习摄影、太极、朗诵、表演。她擅长抓拍，抓拍不仅是一瞬间的灵光，更须经漫长的等待。一路走来，她的人生似乎就是在等待中捕捉未曾准备的惊喜。她从来不觉得学

本篇主人公顾萍，女，1968 年生于上海，大专学历。中国摄影家协会会员，上海市朗诵协会会员，国家二级摄影技师，武当三丰派第十六代传人。现为多个企业和机关做朗诵培训，上海音之魅艺术团成员，2022 年获得上海市"百姓学习之星"称号。

习辛苦，或许是因为她在寻求未竟之学问时，早已将行动养成了习惯，又将习惯形成了性格。

对于顾萍来说，学习不仅是一个名词，更是一种性格，她始终在"学习"这两个字中描摹自己的人生。

推开窗就能看到整个广场

2 064公里，是从上海崇明到甘肃兰州的距离。而对于顾萍来说，这两千多公里是新生活的分水岭：那之前她随爷爷奶奶生活在崇明岛，父母到兰州援助建设。八岁那年兰州家中住房条件改善，她被接到兰州。

20世纪70年代的兰州不大，顾萍家位于兰州最中心位置，建材局的五角楼旁边就是东方红广场。她说"站在家里，就能看到东方红广场全貌"。五楼能把几百米外的东方红广场尽收眼底，登高望远的感受，顾萍第一次体会，也联想起了此前她视野中崇明岛的平房与家门口宽阔的打谷场。

作为兰州地标的东方红广场，几乎见证了兰州所有重要的活动。顾萍初至兰州不久，就站在阳台上目睹了毛泽东主席的悼念仪式，年幼的她视力虽好，依旧看不清几百米外的主席台上的相片，但她记得真切的，是广场上人山人海却井然有序，集体默哀之后，广场上只听得见喇叭里的音乐，以及人群中隐隐的啜泣声。8 岁的她不知道这位 80 多岁的爷爷的具体事迹，只知道他是一位伟大的领袖，她那时对于伟大的认知，在于让一个广场、千万座城市、亿万个人尊敬铭记。

从五角楼的顶层往下望，不仅有开阔的广场，还有马路对面的平房。顾萍倚在阳台上，可以看见无所事事的男青年们又围在哪个街口，也能看到街坊邻里哪家先升起炊烟，而在阳台一探头，同龄的伙伴们就能对望聊天。世界广阔而层次丰富，顾萍很小就认识到这一点，因而从不拘囿自己，不为小事烦忧。

仿佛推开窗就是整个世界，走出家门就能见证变化正在发生。因此在经常体罚学生的初中班主任面前，她就敢做那个质疑老师的代表。她知道班主任教学用心，他一心为学生好却用错了方式，只能换来学生们的愤恨。当时他们正在学《邹忌讽齐王纳谏》，作为语文课代表的她责任心一上来，一口气用文言文的形式写成了给班主任的建议书，以改变师生之间无法互相理解的现状。同学与她一同征集了几乎全班人的签字，由顾萍这位主笔呈交给了老师。

当天下午，班主任就神色庄重地来到了教室，他将建议书展开，一字一句地读下来，最后郑重地说："你们 10 年、20 年之后再问我要这封信，我肯定能够拿出来，因为我会一直保存。我深刻地检讨自己，向你们道歉。"

玻璃窗下

　　成长并不总是登高望远,有时一扇镶嵌在教室后门毫无风景的玻璃窗,就能困住年少时横冲直撞的心。就如同每个人都会经历的那样,顾萍也曾生活在这样一扇玻璃窗下,她只能看见窗外世界的模糊虚影,而窗外之人对窗内情况一览无余,于是只能按照玻璃窗外的世界所要求的那样去生活。她曾经经历过班主任严厉到会让人厌学、高考失利以及读一个并不感兴趣的专业的苦闷时期。

　　高三时期的班主任热衷于透过教室后的玻璃窗"关心"学生,从早上7点到晚9点不间断供应着"关心"。然而青春总是"关不住的",班里的一些男生有时会故意塞住教室的门锁,这样晚自习时谁都进不了门,自然放个晚假;他们还会在高考前夕骗老师说去考播音专业面试,换来一天的假期玩个尽兴。

　　以播音为业,是她未曾设想的道路,最终也成了她未选择的路。她没有通过高考考上一所喜欢的大学,也没有进入心仪的专业。做会计的妈妈最终把她的志愿改成财务,希望顾萍像她一般"旱涝保收"。在度过了一段后来回忆起来也乏善可陈的大学时光后,为了走上父母期望的稳定人生轨道,她又在毕业一年后离开兰州市内银行的临时工作,在武山水泥厂拿到了编制，还组建了自己的家庭，从此丈夫与孩子围绕在身边。

后来父母回到上海落叶归根，顾萍举小家迁至江苏江阴玻璃厂。江阴富裕，但员工大部分都沾亲带故，顾萍是局外人，总是被疏远在中心之外。后来玻璃厂四处开设办事处，甘肃的多年经历成为了南北差异下最好的履历，于是她与丈夫一起被调到了北京。

从黄河奔腾而过的兰州到小桥流水人家的江阴，再到人群总是步履匆匆的北京，顾萍终于见到了天安门广场。她那时上班经常要经过天安门广场，同样的主席台方位，同样的广场布局，顾萍发现原来天安门广场与东方红广场，如此相似。跋涉多年，她终于来到此地，走出了玻璃窗下的生活。

回　甘

北京之于顾萍，就如枯木逢春，将她心中所有的、渴盼已久的声音和光线召回。她这一生最大的变动发生于此：玻璃厂裁撤北京办事处时，她决定留下，放弃他人所崇拜的编制，开起一家艺术玻璃店；教会经常哭闹的儿子培养意志力，学会踢毽子、打羽毛球、下围棋；也学会离开一个没有责任心的男人，成为北京怀柔建材城里第一家艺术玻璃店的女老板。

她把自己的店铺经营成建材城里最亮眼的风景，也用多年的审美积累获得了不错的口碑。顾客一来，她就能从玻璃的使用场合、场所的铺陈置设、家里的装修风格，判断适合顾客的艺术玻璃风格，再从图案与工艺上入手，为顾客介绍最切合的艺术玻璃。她像经营一门艺术一样经营自己的小铺子，但她始终学不会生意人的那些聪明。在遇到如今的爱人老朱后，她决定回到上海，开始新的人生积淀。

就如同制作一杯手冲咖啡，需要先经历闷蒸的过程，咖啡粉触碰到热水，首先释放出生命中的二氧化碳，然后膨胀出一定的空隙，等待新的滚烫人生滤过咖啡粉层。初回上海时，顾萍开过服装店，后因经营不善待业在家。也正是这一段经历让顾萍发现，过往的会计与销售职业或许真如二氧化碳，如影随形但无法提供生命中的氧气。她选择等待，将时间注入艺术中，以萃取出生命丰富的风味来。

在随老朱采风去长城时，老朱一句无心的调侃"你很有艺术天赋，你也可以学摄影嘛"，令她拿起了相机，当她用取景框将近处的长城与远处的风光框成一幅画的时候，仿佛又回到了幼年时在兰州家中，窗户将整个东方红广场框成一副风景的场景中。世界的风光经由不同的光圈与焦距变换，景色大不一样。相机里的丰富与世界的多彩，唤醒了她对于观看世界的兴趣，即用自己的双眼，这一双在北方长大的南方人的双眼去观看，也用镜头去拓展另一种观看的可能。

她先从单反学起，后来渐不满足于老朱的教学开始找书自学，她开始把家里变成摄影棚，又渐渐将这个摄影棚的范围扩大到天地之间。她专门去摄影培训中心学习摄影，从初级班、中级班、再到高级班，一路稳扎稳打，也进步飞速。两年后，摄影培训中心招聘，顾萍一面即中。她在摄影路上一路前进，顺利拿到了摄影二级技师证，中国摄影家协会也向她敞开大门。原来对世界充满好奇心，所行皆为坦途。

　　顾萍说她学习摄影时，从未想过失败。也许是因为百分百投入时从不会去想后路，她运用着相机的暗箱，完全沉浸在暗箱之中无暇受到其他思绪的干扰。也许因为有老朱这个摄影行家做坚强的后盾，亦或许是在各类赛事中跑出了经验，让她知道了"文无第一、武无第二"的道理。

　　接受目标与实际获得奖项之间的落差，并不是一件容易的事情，顾萍好强，每次比赛都冲着头奖而去，但摄影拍摄自然风光，总要看老天眼色，还需要在当地有"内应"，知道一座山何时遇到什么天气。万里无云时的山光是最缺乏景色的，总是要有一些云雨施些"魔法"，中国山水的况味才能更为精到地呈现在眼前与镜头之中。天工固然美，但需要时机。因而顾萍更偏爱人文纪实摄影，无须老天爷赏脸，就能与更广阔的世界发生连接，这也是人文摄影的真谛所在。她常扛着相机带学生们去采风，她不仅会在拍摄时授人以渔，同时也会想办法消除旅途中的乏味，她策划大巴上的文艺汇演，一行人朗诵、唱歌、讲故事、变魔术。在年龄层极为丰富的汇演中，往事与现实，就魔法般地混杂在一起。

十年前，顾萍再次回到东方红广场，发现东方红广场周围密密麻麻地全是高楼大厦，这些膨胀的城市的欲望，让那个曾经开阔的空间变成了再也回不去的时间。她幼时站在五楼的家中就能看到广场的主席台，如今登上二十楼也未见得一窥广场全部。天地突然变得很狭窄，这些狭窄是繁荣的副产品。顾萍喜欢自然与开阔，她说那是因为从小在奶奶家挑羊草、下河摸鱼的缘故。有时她在路边见到一株小时候常见的草，都要兴奋地驻足半天，拉着老朱说起童年。正是这种对于城市的失望与对自然的亲近，使她将目光投向了西南。

到西南去

走向西南，不仅是拒绝沉浸在中心的状态里，同时也是走向真正的艺术，走到真正需要帮助的人身边去。顾萍说："摄影玩得久了，你就会对所谓的一张好看的照片失去兴趣，希望做更有意义的事情。"这时她看到了摄影家陈海汶为五十六个民族拍摄的全家福作品，他用影像写成民族历史文化，顾萍也响应中国文联的"送文艺下乡"的号召，她更希望把目光聚焦在小家之中，弥补普通人缺乏影像记录的遗憾，为他们留存珍贵的个人史料。

她的镜头从见证盛况转向捕捉微尘。他们到云南以及川滇交界的大凉山，扛着照相机与照片打印机、打印纸，就是为了免费为西南山区里的人们拍照。那时智能手机还未普及，这些在边远地区生活的人很难拥有一张自己的照片，更不用说其他的人生记录。最初他们衣服带得多，设备装满了一个大包，还加上一个厚重的大箱子。后来背包难堪重负，带子罢工，他们稍事休整，将装着厚重衣服的大行李箱寄了回来。最后轻装前行，只有两个最简单的人与最简单的设备。

初至云南，顾萍与老朱碰上了临近寺庙的赶摆活动，他们为寺庙的和尚与四面八方来的乡亲们拍了不少相片。也是在寺庙里，他们认识了一家饭店的女老板，她会定期向深山中运送干净的矿泉水与米粉，于是他们等待与她运送物资的车一同上山。在等待的几日里，他们还教会了她如何使用闲置多年的单反相机，老板的相机配置极佳却总是得到虚焦的照片，原是她之前一直用长焦镜头拍静物。顾萍与老朱就像这个长镜头，从上海到西南，他们不再将边缘视为一个绝对静止的物，而是真正地走入边缘的生活，因而让边缘模糊的景致也变得清晰起来。

顾萍与老朱在车能开到的最远的村庄下车，先是经司机师傅介绍到村里收电费的一家人中借住，他们对整个村子的情况掌握得最清楚，了解了整个村子的概况，再一家一家上门走访。顾萍怕狗，但是家家户户的狗与鸡满地跑，她为了自卫只好随时随地把一根棍子拿在手里，在这个过程中，她发现自己也渐渐地能与恐惧的事物和谐相处。他们总是在拍摄的第二天把打印好的照片送到村民家中，看到村民们激动地争抢看照片的样子，一股连获得大奖也无法媲美的成就感油然而生。

再往深山里去，顾萍与老朱就请收电费这家人骑着摩托车带他们一直到山的最深处，背包沉重异常，摩托车的车轮在泥土中留下极深的车辙印，他们就这样穿行在陡峭的山路间。有一天，一位近五十岁的男人找到他们，很小声又半带恳求地说："能不能帮我妈妈拍一张照片？我妈妈快不行了，她这一辈子没有一张照片，你们能给我们留个念想吗？"那男人寡言淳朴，黝黑的肤色显露出劳作的痕迹。

他们当下就答应了男人的请求，来到他的家中。这位操劳一生的母亲强撑着离开病床，坐在了家门口，她没有和其他人家一样穿着华丽的民族服饰，却足够真实。她的一只眼睛在终年劳作中已经很难睁开了，但她还是睁大了浑浊的双眼，在镜头前留下坚毅的生命力。

这张照片不仅给这家人留下了永久的纪念，同时也被顾萍牢记，在外界的纷繁之外，还有山沟里贫乏的物质与生存的本质。看遍世界盛景的她，希望在微尘中提供更多的光。

他们还去到希望小学,这里墙皮斑驳,学生们没有一张像样的饭桌。他们向校长说明来意,校长连声感谢,激动地说:"多少年了,一直没人给我们学校拍过一张照片。"在顾萍的镜头下,班级的合影与学校的集体照由他们千里跋涉肩扛的打印机赋予真实原有的色彩。

从云南到大凉山亦由几年的步行丈量,顾萍与老朱是十年前最早去大凉山进行人文纪实摄影的一批摄影师。顾萍记得最清楚的,就是那里的人们贫困却酷爱雪花啤酒,老少皆拎着啤酒瓶在泥泞的土地上行走,或就坐在家门前,望向不知名的远方,让金黄的麦汁就随着仰头的弧度倾倒进口腔。顾萍与老朱经常与彝族的人们围在长燃不灭的火堆边,或畅聊、或沉默,有时也会被拍摄的对象大倒苦水,除了倾听与提供微薄的资助外,他们能做的更多是记录。

在顾萍的镜头里,有五六岁就在室外帮忙织布的女孩们,她们自出生起就在不停的劳作中接受了这种一成不变的生活,这其中没有啤酒花的香气,只有无尽的苦涩。有独自带着八个孩子坐在门口草堆上的母亲,大孩子们抱着小孩子们,她们就那样沉默着,彼此之间没有交谈。那几年顾萍每年都会走访大凉山,拍了很多照片,也听了很多故事,她就是一个最诚实的记录者,不预设立场,也不评判是非,因为真实本身自有千钧之力。

掰苞谷的"虎妞"

如果说顾萍前几十年的人生在遇到摄影之后，进入了对于真实的学习，并在旅行中不断地加深这种学习，那么她五上武当山学习太极拳剑，便是将视觉上的学习转向了更丰富的感官世界。为摄影比赛一上武当山时，登顶恰逢大雪纷飞，这让她心境骤然开阔。后来她为学拳数次上武当山，在武当山半山腰的拳馆拜"中国轻功第一人"陈师行为师，成为武当山的第十六代传人。她在山中修行，学会漫山遍野地抓鸡，也跨越了一代人的相隔理解了素未谋面的外公，战乱年代能一跃上房顶的外公，曾在崇明岛办学堂，造福了一方的孩童。大义原是一种传承，亦是一趟修行。

太极以心行气，以气运身。她的气便转向了声音艺术，她的朗诵启蒙源于高中最好的朋友，朋友曾朗诵歌颂张海迪的作品，让顾萍情不自禁落下泪来。她那时只敢悄悄买一盘乔臻和丁建华的诗歌朗诵磁带，在父母不在家时跟着磁带朗诵自学。直到退休之后，她才在老年大学接触到正式的朗诵教育，她在各类朗诵比赛中一路拔得头筹，转益多师。她也被多所成人教育学校聘为朗诵教师，不但带着学生们一同探究朗诵艺术，同时积极地加入区镇的反诈骗宣传巡演中。

从声音艺术到表演艺术，顾萍与老朱是在2020年上海中外家庭戏剧大赛中逐渐摸到门道。起初他们只是因为疫情在家中无趣，录下《骆驼祥子》的话剧配音片段参赛，后一路进入到全市的总决赛角逐。决赛前两人下定决心突破声音表演的界限，尝试还原戏剧，为了达到更好的效果，两人到上戏退休教授的表演沙龙学习，顾萍开始身体力行地体验并成为"虎妞"。

节目最后获得了主持人骆新的赞扬："十几年了，我第一次在上海的舞台上看到这么真实的虎妞。"在上海人看来，演绎泼辣的虎妞无异于自毁形象。而顾萍不同，她同时有着南方与北方的生活经历，也能够演绎虎妞性格中最复杂的部分，那是一个对生活充满欲望的人物角色。

正是这样蓬勃的生命力，让刚成立一年的音之魅艺术团导演主动找到了顾萍，让她与老朱加入了戏剧《花落无声》的全国展演，该剧歌颂隐蔽战线上的无名英雄。普通人或许只是历史长河中的泥土，也正是他们决定了每一次的浪涌是否成型，无名英雄值得书写，正如边远乡村的孩子也需要一张照片。正因为不断地从地理上的中心或历史上的中心去发现边缘，使顾萍迅速地成长起来。

顾萍最爱说各种艺术都是"你中有我，我中有你"。除了成人学校的教学工作之外，她还参加了朗诵团、表演沙龙。一台节目，朋友朗诵，她与老朱一人弹奏古琴，一人打太极。她说艺术是玩得越多越好玩，就像她学唱歌进步快离不开朗诵与太极的积累，而学习唱歌反过来也能帮助她在朗诵中有更大的进步，一切都能被联系起来。顾萍家中处处陈设都可把玩，偏厅的两把古琴，客厅的色空鼓、佛乘、陶笛、非洲鼓，两人闲时就能上演一台节目。

在挣开枷锁之后，她对世界的好奇心终于能够展开，她兴之所至地去过自己的人生。她说人生进入一种"玩耍"状态的门槛本没有那么高，不过是享受一种平凡的质感，虽不大富大贵，但精神上却绝对的富足，没有五光十色的艺术享受，反而能够享受最朴实生活中的美丽。

顾萍最近在规划继续精进语言艺术方面，希望学习评书与纪录片解说。每每提到新的学习计划，朋友总要调侃："顾老师，你接下来又要跳到哪一个山头了？"

若有可能，顾萍也不想当摄影界里面朗诵最好的，朗诵界里面太极最好的。因为这意味着，她在每一个圈子里都未攀登至最高峰。但那座摄影的金顶，并非她主动放弃。几年前她时间精力有限，但还没等到她考取国家摄影一级技师证，这项资格考试就取消了。这后来也成为她没有攀上摄影高峰的一个隐喻。她在一次检查中检出飞蚊症，医生告诫她不宜过度用眼，尤其是摄影。她不得不调转山头，如果说是猴子掰苞谷的话，她就是快至黄昏才去重拾早上遇见的苞谷的猴子，而这少女时期不得不放弃的"苞谷"此时品尝起来格外香甜。或许是因为傍晚是一天中最美好的时光，20岁时的顾萍难以想象自己五六十岁满脸褶子的样子，如今每日乐开了怀，人生很长，不需要急着在年轻时将所有的事情"打卡完毕"。50岁以后的人生是为自己，为自己并不是自私，而是真正想明白"我是谁，我从哪里来，到哪里去"？

快乐来自学习，这是顾萍的信条。向上攀登的快乐，帮助他人的快乐，创新融合多种艺术的快乐，都是会丰盈内心许久并生生不息的快乐。从摄影出发，从东方红广场的盛况远眺，顾萍既走向外部的广阔，亦向内心不断求索。老朱爱用混江湖来调侃顾萍学艺，说她总是剑指巅峰。混江湖，讲究的不过"快意"二字，每一项艺术，她都奔着大道而去，希望在登顶的路上尽可能地帮助他人。这使顾萍在不知不觉中，成为两千年前孔圣人的弟子，从仁出发，游憩六艺之中。顾萍就是这样，怀揣着对于世界的好奇上路，肩扛着28—300 mm的镜头往返于中心与边缘，就如同她在学习中同时观看世界的盛况与微尘，怀着对于盛景的希冀，看见微尘中真实的存在，有粗粝，亦有细腻。

将学习作为一种生活方式，顾萍最终找到了自己的自在人生。

38岁,她开始成为"金绣娘"

罗兰荟子

罗泾镇,在上海市宝山区的西北部。从市中心出发,往长江的方向,直到与太仓的交界处,和崇明岛遥遥相望的地方,就是罗泾镇。这是名副其实的郊区,早些年,这里属于江苏,当地的人们说"去市中心",还习惯于说"去上海"。

2016年,在老城厢出生长大、结婚工作的郑晓蓉,二胎待产期间回到了丈夫的老家罗泾镇。彼时,她对罗泾这片乡村土地全然不熟悉,也不会料想到,她与罗泾、与这里的居民、与这里世代传承的十字挑花技艺,会结下深厚的缘分。

初见郑晓蓉,除了她那双总是带着笑意的、弯弯的眼

本篇主人公郑晓蓉,1979年生,基层文化工作者,上海市级非物质文化遗产罗泾十字挑花技艺项目区级代表性传承人。深耕罗泾十字挑花技艺项目,坚持传承与传播,致力于传统十字挑花技艺的创新发展。被聘为东华大学人文学院新闻与传播专业硕士研究生校外导师,被评为2020年全国乡村能工巧匠、2021年上海市"百姓学习之星"。

睛，最容易让人注意到的是她的手——与她优雅朴素、富有亲和力的外表有些违和，她的手指间满是粗糙的茧，指节上现出纵横深浅的伤口。这是"手艺人"的印记，也是郑晓蓉作为罗泾十字挑花非物质文化遗产代表性传承人的凭证。

38岁时，她从零开始学习十字挑花技艺，到现在已经是第七个年头。在这期间，郑晓蓉越来越发现，传承十字挑花的工作，更多在十字挑花之外。

不会"摆烂"的人

第一次接触到十字挑花是一个很偶然的契机，从小就喜欢做手工，又在女子中学系统学习过缝纫、钩针、编织等女工活的郑晓蓉，在丈夫老家坐月子给宝宝织毛衣的时候，被十字挑花社团的阿姨"发现了"。十字挑花社团是罗泾镇政府召集对十字挑花有兴趣的人进行技艺普及的集中培训社团，社团的成员也基本是罗泾当地的老年女性。

"你会不会打中国结？"阿姨发现郑晓蓉总会做些手工活，于是抱着希望来询问她。当时恰逢端午，十字挑花社团正在学做香囊，香囊上要配中国结，可是市里请来的技艺师傅没有把阿姨们教会。郑晓蓉向阿姨要了一个中国结，拿着它略一琢磨，发现它其实就是中间一个四回盘长结、边上两个酢浆结的一种组合结。她当即编了一个中国结给阿姨，手把手地将她教会了。回去之后，阿姨就向文化活动中心主任推荐了郑晓蓉。彼时对十字挑花还一无所知的郑晓蓉，就这样成为十字挑花社团的技艺师傅。

在那里，郑晓蓉第一次看见了十字挑花的绣片。平时喜欢做手工的郑晓蓉，早就听说过罗泾当地有一种独特的绣法，但是当她看见绣片上分布的"大叉"，第一反应却是有些失望——与它远扬的名声不符，那只是一块朴素的土布，以及寥寥如简笔画的纹样。郑晓蓉心想："这不就是十字绣嘛！"直到阿姨将绣片翻了过来，她才发现绣片的正面是十字绣般的"叉"，背面却是均匀整齐的一字点状，正面与背面都非常干净，没有一丝杂乱的线头。她把这独特的纹样记在了心里。

一个月之后的第四届十字挑花技艺大赛，阿姨又向市级代表性传承人陈育娥推荐了郑晓蓉。就这样，郑晓蓉也得到了一块正方形的白色土布以及一些针线，陈阿婆让她自己回去弄，做好了就交过来。当时的她对十字挑花没有任何概念，只记得正面是大叉、背面是一字，而罗泾镇土生土长的婆婆也只教了她一句话："我们这个纹样是'铺出去再回来'。"她听了更是一头雾水。

不论如何，拿到了东西，总要给别人交代，"因为我就是一个不会'摆烂'的人"。没有从婆婆那里得到方法与答案的郑晓蓉，转头扎进了宝山区图书馆寻找资料。她了解到，十字挑花作为一种技艺，并不是上海独有的。它发源于内地，在不同的地区有不同的叫法，比如挑花绣、挑绣等，苗族刺绣中又叫它"数纱绣"。

在生产条件不发达的时代，老式织机将称为"纬纱"的横向织线穿梭到称为"经纱"的竖向织线上，无数经纬织线就组成了我们现在说的"土布"。"挑花"的"挑"也就是指挑经纬线，在经纬线交错的"布眼"上，下针、出针；每一针都是挑绣者自己数经纬线决定的。十字挑花有一些基本的针法和图形，通过组合，就可以描摹花草、飞鸟、走兽的传统纹样。

弄明白了一些基础的理论之后，郑晓蓉白天照顾刚出生的孩子，夜里就坐在灯前挑花。灯光晦暗，难以看清楚下针的布眼，她便想了个办法，把土布蒙在了手机的手电筒上，布眼和经纬线就十分清晰了。就这样忙里偷闲，郑晓蓉摸索着完成了第一幅十字挑花作品，那次的技艺大赛，她最终获得了二等奖。作为一个第一次接触十字挑花技艺的新人，二等奖应该是一个不错的结果，可郑晓蓉冒出的想法却是：我和一等奖的差距在哪里？

陈育娥告诉她，十字挑花的走针要有逻辑，讲究一线到底，如果单色并线足够长的话，布的背面应该只有一个起针的结和一个收尾的结。而郑晓蓉初次挑花，走针毫无章法，导致布的背面不断打结、剪断、重新起针。她才明白十字挑花看似朴质,却并不简单,它不像别的刺绣技艺,要先画样稿、拓图片,十字挑花全凭挑绣者的一根针、一双手。十字挑花最吸引她的,正是这"千人千绣"的极大自主性。同时她也产生了困惑:这样有意思的古老技艺,为什么却鲜少有年轻人参与?社团里都是上了年纪的阿姨,比赛里也几乎没有同龄人,颁奖的时候,文化活动中心主任还对38岁的她说:"哎哟,这么年轻啊。"

两个菱形

成为社团成员之后一年半的时间里,郑晓蓉照旧回到喧闹的市中心上班、带孩子,平时,远在罗泾的十字挑花社团开展活动,总是考虑到她路途不方便,几乎不喊她参加。她就自己在家绣作品,慢慢熟悉十字挑花技艺。直到2018年3月,关于十字挑花的官方纪录片《养在深闺的摩登时尚》开始拍摄,导演想呈现十字挑花的过去与现在,除了陈月娥等老一代传承人,还要有象征当下的新一代传承人。郑晓蓉就以"新一代传承人"的身份开始接受采访。

尽管当时郑晓蓉只是被镇政府授予了"新一代传承人"的头衔,并不算官方认定的传承人。她想起自己在参加比赛时寻找资料的经历,那时她就深深地感到这项古老技艺在文献记载上的匮乏,而现在虽然只是镜头前短短的一两分钟,但是对于一些像曾经的她一样想要了解十字挑花的人，却是奉为圭臬的宝贵材料，所以她也必须保证面向公众讲述的准确性，因为一人一时一地产生的小小错误，可能需要几代人去修正。这样对待任何事都需要有一丝不苟的严谨态度，也在她之后的工作中一直得到贯彻。

她也在想，传承十字挑花究竟能带给人们什么，传承它的意义又在于什么？抛开"非物质文化遗产"的头衔，在对十字挑花的发源、绵延以及背后的文化进一步了解之后，她产生了更深刻的思考。

十字挑花虽然并非发源于上海，但是它在罗泾这片土地生长，哺育了这片土地上的人们。十字挑花曾经是罗泾妇女都要掌握的女红技能，或挑在做农活时戴的"兜头巾"上，或挑在衣裙上，或挑在孩子的肚兜上与鞋面上，当地居民的生存劳作、婚姻嫁娶、繁衍延续，都有它的身影。比起丝绸与精致的刺绣，土布和挑花更适合乡间土地上的老百姓，它在三百年前，被田埂间的妇女们出于追求美的心情创造出来，更寄托了她们对美好生活的希冀与向往。

而这样的情感，渐渐消散在历史的风中了。有新式织布机，不需要手拉脚踩经纬线，机器织布又快又密，再也找不到下针的"布眼"；有更漂亮、更精致的纹样，林立在橱窗间，再也不需要费时费力地挑经纬线，绣出一些如今"过时"的纹样。就连罗泾的居民们，也慢慢遗忘了它原本的意义。

郑晓蓉试着去唤回一些记忆，她注意到了家家户户屋顶上总是出现的、两个菱形叠在一起的一种纹样。她于是询问了一些老人家，想知道这个纹样的名称与意义。有的阿婆说，这代表"胜人一筹"，事情胜过别人，日子就好过了，所以叫做"胜纹"；有的阿婆说，叫做"申纹"，是"申城"的"申"。问了许多人，回答大都含糊不清，郑晓蓉只能自己去查资料，最终发现这是一种叫做"方胜纹"的传统纹样，两个菱形交叠，最早出现在西王母娘娘头上的发簪，而西王母是主繁衍的，刻在人家的屋檐门楣上、女子的嫁妆家具上，代表旧时人们对婚姻和谐、人丁兴旺的祝愿。

以"方胜纹"为开端，郑晓蓉不断地追溯十字挑花背后的文化和故事，讲述给乡间田野的老百姓们听。大家发现，所谓的民族传统并不是遥远的东西，它就在触手可及的身边，只是一直以来都被忽略了。不论时代如何变幻，总有一些根深蒂固的东西是不会变的，传承十字挑花，最重要的并非某项技艺、某件绣品，而是传承这片坚实土地上的祖祖辈辈勤恳地，专注地，一针一线地，创造自己生活的精神。

像树一样生长

在纪录片拍摄之后不久，国家全面实施乡村振兴战略，郑晓蓉接到罗泾镇镇政府抛出的橄榄枝，能专职从事十字挑花的传承与保护工作，于是她义无反顾地辞去原本的工作，正式入职镇文化活动中心，负责十字挑花项目的传承与保护工作。最初，她以为这项工作不过是传授技艺、制作绣品，周围的朋友还羡慕她可以把爱好当成工作。很快，郑晓蓉就发现不是这么一回事。

除了技艺制作，郑晓蓉承担的大部分都是事务性的工作，包括申报、洽谈、台账、库存、结算等所有事务，都是她负责的范畴。郑晓蓉从前并无这方面的工作经验，十字挑花的传承又需要新的做法，没有旧例可以依循，她和十字挑花传承都是一张白纸。于是，郑晓蓉开始和十字挑花传承一起成长。

老一辈的技艺师傅，他们做来做去，只是那些固定的纹样和绣品，不会设计更谈不上创新，传统的十字挑花在缤纷琳琅的现代世界中举步维艰。作为十字挑花传承中"最年轻"的一个，她想让传统技艺跟上新时代的步伐。有了"方胜纹"的经验，郑晓蓉领悟到，想要做好十字挑花的传承，不仅要会做，还要敢想，更要能说。非物质文化遗产"走出去"的最好方法，就是"讲出来"，"文化就是讲故事"。如何更好地向大众讲出十字挑花的故事，则成为她的挑战之一。

郑晓蓉把目光投向了十字挑花的起源。过去罗泾妇女们在劳作时，会戴一种"兜头巾"，防晒保暖，但土布是白色的，戴在头上不好看，手巧的妇女就挑花于兜头巾上，既实用又美观，十字挑花技艺由此逐渐形成。"兜头巾"既是罗泾地区的传统服饰，也与十字挑花技艺息息相关，于是郑晓蓉就将"兜头巾"作为象征十字挑花的"IP"，在参加活动时把自己制作的兜头巾戴上，成为"活招牌"，吸引了众多媒体的关注与报道。之后，在第十届国际民间艺术节上，那顶兜头巾也戴在了国际民间艺术组织荣誉主席的头上，被他赞誉为"中国式的简·爱帽"。

在自媒体迅猛发展的当下，郑晓蓉也学着直播、带货、开网店、剪辑视频、经营微信公众号、与播客合作等，每一件都几乎是从零开始学起，一个人独立完成。除了这些，她仍然是十字挑花技艺的代表性传承人，要不断地精进、打磨技艺，一针一线地制作绣品。过去挑花制作的兜头巾也好，系身勾也好，都是离现在很遥远的事物，她试着制作了许多十字挑花衍生产品，如首饰、杯垫、口金包、车挂件等，让十字挑花装点生活的理念融入现代时尚中。

对郑晓蓉来说，学习新东西不是一件困难的事，困难的是知道有做得更好的方法，却不去做。在她与十字挑花共同成长的经历中，她一直都在践行着这句话：从一艺，择一事，终一生。

"就像树一样"，她这样形容自己传承十字挑花的过程，

"看得见的地方枝叶繁盛,看不见的地方,根茎也在生长。我们所做的事情,就是要让这棵树越来越旺盛,不断开出枝丫。"

在七十岁之前

既是非物质文化遗产保护单位的工作人员,又是"被保护"的手艺人,这样看似矛盾且烦琐的工作没有让郑晓蓉感到不安,反而给予了她比纯粹的工作人员或手艺人更开阔、深刻的视野。她既了解传承工作需要去做什么,也能做到这些事。

虽然,她个人最真实的想法,只想做一个纯粹的手艺人,但是郑晓蓉也明白,闭门造车对十字挑花的传承没有任何的帮助。烦琐的日常记录与整理,记载她与十字挑花传承工作共同成长的过程,是她的工作习惯,也是给予领导、媒体的最有效率和说服力的材料。正是凭借着这些材料,罗泾十字挑花才在短短几年时间中实现了井喷式增长,让越来越多的人有机会认识、了解这项古老的技艺。

而这一切,都需要投入大量的时间和精力。郑晓蓉平时上班的时间大部分都在处理事务性的工作,下班的时间则做绣品、举办活动。前阵子,为了长三角的"指生万物"展览,她在办公室一连待了七天,做了九幅绣品。总是困得受不住了才稍微躺一会儿，醒了就继续做。这样高强度的工作，几乎是她的日常。

这些辛苦是看不见的，文化工作没有好与坏的评判标准，郑晓蓉虽然是领着工资的传承人，但是付出和工作强度无法与收入成正比，只是履行着她认为必须要完成的职责。这也使得本就缺人的传承工作，少有年轻人问津。很多人乍一接触都觉得有意思，但是不出三天，就被十字挑花的枯燥与辛苦打败。基础的针法要学大半年，而想要将针法组合、做自己的绣品，花上一两年都是正常的，更何况十字挑花本就是一项费时费力的辛苦活儿。

"现在的年轻人，热衷于吃喝玩乐，想要'躺平'。"郑晓蓉虽然这样说，她也明白年轻人的压力与焦虑，明白他们嘴上的"摆烂""躺平"，明白他们动荡内心中巨大的迷茫与不自洽，所以她理解年轻人，也没有责备，没有说教，只是像看着自己的孩子一样看着他们，用手中的一针一线弥合人与世界的联系，坚定的，沉默的，一如她一直在做的，一如这片山川土地上拿着针线的祖先们，曾经做过的。

未来的传承人该怎么办？郑晓蓉一点儿也不着急。总会有人遇到十字挑花，就像自己一样；总会有人不求回报地热爱十字挑花，就像自己一样。老一辈传承人陈育娥在七十岁的时候才找到了她，她想，在她七十岁之前，她也总能找到"另一个自己"。

我的妈妈是"金绣娘"

从企业白领到基层文化工作者，从手工艺爱好者到十字挑花传承人，郑晓蓉的工作离不开家人的支持。母亲、丈夫、婆婆，都觉得她在做一件有意义的事情。但是在一心一意投入十字挑花传承工作的同时，她不可避免地要让渡另一部分的生活。

郑晓蓉的大儿子已经上大学，小儿子跟着外婆住在吴淞，而郑晓蓉在罗泾工作，常常忙得几个月见不到孩子。从2023年5月到6月底，两个月的时间里，她要么在罗泾的工作室里做绣品，要么在培训、出差，孩子们劳动节放假回罗泾的那天，才见到了妈妈一面。老大已经不太需要母亲的陪伴，知道她工作忙，就算生日的时候也只是打个电话给她，要了零花钱和自己的朋友出去玩。

"孩子的成长没有回车键，错过了就是错过了。孩子说第一句话、掉第一颗乳牙，一生只有一次。"郑晓蓉知道自己错过了许多亲情缱绻的时刻，遗憾总归会有遗憾，在作为传承人的身份与作为母亲的身份之间，她有过进退取舍，但是从未懊悔。她始终认为女性不应该为家庭或者情感放弃事业，这也许是上海女性天生就倾斜的天平，而且她坚信，陪伴孩子成长不仅仅只有在他们身边这一种办法，她更希望能给孩子树立一个榜样，那就是找到自己热爱且愿意为之付出生命的东西。就像她自己，在 38 岁重拾自己的爱好并将其作为职业，不计较任何的得失，她也想告诉孩子们，只要是喜欢的事情，无论什么时候开始都不会晚。

如果说有亏欠，郑晓蓉觉得不是对孩子，而是对自己的母亲。是母亲一直在打理家里的一切，照顾孩子也照顾她，让她得以在事业和家庭的天平中找到一丝平衡。

虽然"世间安得双全法"，现在，郑晓蓉也开始摸索着，试图在事业和家庭之间找到一些平衡。举办活动的时候，郑晓蓉偶尔会带着小儿子一起参与。孩子渐渐长大，理解了她做的工作，还会自豪地向同学介绍："我的妈妈是'金绣娘'，我以后也要像我妈妈一样。谁说只有女子才能当'金绣娘'？我就要做'金绣郎'。"

儿子不经意间冒出的"金句"，令郑晓蓉惊喜又感动。传与承、事业与家庭的困惑，似乎都在他的话语中找到了答案。她曾经一直孤寂地坚守在十字挑花的道路上，此刻，终于从身后传来了回响。

时代指尖的面人

马　侠

张书嘉十岁起师从中国知名面塑艺术家——"面人赵"赵阔明之女赵凤林，是非遗面塑的第三代传承人。2007年，她创办"书嘉手艺中心"，致力于中国传统文化面塑艺术的传播与发扬。在推广面塑这条道路上，张书嘉不断学习，把面人捏进了时代的轨道。

十岁的爱好

第一次接触面塑，是张书嘉过十岁生日那天跟着爸爸妈妈去城隍庙游玩，她获得了父母的许可去挑选一件喜欢的东

本书主人公张书嘉，1980年生，十岁起师从面塑大师赵阔明之女赵凤林，非遗面塑第三代传承人。曾代表中国出访过法国、德国、美国、俄罗斯、白俄罗斯、克罗地亚、老挝等国家进行文化艺术交流。2007年创办书嘉手艺中心，致力于中国非遗的传承和推广。2017年荣获"上海市终身学习典范"提名奖，2020年荣获"全国百姓学习之星"称号。

西作为生日礼物。恰逢赵凤林老师组织了一个面塑表演展位,她被精美的面人吸引驻足,一看就是三小时。那是她与面塑冥冥之中的第一次相识,没想到却成了自己人生中的不解之缘。

赵凤林老师第一次见她就觉得有眼缘,打破了学区界限录取她在少年宫上自己的面塑班。那时候每周跨区去少年宫,来回的路程要比上一节课的时间还长,但是她仍然风雨无阻地按时去上课。对于她来说,周复一周地奔波并不是一件需要"坚持"的事情,因为"坚持"在某种程度上意味着痛苦,意味着需要咬着牙持续下去。而小时候的她没想过那么多,就像别人喜欢唱歌跳舞,而她喜欢的是面塑。写字、画画、唱歌、跳舞、电子琴……她的父母都带她尝试过,面塑对她来说就像有着天然的吸引力一样,不是她选择了面塑,而是面塑选择了她。

那时候的交通没有现在方便,每到周末她要么挤公交车,要么坐在爸爸的自行车后座,如果下雨的话就坐在前座,这对于她来说是去做一件每天心心念念想做的事。若谈及"坚持",学面塑更像是对她父母的一大考验。风雨无阻地接送她非常费时费力,每周上课的一个多小时,父亲也往往都在等待中度过。她说,父母给予的支持是她得以在面塑这条道路上耕耘的坚强后盾。

后来少年宫的面塑班因为上课的学生实在太少而逐渐关

停,越来越多的学生选择去学习跳舞、弹钢琴这样在社会上喜闻乐见的特长。面塑班虽然不以盈利为目的,但是服务成本也是一笔很大的开销。张书嘉作为整个过程的经历者从一开始看到同龄的小伙伴兴致勃勃地来,到身边的人渐渐变少,最后基本就剩她一个人,面塑班在少年宫的停办也没有阻碍她学习的步伐,她跑去了赵凤林老师家中学习,"其他小朋友半推半就,我却吵着要去学,可能这就是缘分吧"。

刚开始,她连面团子都不太会捏,到慢慢掌握了揉、捏、搓、捻、挤、拉、掐、拧等手法,还有挑、拨、按、粘、嵌、刮、戳、滚等工具使用方法,并逐渐掌握了调色、镶色、并列色等面团调配技法,从面粉材料的选取,到面粉的揉制、蒸,再到人物脸型、身形的捏法,她就这样几十年如一日地学习,在面塑这条道路上缓慢而有力地奔跑。

十五岁的特长

到了中学时候,基本上学校里所有的人都知道,有一个有另类特长的同学叫张书嘉,她会捏面人。她也因为面塑在上学期间有了一段难忘经历。初中的一个晚上,她看到别人摆摊卖泡泡,于是突发奇想带着一群同学在街边摆摊捏面人,那一晚上卖了三百多元,她请所有的小伙伴吃了夜宵,这对她来说是一次不可多得的美好经历。

初三升高一的暑假期间，张书嘉在老师的鼓励下捏了《五十六个民族大团结》，这是她学生时代最大规模的创作，也斩获了国际大奖。那时候没有网络，为了了解每个民族的服饰、乐器、舞蹈动作等特点，张书嘉只能四处收集相关的邮票、报纸、杂志，其中不只是图像资料，她更注重知识体系上的学习掌握。制作时间整整花了两个月，虽然漫长，但是对于张书嘉来说每天的两三小时面塑制作是她娱乐和享受的时刻。

从爱好到特长，张书嘉的技能在面塑领域已经有了一定的代表性。十几岁的时候，她就代表中国出访了法国、德国、美国、俄罗斯、白俄罗斯、克罗地亚、老挝等国家进行文化艺术交流。那时候她的护照是公派的，她是出访团队中唯一一个小孩。在周围同学们的眼中，她已经成了一个"小明星"。同时，作为市重点学校，也经常会有日本、法国等国家来访进行文化交流，这个时候校长或老师就会跑到张书嘉的教室门口向她摆摆手，说："出来一下。"她像学校的小名片一样，向四面八方的人介绍和表演中国的面塑文化。在她看来，面塑就像滚雪球一样，做得越认真越好，别人就越认可，机会就会越多。

因为面塑从小带给她的经历和机会，也让她对面塑的关注和情感变得不太一样了。当她每一次出国，都会发现中国文化和手艺备受瞩目，她会从心底里觉得中国文化是了不起的。但是在国内她生活的环境当中,大多数同龄人刚学面塑没多久就纷纷放弃,面塑班的停办使她只能跑去老师家里求学,赵凤林老师身边真正学习这项非遗文化的人也没几个,老师只能趁庙会、市集等热闹活动的机会去摆个展位加以宣传。两者的强烈对比在她心中留下了小小的种子,演变成之后对推广面塑的初心。

二十岁的梦想

选择大学专业时,张书嘉很快发觉了不被重视的非遗现状,放眼全国高校的专业,很少有和非遗相关的,她最终选择了工业设计,算得上是还能与非遗沾点边的类目。工业设计专业和面塑没有非常紧密的联系,却也带给了她对面塑发展的一些新思考,大学的毕业论文她写的是中国民间技术如何市场化。在学校的学术研究已经让她看到了将非遗手工艺市场化的不易,她也一直在寻求合适的办法,在不断学习的过程中寻求一条创新之路。

本科的学习让张书嘉意识到了高等教育对于非遗传承工作的重要性,即使是专业只能沾点边,她也因为思维方式和文化底蕴的加持看到了手工艺传承的更多可能性,她难以想象如果有专门针对非遗传承相关的高等教育成熟体系,非遗文化将会有多大的发展。如今,经历过千山万水的张书嘉十分感慨，距离她大学毕业已经过去二十年了，现在虽然有少数高校开设了一些与非遗保护、宣传和管理相关的专业，但是数量和质量上依然有很大的改善空间。她认为，非遗未来如果想要有真正意义上的发展和不断层，必须要有高等教育的支持。

心底怀着对推广面塑的一腔热情，大学毕业后本来已经投入职场，做着白领工作的她还是按捺不住急切的初心。2007年，在国家十分鼓励年轻人自主创业的市场环境下，一个创业大赛节目《创智赢家》应运而生，张书嘉在师兄的激励下抱着试一试的心态去参加了。四个月的封闭式真人秀，每周一个项目，每周淘汰一个人，最终张书嘉拿到了第二季的总冠军，得到了100万元的创业启动资金。如果说之前十几年对面塑的热爱是毫无压力的一腔热血，谈不上任何坚持，那么到了创业阶段的她对面塑的感受和视角就不一样了，压力逐渐增加，对面塑推广传承的梦想在她的肩上像座小山一样一直催促着她向前。

三十岁的事业

说起来容易做起来难。刚开始张书嘉设想的是从校园入手，将面塑课程推广到幼儿园和中小学，她想着将课程设计好，生源和场地是现成的，省去了很多麻烦，而且适龄儿童学习非遗课程，相信学校和家长都会给予支持。但是行动起来还是没那么顺利，学校不允许收费类的项目进入校园，而张书嘉及其团队作为一个创业型的工作室必须先存活下来，她说："公益并不是不乐意去做，而是不能作为第一要务。"如果不能进入校园，要从头开始找场地，成本就完全不一样了。招生也面临一个很大的问题，有意愿给孩子报名的家长第一个会问的问题往往是："什么是面人？"第二个问题就问："这个能加分吗？"

幸好张书嘉手上还有创业启动资金保驾护航，张书嘉先将场地落定，便换了个思路去跟一些机构合作，自己动脑筋策划筹办各种各样的活动，也做一些公益宣传，从一开始的十人左右，到后来人数慢慢庞大起来。但是在宣传方面仍然没有强有力的经费支撑，尤其缺少大型的广告宣传，因此主要靠口碑取胜。

最开始的三年十分不易，在经济方面，支出远远大于收入，这对张书嘉来说不管是物质上还是生活上都是一个不小的挑战。"那会儿只能亲自冲在一线，没有什么合作伙伴可言，同在一个领域里的老师也不方便劝说人家加入，因为我自己也不太明确这个事业最后能不能让自己活下来，没底气去找人家一起来冒这个险，这是大实话，别人没有义务来和我一起承担传承的使命。我也很幸运，能得到周围人的认可和帮助，在天时地利人和的条件下折腾一下这个事情。"

先传播，再传承

把一项非遗传播得更广，让更多人了解和喜欢不是一件容易的事。张书嘉的老师赵凤林就深知这个行业的酸甜苦辣，她与丈夫——非遗剪纸大师赵子平靠着自己的手艺苦心经营几十年，一步步改善了自己的生活，对于张书嘉辞掉干了三年的稳定工作去拿面塑创业这件事，他们觉得实在是太冒险、太胆大了，赵凤林老师甚至觉得自己把张书嘉带上了一条"不归路"。但是当年意气风发的张书嘉没有因此放弃，她觉得做了就是做了，与师辈们不同的是，她所处的生活空间和社会环境在相比之下已经有了很大的改善，这也是能支撑她创业的根本。她说："如果说上一代人的工作是为了活，那么我们这一代人工作可能是为了更好地生活。"

拿面塑创业，她认为更多的是将其市场化，而不是商业化。"市场化就是你自己的东西要在这个市场上活下来，而商业化更多是在目标上、在经济利益上要更大化。"张书嘉从一开始便深知，关于非遗、关于文化的东西如果要把商业化看得很重是不现实的，如果她追求商业上的最大化是不会碰这一行业的。"我是主动选择去做这件我喜欢的事情的，某种意义上也要付出蛮多代价的，这些都是我心有准备的。"

在创业之路上寻寻觅觅，她最终选择了在文化社区开设了自己的工作室，先为社区学校当起了面塑老师，通过社区志愿服务，她和团队持续推广面塑非遗文化，培养了50多名非遗"种子"老师，走进了100多所学校教育机构，开设社区非遗体验课程1 000多场，至今"非遗进社区"累计已达6 000多课时，非遗体验者累计已超过10万人次，她在2010年就开始编撰手工面塑的相关教材，其《手工面塑（初级）教材》获评为长宁区社区优秀教材及全国社区优秀教材。2020年，她成了全国"百姓学习之星"，获得上海市十大公益故事奖，当选上海市十大青年社区达人。

张书嘉如今推广面塑主要面向的群体分为三类：以学龄儿童为主，占比七成左右，老年人占比三成左右，另外还有面向一些青年白领和全职妈妈的课程班。"非遗进校园"是张书嘉工作室的主要服务项目，是与中小学合作，进入学校的拓展课、课外课、兴趣班等。其次是在社区里面开办学校，面向社区老人。另外还有"午间E小时"、市民夜校以及各种各样的公益活动等。

她还发起了"种子老师计划"，刚开始是由她在自己的学生里面挖掘出一些好苗子，这些好苗子作为老师再挖掘出更多的好苗子，成长为下一代老师，以辐射的方式先让更多的人参与进来。张书嘉认为，先开展普及化的文化传播，再从中挑选苗子，水到渠成。

如今，张书嘉在面塑的推广和传播方面已经做出了卓越的贡献，尤其是在非遗领域，现在仍然有大量的非遗文化走向了消失和落寞，因此在这个领域耕耘的每一步都意义非凡，就像她本人所说："我作为传承人的身份来讲，我们非遗这块，因为原来了解的人太少了，所以怎么做都是加分的。只要你在做这件事情，它一定会比原来好！非遗作为中国传统文化的一部分，它与生俱来应该具备讲述中国文化的使命，所以不应该跟这个时代脱节。"

时代下的非遗，面塑作为载体

在社区学院工作方面，张书嘉工作室的面塑课程服务从2008年进入天山社区到如今几乎没有间断过，主要面向的群体是老人。作为公益性质的社区服务内容，对老人开放面塑课程，张书嘉最初预设的目标是让老人通过手工来预防老年痴呆，而在教学过程中，有相当一部分老年学员经常会有一些意料之外的收获和反馈。有些老人学了面塑，在孙辈面前更加受欢迎了，这让很多老年学员增加了自我认同感和满足感，因此面塑受到了广大老龄群体的欢迎。由此，在长宁区社区学院的支持下，张书嘉团队拍摄了一套纯公益性质的《祖孙面塑课堂》节目。每一期都会邀请一组是真实祖孙关系的嘉宾，其中至少一位是学习过面塑课程的学员，授课内容不单单是捏出一个好看的面人，还要让嘉宾充分发挥主观能动性，通过祖孙合作编故事、讲故事、情景对话的方式与自己手中的面人互动，张书嘉表示："这也是手工非遗很有意思的地方，一百个人捏出来的面人有一百个样子。"这样的家庭隔代共创式创作不仅是祖孙关系和谐的润滑剂，也让一个个面人变得更加鲜活生动，所以祖孙课堂教学视频在线上平台受到了广泛的欢迎，也在上海拿了一些奖，是张书嘉比较满意和重视的一个方向，她觉得网络化、线上化也许是未来社区教育和全民教育的趋势，而自己的团队有条件、有能力做，就应该在社区服务教育方面做出表率。因此，在2023年她又带领团队拍摄了第二个系列——"面塑之24节气"系列课程。

张书嘉认为，她的教学目标就是每节课让每个学员都有一定的获得感，一节课有一个完整且内涵丰富的造型，不仅看得见摸得着，最后还能带回去，这样一来，学员对课程的自信度就会很不一样，这样的兴趣班相比以往的传承方式也更有可能以良性的形态培养出源源不断的传承人苗子。回想起自己小时候上的面塑课程，老一辈的授课方式偏向于传统，面人单一的局部，比如一个手或者一个头就要练两个月，如此下去孩子们练着练着就容易放弃。张书嘉觉得如果沿用老一辈的方法，情境不一定会很好，所以她把比较枯燥的内容依托在造型里面去练习。在让学员巩固技能时，她也会把对应技能拆分在多个造型里，满足学员的学习期待。

对于白领群体，张书嘉的服务目的则偏向于放松解压，课程安排更多是单向次的，同时也根据性别和年龄层设计了一些特别的形象和课程，比如设计了一些令年轻女性白领群体感兴趣的胸针、戒指等文创衍生品。

"面塑是一个载体，学习面塑不是目的，而是过程"，这是张书嘉的核心理念，不管是在自己的学习生涯中还是在给别人教授面塑课程上，张书嘉始终关注不同服务群体的心理需求和学习动向。

在面塑普及化的过程中，张书嘉注意到了非遗对于特殊人群的特殊影响力。在"进校园"的过程里，张书嘉发现现在的普通学校中存在不少有抑郁症、自闭症倾向的孩子，这部分群体在普通学校的学习生活中是有一定挑战的，而面塑手工课对于这些孩子可能会起到一定的艺术解压和心理疗愈效果。

另外，张书嘉的师祖——面塑第一代传承人赵阔明老师曾经在招收学徒时除了教自己的两个女儿外，还特意表示要教一个残疾人。捏面塑这份工作在当时算得上是铁饭碗，赵老师想利用这门手艺帮助这位残疾人士，后来这位老师也成为面塑的传承人，并终身以此为职业。不管是对于面塑文化的发展，还是对于残障人士的扶持，这都是促进双方共赢、富有爱心的举措。

张书嘉延续了这种爱心的传承，开设了一个公益服务项目——非遗赋能残障人士，主要服务于每个街道的"阳光之家"，即上海市政府专门为残障人士设立的实事项目。张书嘉带领团队在"阳光之家"找寻可以做面塑的人群，针对这些特殊人群制定了特殊的学习方案，这些人群也给了张书嘉良性的反馈。同时针对"阳光宝宝"专门设计了一些微文创的造型，把造型分解为非常简单的多个步骤，这些造型作为纪念品被政府爱心企业收藏，并做成了爱心礼品。"非遗赋能残障人士"这个阶段性的项目持续了一年，张书嘉认为这个项目可以有更多的调整和进一步发展。

推广面塑，学无止境

张书嘉在推广面塑的路上不断地尝试做一些创新和跨界。2020年，张书嘉带领团队制作了第一部非遗面塑的定格动画，这对于张书嘉本人来说是一次新奇的尝试，她认为这是非遗面塑的一次更接近年轻人、更贴近现代化的突破。

定格动画对于张书嘉的团队而言是一个全新的技术领域，张书嘉亲身参与，像项目的总策划一样投入其中。与捏面人的思路不同，定格动画要求面人有各种动作，张书嘉提出结合机器人的概念，将面人的肢体做了分解，做出来的实物是残肢断掌的，但是最终的成品是一部连贯的动画。

张书嘉表示："这是一种完全不一样的经历，在这个过程当中，所有参与进来的人都要解决他们以前从来没有想过的问题，这其中有物理的知识，因为涉及重心，面人要保持某种姿势还要考虑到哪些部分先干，哪些部分后干；哪些部分要软，哪些部分要半软。这其中涉及的趣味性和动脑筋的维度和平时单做一个造型的难易之分是不太一样的，既富有挑战性又很好玩。所以每一次制作定格动画片，我都会带着我们的师生团队，因为我觉得这也是一个创新和探索的很好的教学模式。"

张书嘉不仅把面塑文化面向了社会面积极推广，追求非遗文化的普及化，而且在招收学员时没有年龄、性别、学历等的限制，打破了传统非遗传承的规则。她认为，面塑要发展下去必须顺应时代的变化，否则很有可能被时代抛弃，同理，任何非遗文化的传承也是一样。从古至今，非遗文化在传承上本来就有两条路线：一个是家族传承，即家族血缘关系的父女或者父子间的传承；另一类是社会类传承，而在当代，社会类传承的未来发展空间和比例显然会远大于家族性传承。

除了通过"非遗进校园""非遗进社区""非遗进白领中心"推广面塑之外，张书嘉还在新冠肺炎疫情防控期间开拓了线上课程。以前她以为非遗没办法做线上，因为只有一个看不见、摸不着的镜头，但是很快她发现了自己的想法太过局限。张书嘉在上海市政府公益性线上课程项目中带领自己的一个学生第一次做直播，一晚上的流量就高达几十万次，张书嘉感慨地说："我自己都惊呆了，像这个数字可能是我们要几年才能服务到的人群。"自此以后，张书嘉认识到，网络直播推广面塑在初级阶段是完全可以的，通过网络让更多的学员入门是一个行之有效的方法。

但是随着了解和学习人数的增加，非遗文化的一个隐忧是：是否会在普及和推广的过程中磨损掉了一些面塑本身的魅力，变得一代不如一代？

对于这个问题，张书嘉十分自信和从容。"不瞒你说，我们现在高级班有几个小孩，我觉得他们捏的水平已经不亚于我了。其实真的是师傅领进门，修行靠自身的。老师教到一定程度，技能就是这些，后面无非一是自己的天赋，二就是靠练习。"对于面塑在当代市场中的发展，张书嘉认为发展方向不外乎两个：一方面就是通过销售作品使面塑更加市场化，在造型上下功夫；另一方面就是利用不同媒介和传播方式让更多的人了解和感兴趣。这就是张书嘉及其工作室所做的工作，利用教学的方式更好地散播，而教学之后，学生在此基础上做"加法"，就像张书嘉所说："我们现在做的定格动画，我的老师是从来不会涉猎这一方面的，如果我们只做老师做过的东西，肯定是一代不如一代的。所以面塑发展要跟得上时代，我们在教学生的过程当中，也会让他们看到突破性的方面，让他们有意识地在未来去做一些我们没有做过的事情，这才是面塑的生命力，也是传承面塑过程中的一个重要意义。"

书写春秋,是记者也是"学生"

程倚飞

赵一苇,1993年生于上海,是本书中最为年轻的学习故事讲述者。当被问及从年龄的角度看终身学习的问题,赵一苇从年轻人的视角回答:"虽然我才30岁,对我来说终身学习依旧很有意义。终身学习不代表回头看,而是把学习的态度贯穿在人生中。将学习视为一种生活方式。记者就是'学生',要不断去学习和了解这个社会运作的逻辑,发现问题,了解信息,记录事件。"她很好奇其他地方的人是怎样生活的,会发生怎样的故事,她想学着去探索。

本篇主人公赵一苇,1993年生,已从事报社记者相关行业七年有余,本科学历,上海海洋大学食品经济管理、复旦大学新闻学双学位。目前工作于东方城乡报社,2012年评为嘉定社区"网上学习先进个人",荣获嘉定区2017年首届"百姓学习之星"、2018年上海市"百姓学习之星"等称号。

学业·一张救赎的传单

赵一苇的父亲毕业于中文系，母亲毕业于历史系。自小她就受到了人文学科氛围的良好熏陶从而喜欢阅读。她是一个内向腼腆的孩子，不太爱用言语来表达自己的想法。母亲曾为此感到担忧，便递给她一本小小的日记本，在这本日记本上，赵一苇开始记录自己的内心世界。由此写作成为她表达自己的一个重要出口，她逐渐找到了自己的声音，学着向世界表达自己的想法。

上大学时，囿于文科专业的就业困境，父亲极力推荐她大学读经济管理专业，希望她毕业后去做生意。综合考虑下，2011年，赵一苇去了上海海洋大学食品经济管理专业学习。从小到大，她都觉得自己应该与理科专业无缘，第一个学期坐最前排听讲却挂科的高数课证明了这一预感。她一向不敢对父亲袒露自己在学习经济管理专业中的困难。当时她最大的焦虑或许在于听从了父母的建议而选错了专业。数次因高数课感到痛苦流泪，她萌生了换文科专业的念头。她瞒着父亲偷偷报名了学校的转专业考试，最终的结果却不尽人意，一分之差让她功败垂成。

校记者团的宣传横幅上——"笔墨书写春秋，相机记录时代"，这让自幼热爱写作的她深受触动。不久后，她偶然收到一张宣传单,一张第二学历成人继续教育的宣传单。收到宣传单后,赵一苇意识到有其他的道路可以通向自己想学的文科专业。她和父亲商量是否填报成人继续教育。父亲看到是复旦大学,想起自己多年前志愿填报时错失复旦的遗憾,也懊悔让赵一苇选择了她不喜欢的专业,于是,父亲同意了她去复旦大学继续教育学院学习。

由此,赵一苇开启了两个专业双手抓的学习生活。在双休日的时候,作为一个上海本地人,她几乎不回家。每周末凌晨五点半搭乘从临港去市中心的巴士。冬天,天还是黑着的,只有路灯亮着泛黄的光,她已经出门去学习。夏天,一苇在市中心的老校区教室里吹着摇摇欲坠的电扇,有时在下课后她要狂奔向校门口的便利店去抢最后一份速食便当。中途她也有过放弃的念头。继续教育学院的学习需要通过自学考试才能申请毕业。学习政治学概论这门课程总不得要领,赵一苇两次都没有通过课程考试。一同学习的学姐中途决定去考研更让她心底产生了动摇。曾经一起参加第二专业学习的小伙伴们先后放弃了学业,五个同学只剩下了她一个。她坐在自习室里思考良久,最后决定不再转换赛道。后来通过重新选课和社会助学,赵一苇成功地通过了考试。在别人眼中,这段求学时光略显心酸,却是她一生的救赎,帮助她从本专业学习的痛苦中脱逃出,也培养了她的新闻理念和写作能力。

赵一苇的处女作发表于《解放日报》上，那时她只是一名小实习生。"我很想在这个世界上留下一点什么。"她很有自己的创作理想。无人机作为一项新的发明刚问世，大众对无人机到底能飞多高并不了解。赵一苇撰写了一篇有关无人机的新闻稿，在修改数次后稿件顺利地被刊登在《解放日报》上。对于一位记者来说，每一篇报道都是证明自己曾经踏足这个世界，留下自己独特印记的方式。她特地向带教老师要了这份报纸，珍藏在家里。时过境迁，那张刊登着处女作的报纸已经慢慢泛黄，她想成为一名专业记者的愿望也逐渐坚定。

2015年，赵一苇即将毕业，她想找和文字相伴的工作。她期待感比较低，意识到自己与复旦大学新闻专业毕业生相比稍显不足，继续教育学院的新闻专业出身也缺乏了解报社招聘的渠道，她并没有试图投递报社记者的职位。她将求职的重点放在了泛人文专业的工作上，包括编辑和文案等。尽管父母介绍了银行工作的机会，她对穿着西装皮鞋在柜台上的机械工作毫无兴趣。在最终选择工作岗位时，她放弃了在一家集团相对稳定的文案策划工作，选择了在一家互联网旅游公司从事旅游编辑工作。这样，她感到稍稍自在些。

文保·书写春秋的笔墨

随着时间的推移，她开始察觉到旅游编辑工作的单调重复。她渐渐变成了键盘上的机器人，不停地复制粘贴文字，质量和创造力似乎已不再重要，取而代之的是绩效。赵一苇决定反抗互联网企业在工作纪律的幌子下演变出来的那些单调、重复、例行、不允许创新、无法带来提升的重复性工作。最终，她选择了离开互联网旅游公司。

在报社应聘面试前，赵一苇已经在脑海中反复演练了可能会被问到的问题，并整理好了自己的作品，以弥补学历上的不足。2016年7月，她通过社招，成功进入上海嘉定报社工作。相比那些有媒体科班背景的同行，她始终认为自己是一个"半路出家"的"菜鸟"，只有在实践中多积累经验才能创作出更优秀的作品。她的书架上放着做好笔记的《创造性的采访》《关键对话》《华尔街日报是如何写报道的》等书经过两年的锤炼，她逐渐有了成熟的报道风格，也清晰了自己擅长的题材，并开始独立带教实习生。她一手策划了许多专题，选题、组织、撰稿和编辑都由她负责。

西起侯黄桥、东至西门吊桥的西大街，总长不超过900米。对嘉定人来说，西大街是嘉定文化的命脉，是承载了几代嘉定人情愫的"弹硌路"。数年前，听闻嘉定西大街保护性开发的消息，报社策划了嘉定西大街系列的专题，去采访原住民、文物保护者、政府部门等。赵一苇负责采访西大街的原住民，挖掘他们在这里生活的故事。她也有一些私心，她不想西大街被拆掉变成连锁老街，她想用笔墨留下一些人情味。

　　文化保护者黄振渭是她首先采访的对象。黄振渭从小生活在西大街最热闹的上林春书场。赵一苇在报道中这样描述黄振渭的童年："他曾经找一根小竹竿，竹竿头上夹一块橡皮胶，橡皮胶上插一根针，用针去戳听书客丢在地上的香烟屁股。一天下来，收集的香烟屁股可以卖两三分钱，那时候4分钱可以到杂货铺里买一根棒冰。随着年龄的增长，他和哥哥把家里的小人书搬到项泾桥上出租，一天最多时可以赚5分钱。"这些记忆不仅仅属于黄振渭一个人，而是嘉定人的共同记忆。这里有说书先生惊堂木的"啪"一声，有街边白铁工敲铁的咚咚声，有弹棉花的嘣嘣声，儿时在西大街的点点滴滴记忆都生动地展现在了纸上。这些儿时回忆会伴随着老街的变迁而消散。黄振渭在同济大学系统地学习了建筑理论，对西大街的一砖一瓦有了很多自己的理解。他告知赵一苇，后来他成功竞聘了嘉定街道的规划建设岗，为西大街的古建筑和民俗生活做出一份贡献。

　　原住民对西大街既有不舍，也有改善生活条件的迫切需求。令赵一苇印象最深刻的是张慧琴——一位82岁的老奶奶，大红格子马甲套着粉色小碎花棉服，蓝色围巾，黑色棉裤红单鞋，张慧琴老奶奶接受采访时的装束简单干净。她在西大街23号一间墙砖裸露、不足15平方米的小屋里"蜗居"了30余年。简陋的厨房以铁皮为顶，灶台周围的灰黑色油脂藤蔓一样爬满了整个厨房。几块简单的木板搭成了架子，上面放着塑料袋兜着的蔬菜。这里没有通天然气，烧菜的方式还是深蓝色的液化气罐。灶台对面甚至没有窗子。几根钢筋围在上面形成了一道栅栏，将厨房与廊道隔开，油烟顺着这简易的空当飘向外面。冬天偶尔冷风也会随着窗子的缝隙灌进来。这里也没有淋浴设备，张慧琴每天用浴桶洗浴擦身，拖着病腿去老远的地方倒马桶。里屋没有窗子，冬寒夏闷。黄梅天泛潮积水时，老人在家甚至得穿雨鞋。几十年如一日，老奶奶看着老街上的房屋商铺"改朝换代"，老一辈有的离开西大街搬进了新的房子。张慧琴和对门老王家的女儿感情很深，小时候调皮的小囡找她冒名顶替去家长会开会，此后王家的女儿一直管张慧琴叫"外婆"。12年前小囡出嫁离开了西大街，却常常带上几瓶张慧琴最爱的黄酒回西大街看他，唯一不变的只有老奶奶每天骑着自行车经过的那条"弹硌路"。

赵一苇跟进采访了解到张慧琴终究还是签下了拆迁合约离开了西大街。嘉定西大街的生活并不全都是诗和远方的浪漫，改造工作还要解决很多实际问题。像张慧琴一样在西大街生活的老人们不在少数，这也是西大街改造的初衷之一。新的公寓房有电梯，通了燃气，有干净、敞亮的厨房和浴室，他们不用再蜗居在小小的屋里。

记者本身也是"学生"，在采访西大街原住民时，赵一苇在阅读一本拥有丰厚底蕴的活的"嘉定记忆书":2004年开始每日拍摄记录西大街的摄影师单羽,在西大街住了近六十年写出《嘉定觅痕》一书的老医生章丽椿,还有理发店的剃头师傅、杂货铺的老板……从西大街倾听到的故事,引发了她的深层次思考,对于原住民对西大街的复杂情感让她看到了人性的温暖和无奈之处,这些都是她不断学习的养料。

采访·生命舞蹈的意义

"舒缓疗护"和"遗体捐献"是赵一苇着重探讨的两个议题。她在准备采访提纲时查找学习了大量的资料,在短时间内了解了医疗这一陌生领域的知识,找到采访的关键点。

2017年2月,她前往迎园医院舒缓疗护科进行采访。接受采访的金静娴和周伟是上海第一批接受舒缓疗护培训的医生,地点是他们的办公室。舒缓治疗的前提是医生和患者都明白药物治疗只能让生命质量得到部分提高,而对生命本身的迅速逝去却无能为力。"我们的服务对象是临终关怀的病人,这意味着也许刚刚和某个人有了些情感,过几天他可能就离开了人世。"随着话题的展开,赵一苇逐渐感受到了医生的遗憾,金静娴和周伟会尽可能地提供基础的陪护,将精力放在患者情感的疏导上,不会过度放大患者的症状,尊重患者不想过度治疗的意愿。

舒缓疗护病区在外观上与其他病房无异，但收治的多数病患已经进入生命倒计时，医生能够做的就是最大限度改善病患的生存状态。病区异常安静。医生将赵一苇带到了患者接受舒缓治疗的公共活动区域，她闻到了医院常常闻到的消毒水的味道，看到了走廊上有患者散步，有些人拄着拐杖，还有些人坐在轮椅上。他们的精神状态看起来并不像是生命垂危了。医生却告诉她，有的患者今天还在接受舒缓治疗，明天可能就不在这里了。

赵一苇也记录了舒缓治疗过程中温情的一幕。陈烨是舒缓治疗科护士长，赵一苇跟着她去病房采访。在这里，她见到了一位接受舒缓治疗的患者——老缪，老缪身患恶性肿瘤，入院时预估生存期只剩下 20 天。陈烨为他做基本的生命体征检查，随即对老缪开玩笑似的说："老缪，你今天状态不错，给你的女儿拍张照。"说着从口袋中掏出手机，"哎呦，别了，老了，不上镜了。"老缪半开玩笑地回答。查完房回到办公室，陈烨打开手机相册向赵一苇展示了数张照片，一些癌症患者的溃烂伤口照片。有的在化脓散发着恶臭，有的已经结痂，有的甚至还能看到骨头和几乎快要断裂的趾节。赵一苇不敢细看照片，她明白为舒缓治疗患者清创并非一个简单的任务。一早有换药任务的护士们一般都不吃早饭，担心看到伤口会呕吐，不过时间长了也就慢慢习惯了。赵一苇将这些细节悉数记下，采访结束后，她在舒缓治疗区域的走廊转了一圈，随即离开了医院回到单位着手撰写稿件。

一次偶然的机会，她前往上海嘉定区的红十字会采访，负责人提及了"遗体捐献"。赵一苇灵光一现：或许这可以成为一个重要的社会议题，她随即将选题告知了负责汇总选题的同事。1958年嘉定县人民委员会副县长、县教育界、金融界知名人士潘指行是嘉定历史上首位遗体捐献者；2001年，嘉定区红十字会设立了遗体捐献登记点……赵一苇将这些历史性的素材悉数记下，成为自己的知识储备和写作素材。

2018年3月1日，赵一苇和同事正式前往青浦区福寿园拍摄"遗体捐献"议题素材。刚到达墓园门口时，她心底有些发怵。但当她带着拍摄器材真正走进墓园，心逐渐安定下来，将专注力都放在了采访拍摄上。青浦福寿园内竖着几块集体墓碑，上面用黑字镌刻着几个大字——"以博爱为底色的无言的老师们"。医学生们站在墓碑前默念同一句悼词：死亡是场漫长而伟大的中场休息，唯有最臻于完美的演员在幕后，依然继续演练着下一幕，那是生命的轮回。随即一朵朵代表悼念的鲜花被放置在墓碑前，代表着无尽的哀思。现场还有遗体捐献者的亲属们，或庄严肃穆，或泪眼婆娑。拍摄采访仅用了一天，赵一苇和团队回到单位对素材进行了处理。写作过程中，赵一苇陷入了沉思，她产生了一种直面死亡的思考，倘若是她自己将会如何处理自己的遗体，至今她还没能找到确切的答案。经过3—5天的撰写、修改、润色，有关"遗体捐献"的稿件顺利刊发出来。读者纷纷致电赵一苇的单位咨询如何进行遗体捐献登记。赵一苇的文章引发了广泛的讨论，与福寿园中的悼念活动形成了一种共鸣，弥漫在空气中。

回想起那一年外公离世的日子，那些关于生命意义的思考呼应了赵一苇在"舒缓治疗"的报道开篇的文字——"每个人当走到生命尽头，都像在表演生命的最后一支舞蹈，直到音乐停止，观众离场，灯光熄灭，生命才画上句号"。外公已年逾九旬，他的病情危及生命。外公躺在医院病床上，浑身被各种管子连接。医生和护士们穿梭在病房里，医疗设备的嗡嗡声、床上仪器的周期性哔哔声交织在一起。她注视着外公的心电图，那曲线逐渐趋向平稳。或许，外公的意识已经敏锐地察觉到些许变化，因为他那双眼里映照出晶莹的泪滴，仿佛是在对生命的最后告别。她注视着心电图上的波动逐渐减弱，直至最终一点也不再跳动，那一刻仿佛时间停滞，一片寂静。一个曾经充满活力的人，如今变成了一堆无声的存在。赵一苇无法接受这个事实，这种转变让她反思了自己的人生，感受到时间的脆弱和有限。她明白自己还有许多未完成的梦想和愿望。虽然这一切已经发生很久，但却推动她更加坚定地去追求自己心中渴望的事物。

迁移·做不被定义的"风"

2019年，嘉定报社合并即将成立嘉定区融媒体中心。赵一苇属于合同工没有编制，原本她计划在这一年去报考嘉定报社的编制岗位，由于单位合并导致报考岗位的不确定性增加。前辈劝她试着去报考别的单位，至少进入一个稳定的事业期。赵一苇感到很唏嘘，这意味着她即将要离开嘉定报社团队，在嘉定报社工作的日子很顺利，再去找一个有着劲儿往一处使的团队、规范的工作流程、良好的报道氛围的单位谈何容易。无奈一年一度的事业单位招考就要开始了，赵一苇既准备编制考试，也试着通过社招找工作。最终，她填报了东方城乡报社的岗位，顺利考了进去。这家报社隶属于上海市农业农村委，主要负责三农相关的报道，同时也会负责一些上海郊区的综合性新闻。农业领域的知识范围很广，赵一苇不得不重新开始学习，一步一步地走访是最实际的方法。

目前，赵一苇已经从事报社记者行业六年，完成了一个门外汉到专业记者的蜕变。随着她刊出的稿件获得了广泛的关注，父亲也从最开始的不理解到逐渐默许她在记者领域深耕。尽管父亲不太擅长当面表达赞美，但还是会在亲戚面前夸奖她的写作能力。

有时，赵一苇也会在互联网平台上学习，网易课堂、慕课等都是她的"宝藏"平台，她甚至试图从综艺节目中汲取知识。观看《奇葩说》时，遇到引人思考的话题，她会记录下来，这几乎成为记者的潜在素养。赵一苇对李银河讨论结婚生小孩的议题非常有印象。随着社会的发展，社会结构逐渐以个体为最小单位。赵一苇听完觉得很有启发，目前大家都会讨论结婚这个热点话题。但她觉得以后的社会结构会更加多元，结婚生小孩并非是一条既定的道路，人生有更多的选择。有时候当被问及"你打算什么时候结婚生小孩"，赵一苇往往会产生不同的想法和思考。也正是因为没有结婚和生小孩，在下班后她有了更多的精力去倒腾乐器、学习拳击。她学过拳击、跆拳道这类力量性的项目，获得过WTF跆拳道蓝带证书。

30岁的赵一苇已经走过了12个国家和43个城市。"纸上得来终觉浅""读万卷书不如行万里路"，旅行中的所见所闻也会成为她的素材，引起她的兴趣，提出问题然后思考，对很多问题就有了更深的见解。

喜欢音乐的她，自学尤克里里两年，掌握基本的弹唱技巧后，她通过录制视频在网络上分享自己的作品和学琴心得，热心回复琴友们的咨询，希望和更多的人一起成长。那个时候还没有抖音和发达的自媒体平台，赵一苇用美拍自学剪辑，拍摄一些学琴、弹琴的片段。当谈起兴趣爱好的时候，她觉得任何时候开始学都不晚。赵一苇的言谈里充满了学习音乐的快乐，自娱自乐一下让她感到很舒适。

令人意外的是，赵一苇对目前的状态并不满意，她想从一些东西里脱逃出去。做记者的日子一直在记录别人的生活，很少去记录自己的生活。在下一个阶段，她希望继续冒险，做更多关于自己的原创性内容。作为一个土生土长的上海人，她从未离开过自己的家乡生活，可她心中始终有一束火苗，希望有朝一日可以去另一个地方用自己的双手创造属于自己的生活，经历从一个城市到另一个城市的冒险。那些从外地来上海工作的人非常有勇气，赵一苇想学着去做这些人物的专访。

对赵一苇来说，学习不单单是上学、考证、拿学位。学习应该是一种宽泛的概念，是一种方式，一种过程，一种生活，也是一种能力。不一定是挑灯夜战考取功名之后的成功，不一定是看完多少本书的那个数字，不一定是花了多少金钱报了多少兴趣班或者补习班，考到了几级证书。学习可以是看书、阅人，也可以是一种体验，也可以从娱乐和实践中学习。关键是可以从任何渠道获取对她有用的信息、知识和智慧，消化吸收转而变成她自己灵魂深处的东西。她反复提及做自己喜欢的事情就好，在做人生的重大选择时，比如选择专业、选择工作，总是会有很多外界的声音。但她回过头来想，有些选择并不完全是按照自己的意愿来选择的，也走过一些弯路，后来她还是按照自己的想法去走这条记者的道路，真正顺应了自己的内心。她想知道更多的事，成为一个博学的人。

笔尖上的目光

施岳宏

徐家汇街道有个特殊的学习团队——"星光读书会"。"星光"两字,源于曹操的诗篇《观沧海》中的"星汉灿烂,若出其里"。它寓意着读书会的成员渴望学习,想在知识的海洋里汲取精神的养分,充实自己。"星光"体现了读书会成员的自身特点,眼睛的光亮如星光点点、朦朦胧胧;但不屈的是,在黑暗的天幕下他们是一颗颗闪烁的星星,而汇聚在一起那就是星光灿烂。这个团队的特殊性就在于此,所有成员都是视障人士。

——吴敏《星汉灿烂　若出其里——记徐家汇街道"星光读书会"学习团队》

本篇主人公吴敏,女,1984年生,2008年参加徐汇区残疾人"星光读书会",2009年参加徐家汇社区学校学习。2009年获得"全国视力残疾人征文大赛一等奖",2011年获得"中国残疾人联合会全国征文大赛二等奖",2012年获得联合国教科文组织举办的"全国视力残疾人征文大赛优秀奖"。曾获"上海十佳读书明星提名奖"、上海市学习型示范家庭、2021年"全国百姓学习之星"等称号。

一

刚竣工的徐家汇书院富丽堂皇、端正方严，外身由翅片状的长条砖石包裹，到晚上，远远望去，像一只正在缓慢开启的宝盒，金光从翅叶间汩出，在车水前挺立的树桠间荡出一层灿灿柔波。优美的新环境引来大量读者，尤其在周末，热度俨然是网红打卡点中的翘楚。

吴敏多次听"星光读书会"的朋友们表达对书院的赞誉，她老早就拜访了这座新馆，但馆内密密麻麻的脚步声、低语声略显嘈杂，空气里有崭新的皮革、油墨味，混着一楼咖啡馆飘出的浓烈香气，还有与人擦肩而过时难免嗅到的淡淡体味。她视力远弱于常人，从出生起，老天爷似乎就在她眼前罩了一副摘不下的筛子，把所有景致、物件和人身都粗粝地滤了好几遍，只剩一些模模糊糊的泅色与光晕。四十多年的光阴打磨了其他感官，也让她习惯在静谧中翻开纸页，慢慢咀嚼上面的一个个字符。

所以，比起这座景点般华美的"海派藏书楼"与"城市会客厅"，吴敏还是更喜欢老图书馆朴实、清幽的阅览环境。那是已成"旧址"的徐汇区图书馆，在南丹东路 80 号。鸟瞰街区时，若把漕溪北路与南丹东路视为一支弯曲的臂膀，新书院是那片方正、敞阔的肩头，旧图书馆便是一副微蜷的手掌。旧馆已不对外开放,但在吴敏的记忆中,它依然存有手心般热切的余温。她时常想起那些长条状的木质方桌与书柜,都是她同书本亲密接触的地方。在工作日,阅览室里大多是安静读书的中老年人,没什么脚步声。这种气氛下,人的心绪很容易浸入纸墨。

每次回味老图书馆的氛围时,一个特殊的日子都会在记忆中心等着她,那是2008年5月12日,"视障人士星光读书会"在图书馆内的一间报告厅举办成立仪式。报告厅是一间近百平米的大房间,比吴敏现在最熟悉的社区活动室稍大一点。参会的人很多,几乎要把厅室撑满了,大部分为上海本地的视障人士,有老有少,还有各个文化部门的领导。室内已摆不下任何桌子,只好安放了一排排精瘦的折叠椅,宽大的嵌入式电子荧幕上打着会标,是一片绿底红字的符号块,吴敏当时辨不清具体内容,只觉得那些绿色、红色的线条模糊但又十分清新好看。

揭牌后,是大约一小时的阅读分享环节,交流海伦·凯勒的著作。参会者们站起身,拎起椅子,围坐成一个紧凑的圈依次发言。《假如给我三天光明》是她再熟悉不过的书,"阅读分享"却是彻底的新鲜事物。吴敏有些紧张,这将是她第一次在众目睽睽下发表读书感言。她打了腹稿,但会不会出岔子?该用怎样的语气读出来呢?她想象着自己的语音语调,反复担忧哪个词或句子存在令舌头磕绊的风险,心跳也变得越来越快。

分享中,海伦的文字似乎变成了某种触发装置,人们没有在文本间停留,而都凭借那些闪烁着光辉的词句跃回自己的经历。她好奇地打量邻人,发觉他们微微侧头,仿佛那些以自身为支点展开的事件都有一定重量,在脑袋边压出了一个小巧的锐角。

兴许是受他人影响,走上讲台后,吴敏也不自主地略过文本分析。她临时起意,想说说那些给予过自己莫大帮助的人,尤其是父母,就渐渐将提前修饰的措辞省去,慢慢放空了。唇舌好像下意识地往脑海深处甩出一条绳子,轻轻一拉,便把一大堆被她长久忽视的记忆牵扯出来。她的讲述穿越到几十年前的许多黄昏,背着书包回到弄堂时,邻里的爷爷奶奶笑着告知她:"你爸爸打电话来了!"她就猛一调头,朝公用电话雀跃奔去,暮风里有淡淡的玉兰花香;念头也会游移到某个夜晚的饭桌上,那时辍学在家,难过像从虚空里泛出的潮水,会突如其来地哽在心喉,让她一言难发,妈妈沉默地将一块红烧肉夹进她碗里,然后低下头。她此刻透过朦胧的射灯清晰地望见了妈妈眼中的担忧与克制,惊觉自己当时竟如此迟钝。

吴敏将这些画面娓娓道来,时间好像过得很快。散场时,她留在厅里同朋友交谈,神色平淡,却暗暗压制着澎湃心潮。她突然想快点回家,回到卧室的书桌前提笔写点什么，把刚刚谈及的片段都记下来。吴敏第一次产生了创作一篇文章的念头，是一篇真正完整的文学作品，而非往常随意写录的读书笔记或随感。

她感觉自己的大脑好像刚经历完一场地震，那些记忆枝节像震后从海中浮出的山棱，是通过言说，这些蒙尘的画面、情绪才被缓缓擦拭干净，赫然如新，甚至有了更明亮可感的光泽。这么想着，大厅竟真的晃动起来。没来得及惊呼，她赶忙随手攀住一把椅子，不过数秒，震感便消失了，慢半拍的错愕随即在室内迅速蔓延。人们走出房间，发现电梯无法使用。几十分钟后，他们才陆续从电视或家人口中得知汶川大地震的消息。遥远的灾难为揭牌仪式添上不少凝重的底色，这个日子随后被时间一次次冲刷、磨饰，但到现在，吴敏还能从回忆中品出创作欲迸发于脑内引起的满身寒颤。

二

上幼儿园时的某天，吴敏忽然发觉自己眼里的世界好像和其他小朋友的不太一样。老师带同学们在课堂上一起看图说话，描述一件生活中常见的物品。其他小朋友总能生动地讲述物件的各种细节，比如一支粉笔粗粝的尖头、一颗苹果表皮错杂的线纹，或是楼下一朵鲜花的结构——沁红的花蕊、粉嫩的花瓣和上面一层微微翘起的绒毛。吴敏先是怀疑，随后惊觉自己看不清这些东西。

她想起了更多经历：有时和朋友们聊起隔壁班的某个女孩子，她们会说那个女孩"特别漂亮"，尤其是那副"好看"的双眼皮。但怎样的双眼皮是"好看"的？什么样子的人才算"特别漂亮"？这些形容词像霭霭蒸腾的云雾。她还想起自己要花好久的时间才能看完一本童话书，还总看得眼睛疼，辛苦极了，但从来没听其他小朋友们有过类似的抱怨。

一跨进家门，吴敏便急匆匆地质问道：为什么我和其他同学看到的东西不同？妈妈抚了抚她的脑袋，温柔地说："你的眼睛确实和其他小朋友不太一样，但这没关系呀，看不看得清楚没那么重要。"她愣愣地听着，没多想。

不过，永远模糊的世界真的"没那么重要"吗？视力不佳，让吴敏很容易在体育课或日常玩闹中跌倒，有时风吹起了她的一小角裙子，同学们就能看见她腿部前后圈圈点点的淤青与伤痕。高一下学期，她的视力急剧恶化，骤降至0.01，先天性眼疾开始真正在她生命中裂出持续的、难以愈合的伤口，她开始为眼睛的异常而不知所措。有一天，妈妈向吴敏询问课业压力，提出要和学校请个长假，好让她在家充分休息，去医院看看眼睛，等视力恢复些再上学。吴敏点点头，爽快答应了，她当然想快点去看医生，让眼睛马上好起来。可她看不见父母去学校办理辍学手续的情景，同时，她已经看不清体检表第一排以下的所有字符,也看不清地铁轨道和公交站牌上的站名。原来眼前那副与生俱来的筛子还一直抖动着,如今,她的未来也被过滤出松散、疏离的质感。

吴敏以为,受限的目光顶多引来许多行动上的不便——至少没有全盲,不用进盲校、学盲文或用拐杖,已是不幸中的万幸了吧?还未适应骤降的视力,出门变成了一种隐含危险的举动,即便待在家里,她也不能像以往那般长久地阅读。为了保全所剩无几的视野,必须更小心翼翼地呵护它,读几段字就得放下书来休息。事实上,她也无法做到长时间阅读写字了,那会给眼睛带来钻心的涩痛。捧起书本像举起一块细纹斑驳的沉石。

比起身体上的不适,真正长久折磨她的是一份力不从心的虚弱感,很像人夜半惊醒时发现正遭"鬼压床",想拼命睁开眼,目光却始终被拘束于一团翻滚的乌黑。在二十多年前的一个冬日午夜,吴敏就领受了这份触感。

妈妈突发高烧,浑身酸痛,连下床的力气也没有。一摸到那滚烫的额头,吴敏就慌张起来,赶忙跑出房间,一不留神,左脚重重磕在门边上,疼得她龇牙咧嘴。她一瘸一拐地挪到桌前,拨打舅舅的电话,心一急,还差点输错了号码。想在厨房给妈妈倒一杯热水时,她慢慢镇静了,就极缓极缓地倒起水,生怕自己没看清杯子,把开水撒到地上。医院离家并不远,她很想直接背起妈妈跑过去。可黑夜是个没有栅栏的陷阱笼,充斥着她目光难及的障碍,只能呆坐床前,盼舅舅立刻到来。妈妈抿了抿水杯,蜷缩着,缓了好一会儿才睁开眼说:"没事,我很快就能好起来了。"

一段日子后,妈妈痊愈,吴敏却接着发起烧来。半夜,妈妈利落地背起她,快步下楼,穿过巷弄走上街。刚下过雨,街灯下有一摊摊明亮的水渍,寒风异常湿冷。她匍匐在不断起伏的脊背上,就连面颊紧贴的那块羽绒服都被吹得很湿滑,迷糊中听见妈妈说:"别怕,到医院你就能很快好起来了。"

这两场高烧化成一对双子星飘浮在吴敏脑海内,专门在她独处时反复对撞,迸射出令脑门阵阵发疼的热光。她变得更沉默了,从前忍不住抱怨、发脾气,想快点返校,现在吴敏在妈妈眼里变得"懂事"起来。她觉得自己没资格提要求。生活好像为她设置了"高难度",她完全没找到"特异功能"或"金手指"。即便父母尽力表现出女儿与常人无异的口吻、姿态,可一个连夜路都难走的人的确和"健康"的孩子们不一样。别说什么出人头地,哪怕能为父母分担些许压力、不给家里添麻烦就很不错了。

她把更多时间分配给阅读,这耗时又费力,但她现在最不缺的就是空闲和躁郁。她喜欢读《安娜·卡列尼娜》《飘》《傲慢与偏见》等许多以女性为主角的长篇小说,把这些厚实的书本垒在书桌和床头,像围出一口深邃、曲折的山洞。洞里并不黑,是缤纷绚烂的,她目光清透,视线能在小说人物波澜起伏的生命间来回腾跃。那时她经常做梦,说不清是美梦或噩梦,像在白日间汲取故事后的残留物,一碗"小说茶"余剩的茶渣、一些书中文字洇化在脑海里形成的画幅。白天读累了,她就站起身,透过窗看看外面的巷弄。巷子一旁是上海随处可见的公房,另一旁是略带古意的石库门楼。青砖层叠,以石灰勾缝,眯起眼,能从中隐约找到许多弧形、圆形、三角形的纹饰,被日光镀过一层轻巧的金边。晚上,老人们会提着藤椅出门,恣意地坐在巷道上吹风纳凉,小孩子们跑出来玩游戏。记得很多年前,她也会兴冲冲地跃出门槛,妈妈在身后叮嘱她别玩太疯,要注意安全,刚洗完澡,可别又闹出一身汗。

三

从揭牌仪式回到家后,吴敏急匆匆地钻进卧室,摊出一张稿纸。她先把分享会上的发言大致记下来,反复读,站起身,在书架前来回踱步,抽出一本小说翻了几页,反扣在桌面,坐回椅子,又盯住白纸发呆。这时她才听见妈妈的唤声,准备吃饭了。望着圆桌上的碗筷,她想到爸爸。

爸爸在一艘远洋货轮上担任船长,基本三四年才回一次家。一次休假时长不定,有时能有四五个月,有时仅有几周。小时候,没有互联网或智能手机,要联系身在远洋的父亲可太不容易。每次去打长途电话就像赶集,一大早出门,走到延安中路的人行道上就得紧紧拽住妈妈的手,以免被人潮推散。好不容易跨进电信大厦,还得排至少半小时的队,挤到电话机前时,妈妈的袖口都被汗打湿了。话费很贵,好在他们都习惯将话语拧成细丝,让句子轻飘飘的、在呼吸间飞得急促。家里好吗?都挺好的。身体怎样?还可以。孩子们?都很好……挂了电话,她们又要挤入人潮,寻找回家的路。爸爸每次回家都会提着好几盒糖果、巧克力,吴敏把这些零食端正地收纳好,放在柜子上,什么时候写作业写累了,才打开盒子吃上一颗。盒子空得快,爸爸离家在外的日子却满满当当地堆在日历上。

吴敏心念摇曳,想将爸爸作为书写对象,许多凌乱的画面随即闪过眼前:最早是穿过人潮去打国际长途,过了几年,就跑去巷子头的小卖部接公用电话。后来家里也装上座机,不用跑上跑下的。今年除夕,借着电脑、互联网,她带领外婆、妈妈与妹妹给远在千里外的爸爸打去了视频电话……该怎么修饰、加工这些内容呢?想了许久也没想出眉目,她瘫靠在椅背上,倍感失望。

她发现这些片段太普通、太寻常了,她的家庭与经历似乎亦如是,就连她身上的苦难也并不那么特殊,甚至在回味中给予她浅淡的侥幸感——接触"星光读书会"后,她认识了几位全盲的朋友。瞥过每处缝隙,都没找到能将那些画面组接成精彩故事的机会。爸爸几乎没有具体的身型,大多是从背影延展出的话音、信件和头像。吴敏捧起稿纸,再次阅览种种记忆,像端起了一块放大镜,她努力地想将父亲的身影看清晰些。一阵恍惚后,发觉喉头有些哽咽。

读书分享会留给她的震颤正快速消退着,她闭上眼,试图潜回那股激动中。想起发言时面对的许多身影,她忽然发现,真正给予她触动的不是故事。没有人在"讲故事",人们在台上分享的内容都是真实,她也一样。

令她激动的似乎不是把经历描述得精彩起伏或细腻动人,而是"言说"本身。也许这就像生日许愿,愿望哪有精彩或枯燥之分呢?重要的仅是把它"说"出来。吴敏的愿望一直很简单,她想看见,清晰地、仔细地、不遗丝毫地看见。她想看见家里每天都有爸爸和妈妈明晰的身型,看见朋友们脸上"帅气"或"美丽"的细节,还有巷子里的一草一木,好多好多的东西。她想着,也许,自己不需要在稿纸上编故事,需要做的仅是把那些包含着愿望的画面写出来,它们就会变成一个个字、一句句话、一段段文,变成一种清晰、稳定、有序又结实的"可见物"。

定稿时,吴敏将这篇散文作品命名为《电话·手机·因特网——与爸爸的通讯看祖国成长》,她把自己从小到大与爸爸联络的每个重要时刻罗列而出，用最平实、简练的语气讲述。作品在中盲协举办的征文比赛中荣获 2009 年全国一等奖。随后至今的几乎每一年，她都有在各种文学比赛中获得的奖项。写作是一把空心刀，会被填染上使用者处理生活的质感。比起在小说、诗歌写作中的大胆挥舞，她慢慢发现自己更喜欢雕琢朴实，像一种精致的纪录：咀嚼庞杂的经历，结合思考，雕塑成可供审视的实体。在写作中，她获得了掌控生活的踏实感。

星光读书会就这样改变了吴敏的生命轨迹，像那句俗话：上帝关上了你的门，就会为你打开一扇窗，过往许多年的郁结都有了被排遣、打磨与重审的出口，在读书会里，她也获得了更多接触文学活动的机会。卧室和社区活动室变成她生活里最重要的两大端点。除了在房中伏案阅读、创作，绝大多数时间里，她都会前往宜山路 50 弄小区的社区活动室，陪伴许多身有视障的老人家。

宜山路小区的格局、味道都和她小时候住的地方很像。一排挺拔的梧桐将车流划离开，穿过几株枝叶繁茂的广玉兰就穿进了巷陌。大暑一过，午后太阳温煦了好多，阳光的触角搭在玉兰的阔叶上，仿佛很快就要从中萃取出一层香甜、温润的汁液。活动室不大，疏摆着五六张方桌和椅凳，聚会时，吴敏会和二十多位老人一起将几面桌子简单拼凑，然后随意地坐在桌边，互相侃侃交谈。就是非常普通的聊天，唠唠家常，可以长篇大论，也可以做个安静的听众。在这里，"听"和"说"都是他们延伸目光的一种方式。从读书会成立至今，吴敏已经和其中大部分老人相处十余年了。

有时，她像个乖巧的孩子，接受长辈们的嘘寒问暖，但在更多时候，她觉得自己是"大人"，听取这些须发灰白的"大孩子"诉解琐事，再给予回应。同老人家们交流和自己的写作有许多相似处。在纸笔间，过往的她也在不停诉说着，那些不敢向家人倾吐的话语、经验会在提笔的瞬间浮现，书写就是她打量、劝慰并净化自我的一种方式。她的目光就在笔尖上，与视线同构的文字并不予人惊奇，只是和那些老人家、和许多视障人士一样，有着与普通人同等的平凡质地。活动室和书房似乎也有相近的结构，她在这两个地方操持着同一种技艺。

话题聊尽，人们渐次离开，吴敏会和每位老人都说上几句闲话，再亲切地作别。交谈声息宁时，午后烈阳正照亮她要走出的小巷，这里距徐家汇书院的旧馆与新馆都不远，多拐一两个弯就能看见。路的终点是家，爸爸已经退休了，现在她随时能在家里看见爸爸与妈妈的身影。她的卧室里有一面敞阔的书柜，塞满了她想读的书，一旁桌台上放有电脑、纸笔。暖黄的书灯会在每次夜幕深垂时被如期点亮。

作者团队简介

上海大学中国创意写作研究院是上海大学校级学术交流平台，上海市"影视文学创意与资源转化"重点创新团队核心成员单位，世界华文创意写作协会主席单位，中国创意写作高校教育教学创始单位，中国中小学创意写作教育教学联盟发起单位，中国创意写作本科、硕士、博士系统课程创设单位。

张杏莲：1999年生，现为上海大学中国创意写作研究院2021级博士研究生。

邹应菊：1999年生，现为上海大学中国创意写作研究院2021级硕士研究生。

张小燕：1999年生，现为上海大学中国创意写作研究院2021级硕士研究生。

孙利娟：1998年生，现为上海大学中国创意写作研究院

2021级硕士研究生。

卜书典：1999年生，现为上海大学中国创意写作研究院2021级硕士研究生。

龚然：1999年生，现为上海大学中国创意写作研究院2021级硕士研究生。

刘庄婉婷：1999年生，现为上海大学中国创意写作研究院2021级硕士研究生。

罗兰荟子：1999年生，现为上海大学中国创意写作研究院2021级硕士研究生。

陈至远：1999年生，现为上海大学中国创意写作研究院2021级硕士研究生。

李可欣，1999年生，现为上海大学中国创意写作研究院2021级硕士研究生。

琚若冰：2001年生，现为上海大学中国创意写作研究院2022级博士研究生。

陈颖：1999年生，现为上海大学中国创意写作研究院2022级博士研究生。

郑沁辰：2000年生，现为上海大学中国创意写作研究院2022级硕士研究生。

李雅琪：2000年生，现为上海大学中国创意写作研究院2022级硕士研究生。

李昔潞：2000年生，现为上海大学中国创意写作研究院

2022级硕士研究生。

程倚飞：2000年生，现为上海大学中国创意写作研究院2022级硕士研究生。

邓冰冰：2001年生，现为上海大学中国创意写作研究院2022级硕士研究生。

马侠：2000年生，现为上海大学中国创意写作研究院2022级硕士研究生。

陈勇彬：1999年生，现为上海大学中国创意写作研究院2022级硕士研究生。

王宝留：1998年生，现为上海大学中国创意写作研究院2022级硕士研究生。

施岳宏：2000年生，现为上海大学中国创意写作研究院2022级硕士研究生。

李骏飞：2002年生，现为上海大学文学院汉语言文学专业2020级本科生。

后记

这本书的创意和策划，诞生于2022年"上海市第十八届全民终身学习活动周开幕式"当天下午。承办方上海大学继续教育学院在复盘的时候，意识到服务全民终身学习，我们似乎还可以做得更多更好。上海大学苟燕楠总会计师敏锐地提出，我们是否可以写一本书，把"百姓学习之星"的故事表达出来，感染和影响更多人。大家一拍即合，希望可以通过对学习背后故事的挖掘，播撒学习理念和学习态度的种子，让学习成为一种生活方式。甚至，我们写的是人物，反映的却是新时代与人们终身学习的关系。大家一致赞同，书名就叫作《学习的故事》吧。

之后就是论证选题、明确写作目的和风格、寻找写作团队。上海大学继续教育学院周丽昀院长与上海大学出版社戴骏豪社长、傅玉芳总编、陈强主任经过先期调研和论证，与上海市教委终身教育处共同确定了写作风格。在上海成人教育协会的帮助下，我们从近五年的全国、上海"百姓学习之星"中挑选了一部分学习者作为采访候选人。当然，编者最后要形成的不仅仅是事迹宣传，更是想把学习背后的故事挖掘出来，讲得大家爱听爱看，让终身学习的理念入心入脑。同时，上海文广集团"金色学堂"栏目也加入进来，希望通过新媒体手段，更多元立体地展现学习者的风采。

搭建写作团队，这是书籍写作成败的关键。经过多方沟通，最终，这个任务交给了上海大学文学院创意写作团队。黄潇博士与澎湃新闻的记者徐萧带领创意写作专业的在读研究生经过采访和撰写，形成了这本故事集。之所以强调是"故事集"，是因为从策划之初，如何"讲好故事，讲好普通人学习的故事，讲好中国故事"，就一直是我们思考的出发点。

如果说"百姓学习之星"的故事给了我们想去表达的动力，上海大学文学院成熟的创意写作学科与出类拔萃的学生队伍，则是我们有理由讲好这些故事的底气。在此基础上，我们数次召集全员参加的筹备会、讨论会、培训会、推进会，其目标围绕着"故事"的真实、耐读、有意义，来提升团队的采访能力和写作旨趣。同时，我们鼓励较早定稿的学生主动交流自己的写作心得，或对其他的稿件提出修改建议。全部稿件成型后，编委会成员再次进行审读，提出意见和建议，以臻更可读、更精深与更开阔。

现在,这些"学习的故事"呈现在读者面前了,我们有看到孩子新生般的快乐和欣慰。同时,在写作与编辑过程中,所有参与者也都被这些不凡的终身学习者们的意志、精神和经历所感染、所鼓舞,此次创作本身可以说就是一个感召、学习、进步的过程。我们也在创造着自己的"学习的故事"。

"学习的故事"肯定还有后续。我们将与读者一起学习,共同进步。这是我们大家共同的"学习的故事",也将是中国人学习的新故事、好故事。

编　者

2023 年 12 月